kf 930825/4,00
1,50€

Joan Franklin Smutny
Kathleen und Stephen Veenker

Das begabte Kind

Wie man es erkennt
Wie man es fördert

Aus dem Englischen von
Caspar Holz

BASTEI-LÜBBE-TASCHENBUCH
Band 66271

Die amerikanische Originalausgabe erschien 1989 unter dem Titel
»Your Gifted Child« bei Facts on File, New York
© 1989 by Joan Franklin Smutny, Kathleen Veenker,
and Stephen Veenker
© für die deutsche Ausgabe: Gustav Lübbe Verlag GmbH,
Bergisch Gladbach
Printed in Germany, Juni 1993
Umschlaggestaltung: Adolph Bachmann, Reischach
Titelbilder: Zefa (Bramaz, Dr. Müller)
Satz: MPM, Wasserburg
Druck und Bindung: Ebner Ulm
ISBN 3-404-66271-7

Der Preis dieses Bandes versteht sich einschließlich
der gesetzlichen Mehrwertsteuer

Inhalt

Danksagungen 7
Vorwort 9
Einführung 11
  1. Große Erwartungen: Prägung im Säuglingsalter ... 21
  2. Das Kleinkindalter (achter bis sechsunddreißigster
     Monat) 47
  3. Die Vorschuljahre 77
  4. Sprachentwicklung 108
  5. Kreativität 123
  6. Vor- und Grundschule: Wann und welche 149
  7. Intelligenztests 173
  8. Wer hat hier das Sagen? 193
  9. Ergänzungen zur schulischen Erziehung 219
  10. Das Ende des Anfangs 230
Anhang 249
  1. Fortgeschrittenes Verhalten im Vergleich 249
  2. Kontrollisten zur Überprüfung von Fähigkeiten ... 253
Literatur 288

Gewidmet...

... unseren Kindern — Cheryl, Matthew, James, Beth, Erin, Kate,
  von denen wir täglich so viel lernen können.
... unseren Eltern, den ersten Lehrern
... den zahllosen Eltern, von denen wir täglich hören,
die durch ihre Fragen zu einer Quelle der Einsichten und Inspiration geworden sind.
... und den Tausenden von Kindern, die uns im Laufe der Jahre in ihre Welt der Wunder geführt haben.

DANKSAGUNGEN

Dieses Buch ist mit sehr viel Liebe geschrieben worden. Möglich wurde es durch die Mitarbeit Hunderter liebevoller Eltern, die sich die Mühe gemacht haben, uns ihre Ein- und Ansichten mitzuteilen. Der bemerkenswerten Vorschul- und Grundschulfakultät der Creative Childrens Academy, dort ganz besonders Debbie McGrath, sowie den engagierten Lehrkräften und dem Personal des Center for Gifted am National College of Education, ganz besonders Cheryl Siewers und Erin Wiggins, gebührt wegen ihrer Fachkenntnis und Methoden zur Problembewältigung unser besonderer Dank. Darüber hinaus haben uns jedes Jahr Hunderte von Eltern angerufen und damit im Laufe der Zeit den Rahmen für die Suche nach der bestmöglichen Erziehung ihrer Kinder abgesteckt und bei den zahllosen Problemen geholfen, denen wir uns immer wieder gegenübersahen. Tom Powers und Michael Horvich aus der Schulverwaltung sowie zahllose engagierte Lehrer gewährten uns Einsicht in ihren Arbeitsbereich und teilten uns ihre beruflichen Erfahrungen mit. Ganz besonders hat uns Marion Wilson, Direktorin der Early Education Programms für den Schulbezirk Ferguson-Florissant, geholfen. Gwen Gage hat viele Arbeitsstunden geopfert; ihre Untersuchungen und

Erfahrungen mit Kindern im Vorschulalter waren äußerst hilfreich. Eine Vielzahl angesehener Autoren hat uns freundlicherweise gestattet, ihre Schriften zu verarbeiten. Dorothy Sisk hat uns immer wieder ermutigt und dies in ihrem wohlwollenden Vorwort zum Ausdruck gebracht. Jeder von ihnen hat einen Stein zu diesem Mosaik beigesteuert.

Zum Schluß noch drei unbescholtene Mitverschwörer, ohne deren Hilfe dieses Buch nicht zustande gekommen wäre. Tom Biracree, der gezeigt hat, daß man nicht an viele Türen klopfen muß, wenn man weiß, welche die richtige ist; Gerry Helferich, dessen Weisheit, Führung, Geduld und unerschütterlicher Glaube uns immer wieder Mut gemacht hat; und Rita Hynes Blocksom, die den Text korrigiert hat und uns immer sagen konnte, was wichtig ist und wann wir genug gesagt hatten. All diesen gebührt unser aufrichtiger und herzlicher Dank.

Joan Franklin Smutny
Kathleen Veenker
Stephen Veenker

Vorwort

Die meisten verantwortungsbewußten Eltern möchten, daß ihre Kinder sich geistig und körperlich kräftig entwickeln, und sie sind bereit, ihre Zeit zu opfern und alles Denkbare zu tun, um eine solche Entwicklung zu begünstigen. Zwar halten die meisten Eltern ihr Kind außerdem für etwas Besonderes, aber wenn es um die Frage geht, ob ihr Kind möglicherweise zu den Talentierten, den Begabten zählt, werden sie unsicher.

Dieses Buch von Franklin Smutny, Stephen Veenker und Kathleen Veenker bietet Eltern Informationen über die Entwicklung von Kindern und hilft ihnen beim Erkennen und Fördern von Begabungen. Kleine Kinder, die begabt und produktiv werden sollen, stammen aller Wahrscheinlichkeit nach aus einer Familie mit einem ausgeprägten Familienleben. Dieses Buch bietet Eltern die notwendigen Einblicke und Sachkenntnisse, um zu Anwälten ihres Kindes sowohl in der Familie als auch zu Hause zu werden.

Für dieses Buch gibt es einen enormen Bedarf. Als frühere Direktorin des Office of Gifted and Talented in Washington, D.C., und jetzige geschäftsführende Direktorin des World Council for Gifted and Talented habe ich es immer wieder erlebt, daß Eltern uns anriefen und um Rat und Hilfe baten. Eltern müssen wissen, daß begabte Kinder einer besonderen Aufmerksamkeit und Betreuung bedürfen. Außerdem brauchen sie Antworten auf ihre Fragen, die auch uns immer wieder neue Sichtweisen ermöglichen. Genau da hilft dieses Buch. Es ist sachlich, praktisch und immer mit dem Gespür für das Wesentliche geschrieben, das aus dem wahren Verständnis der Autoren für das begabte Kind resultiert.

Mit diesem Buch bieten die Autoren den Eltern eine Möglichkeit, effektiver an die komplexen Vorgänge innerhalb der Familie heranzugehen. Grundlage all ihrer Überlegungen ist die Annahme, daß die Familie ein unterstützendes und förderndes Klima schaffen kann. Eltern, die bereit sind, sich die Zeit zu nehmen und dieses Buch kritisch zu lesen, werden es vermutlich etwas leichter haben, die Fähigkeiten ihrer Kinder zu entwickeln. Dieses Buch liefert ihnen den Rahmen dazu.

Das begabte Kind wird Lehrern und Bibliothekaren und anderen führenden Persönlichkeiten des öffentlichen Lebens eine Hilfe sein, im Grunde all jenen, die ihre Aufgabe in der Förderung begabter Kinder und der Unterstützung ihrer Eltern sehen. Durch ihr Buch wollen die Autoren dabei helfen, begabten Kindern den Weg zu ebnen, was in der Folge vielleicht sogar zu einer besseren Zukunft in dieser Gesellschaft führen kann.

Dorothy Sisk

Einführung

Ein kleiner Junge wurde zu einem Testpsychologen gebracht, weil seine Eltern vermuteten, er hätte sich selbst das Lesen beigebracht. Der Verdacht bestätigte sich: Er kann lesen, sagte ihnen der Tester, und zwar auf dem Niveau eines Zweitkläßlers. Nicht schlecht für einen Jungen von 29 Monaten.

Beim zwanglosen Spiel mit einem Landkartenpuzzle gab die Mutter ihrer dreijährigen Tochter eines der Stücke mit der Bemerkung, dies sei Kansas. »Da haben doch Dorothy und Theo gewohnt«, erwiderte das Mädchen. Hatte das Mädchen vor kurzem eine Wiederholung von *Der Zauberer von Oos* gesehen? Nein, sie erinnerte sich an ein Video aus der Bücherei: »Wir haben es am selben Tag zurückgebracht, als wir *Betsy und Peter* ausgeliehen haben.« Das lag ein ganzes Jahr zurück.

Nachdem eine Freundin ihrer zweijährigen Tochter ein Lied auf den schwarzen Tasten des Klaviers beigebracht hatte, überraschte sie Tage später ihre Mutter damit, daß sie das Stück korrekt nachspielen konnte, und zwar in eine andere Tonart transponiert und nur auf den weißen Tasten.

Ein vierjähriger Junge blieb stehen, um zu beobachten, wie nach einem leichten Regen das Wasser auf ein Stück glatten, po-

rösen Beton trocknete. »Sieht aus«, meinte er, »wie eine Kartoffelschale.«
Rechnen konnte Terry schon immer. Mit zwei Jahren konnte sie bis hundert zählen. Mit dreieinhalb half sie ihrer Mutter beim Einkaufen und schätzte die Gesamtkosten für den Einkauf mit überraschender Genauigkeit.
Welches von diesen Kindern ist begabt?
Natürlich sind es alle.
Einigen Leuten fällt beim Thema Begabung immer das hochintelligente Kind ein, das alles behält, was es gelernt hat, und es am Tage der Prüfung aus dem Ärmel schüttelt und immer sehr gute Noten bekommt. Aber ein Schnelleser mit absolutem Gedächtnis stellt nur eine Spielart dessen dar, was wir Begabung nennen, und nur ein Teil aller begabten Kinder hat diese Fähigkeit.
Lesen Sie dazu den ausgezeichneten Vergleich zwischen außergewöhnlich klugen Kindern und jenen, die gleichzeitig auch noch begabt sind (aus dem Artikel eines Autors namens Yatvin in *Gifted Child Newsletter*):

> *Kluge Kinder* sorgen für den Fortbestand des Systems. Sie nehmen Musikunterricht, lesen Bücher aus der Bücherei, werden Mitglied eines Vereins, sammeln etwas, machen ihre Hausaufgaben, haben Spaß an Gruppenaktivitäten, spielen Scrabble und Tennis, befolgen Anordnungen... sie bekommen gute Noten, gewinnen Pokale und stellen sie sich in den Schrank und ordnen sich gerne Erwachsenen unter. [Sie] sind bereit, alles zu lernen, was ihre Lehrer für das Erreichen eines höheren Ziels, für ihr Fortkommen und die Erfüllung ihrer gesellschaftlichen Aufgaben als wichtig erachten.
>
> *Begabte Kinder* dagegen weisen zwar häufig ähnliche Züge

auf; sie führen an, erneuern, wagen, träumen und lösen Probleme. Sie verkaufen Limonade, gründen Vereine, machen Dinge aus Müll, lesen Comics und Shakespeare, erfinden Spiele, nehmen ihre Fahrräder auseinander und an Wettbewerben teil... und sie bekommen die unterschiedlichsten Noten, machen aus ihren Schlafzimmern Phantasieländer, meiden Aktivitäten, die von Erwachsenen dominiert werden... und lernen, was sie brauchen, um sinnvolle Aufgaben zu erledigen, Probleme zu lösen oder eine Bedeutung zu ergründen, Ordnung oder Schönheit zu entdecken. Das Vorwärtskommen, das Erfüllen oder Übererfüllen gesellschaftlicher Erwartungen sind nur von zweitrangiger Bedeutung.

Eine weitere exzellente Abhandlung über die Natur der Begabung wurde in *Roeper Review* vom November 1983 veröffentlicht und stammt von Dr. Leslie Kaplan, Mitarbeiter am College of William and Mary und Buchautor:
Begabte Studenten lernen ihren Stoff schneller. Sie können eine neue Information schneller verarbeiten und erfassen ihre Bedeutung schneller als ihre Altersgenossen...
Begabte junge Leute lernen intensiver. Sie stellen Verbindungen zwischen einzelnen Informationsteilen her, entwickeln Verbindungen innerhalb des Datenmaterials und erstellen Konzepte. Sie können unterschiedliche Gedanken zu einem zusammenhängenden Ganzen zusammenfügen.
Begabte junge Menschen manipulieren die Information, die sie lernen. Sie analysieren die Fakten aktiv und ordnen sie um, um neue Informationen zu erhalten...
Sie sind einfallsreich beim Lösen von Problemen und bieten verbesserte Lösungen an. Viele Forscher sind der Meinung, begabte Kinder unterscheiden sich von ihren Klas-

senkameraden nicht allein durch Intelligenz, sondern durch ihre Interessen, ihre Einstellung und Motivation.

Bis vor kurzem behandelten die meisten Schulen Begabung als ein Phänomen, das sich irgendwann im Laufe der späten Grundschuljahre herauskristallisiert — etwa im Alter von acht Jahren. Zu dieser Zeit wird es zum erstenmal von den Schulsystemen wahrgenommen, ganz einfach deshalb, weil viele Lehrer dann zum erstenmal darauf achten.
Dieses erste Auftreten scheint einherzugehen mit einem Stadium, in dem kluge Kinder den Testvorgang »überlisten«. Sie haben mittlerweile Erfahrung darin, die richtigen Antworten zu geben, und schneiden mit überdurchschnittlichen Ergebnissen ab. Gibt es in ihrem Schulbezirk ein Programm, sagen wir für die 5 Prozent, die im Gruppenleistungstest am besten abschneiden, bekommen sie das Etikett »begabt« und werden in ein »Begabtenförderungsprogramm« aufgenommen.
Aber angenommen, sie ziehen in einen anderen Bezirk, in dem es zwar — wie in ihrer alten Wohngegend — ebenfalls ein derartiges Programm gibt, bei dem man aber einen IQ von 140 als Teilnehmermarke nimmt. Ist dieses Kind plötzlich nicht mehr begabt? War es das überhaupt jemals?
Und überhaupt, wenn man Begabung vorab definiert, wird dann ein wirklich begabtes Kind durch einen Gruppenleistungstest *oder* den individuellen IQ-Test erkannt? Nicht in jedem Fall. Das Testen und Sieben gleicht dem Fischen mit einem Netz; manchmal schlüpft ein wertvolles Exemplar durch. Einige verbreitete Arten der Begabung lassen sich durch einen Intelligenztest einfach nicht ermitteln — Führereigenschaften, künstlerische Fähigkeiten, ein Gespür für Musiktheorie, ein erhöhtes Gespür für die Gefühle anderer, das Bewußtsein der eigenen Gefühle.

Das Ungleichgewicht zwischen Testen und Erkennen gehört zu einer langen Reihe von Hindernissen, Zweideutigkeiten und Mißgeschicken, auf die ein begabtes Kind auf dem Weg zu seinem Platz in der Gemeinschaft stoßen kann. In der Art, wie unsere Schulen begabte Schüler behandeln, werden Sie weder Übereinstimmung noch Gleichmaß finden. Was man mit begabten Schülern tut, ist für eine Schulbehörde eine subjektive, politische und gefühlsbedingte Angelegenheit. Die Behandlung und Unterstützung, die man Ihrem Kind angedeihen läßt, mag von Altersstufe zu Altersstufe, von Schule zu Schule und manchmal sogar von Tag zu Tag variieren.

Manche Menschen meinen, ein begabtes Kind, zumal, wenn es als begabt erkannt ist, sei auf jedem Gebiet außergewöhnlich, Enttäuschungen gegenüber gefeit und für alle Zeiten nicht auf fremde Hilfe angewiesen. Wie die meisten Verallgemeinerungen ist auch diese falsch und irreführend.

Eine bessere Einschätzung der Folgen von Begabung stammt von Anne-Marie Roeper, Direktorin der Roeper Lower School, und wurde veröffentlicht in *Gifted Child Quarterly*, Nr. 3, 1977:

> Begabung ist in Wirklichkeit die Fähigkeit zu denken, zu verallgemeinern, Verbindungen zu erkennen und Alternativen zu finden. Die genannten Fähigkeiten müssen sich nicht zwangsläufig in herausragende schulische Leistungen umsetzen lassen, weder im Vorschulalter noch zu einem späteren Zeitpunkt...
>
> Ein kleines Kind mit überlegenem Denkvermögen... ist aber möglicherweise noch nicht darauf vorbereitet, sich emotional mit dem auseinanderzusetzen, was es mit dem Intellekt begreift...
>
> Im schulischen Bereich muß ein begabtes Kind den ande-

ren nicht unbedingt überlegen sein. Begabung wird oft mit Frühreife verwechselt. Andere Kinder werden das frühreife Kind später einholen.

Das Beste, auf das ein begabtes Kind hoffen kann, sind gut informierte Eltern — die ihm den Weg ebnen, es auf seine Aussichten vorbereiten, seine Umgebung anreichern, Lücken ausfüllen, Türen öffnen, Hindernisse überwinden, Vertrauen entwickeln und, wenn nötig, eine Veränderung herbeiführen können.
Schließlich sind die Eltern die ersten und wichtigsten Lehrer, die ein Kind hat; sie sind besonders wichtig in den Jahren, bevor der Identifikationsprozeß in der Schule überhaupt erst beginnt.
Schlummern die besonderen Gaben eines Kindes in einer Art zerebralem Nachbrenner, der nur darauf wartet, am achten Geburtstag aktiviert zu werden? Natürlich nicht. Wir lernen, daß die Begabung eines Kindes — sei sie angeboren oder umweltbedingt — sich laufend entwickelt. Vielleicht hat sie sich bereits seit Jahren in kleinen Dingen gezeigt. Viele Studien kommen zu dem Schluß, daß Eltern ein feines Gespür für das Verhalten ihrer Kinder entwickeln, das auf eine außergewöhnliche Begabung hinweist.
Aber jetzt, wo wir uns im Eiltempo dem 21. Jahrhundert nähern, wissen wir auch, daß Kinder *vom Augenblick der Geburt an* sehr komplexe und wunderbare Geschöpfe sind. Wenn tatsächlich ein Großteil der geistigen Entwicklung vor dem fünften Geburtstag abgeschlossen ist, müssen wir außergewöhnliche Begabungen dann nicht von Anbeginn an fördern? Wenn Sie Ihr Kind zu einem Denken ermuntern wollen, das Querverbindungen ermöglicht, funktionieren unserer Meinung nach Anregung und Ermunterung viel besser als

grellbunte Kärtchen mit neuen Worten und mathematische Fakten.
Statt dessen sollten Sie lieber die Fähigkeit fördern zu beobachten und zu analysieren, die im Laufe der Jahre zu Witz und Weisheit führt.
Eine extreme Folge dieses Drucks, Kinder hervorbringen zu wollen, die aus der Menge der Gleichaltrigen herausragen, hat zu dem Phänomen des »Superbabys« geführt, ein Trend, der so bezeichnend ist, daß man ihm sogar eine Titelgeschichte in *Time* widmete. Die Eltern von Superbabys wollen, daß sie als erste Zähne bekommen, laufen, lesen und das Alphabet lernen, ein Musikinstrument spielen und in die »beste« Schule aufgenommen werden, wenn auch nicht unbedingt in dieser Reihenfolge.
Unserer Meinung nach gewinnt man durch das Heranzüchten oder Klonen von Superbabys nichts von bleibendem Wert. Menschen, die ihr Kind immer nur damit vergleichen, wann das Kind ihres Nachbarn angefangen hat zu lesen, zu sprechen oder dreistellige Subtraktionen im Kopf vorzunehmen, verstehen überhaupt nicht, was es heißt, mit dem eigenen Kind Fühlung aufzunehmen, ihm bei seiner Entwicklung zu helfen und sich an seiner Individualität zu erfreuen. Es mit allen möglichen Fertigkeiten vollzustopfen, ist nicht dasselbe, wie es in der Entwicklung seiner eigenen Begabungen und Fähigkeiten zu bestärken.
Kann ein Buch Ihrem Kind zu Begabung verhelfen? Nein. Genausowenig wie ein Unterricht, ein Lehrer, ein Haufen kluger Bücher oder ein Computer. Ist eine Begabung potentiell vorhanden, können Bücher, Lehrer oder Eltern einiges zu ihrer Förderung tun. Es gibt auch Geschichten über Menschen, die ihre außergewöhnliche Begabung unter ungünstigsten Umständen entwickelt haben. Sie sind besonders als Ausnahme

von der Regel erwähnenswert. Andererseits wollen wir keine Geschichten von außergewöhnlich vielversprechenden Kindern erzählen, von denen man nie wieder etwas gehört hat, nachdem sie in die Schattenwelt einer Sonderschule für Lern- oder Verhaltensgestörte abgeschoben wurden, nur weil irgend jemand sie in der Zwischenzeit völlig falsch eingeschätzt hat.
Wie wir gesehen haben, hilft Befruchtung und Bestärkung Kindern dabei, ihre Begabung zu entwickeln — wenn sie lernen, ihre Fähigkeiten einzuschätzen und mit ihren Möglichkeiten umzugehen, anstatt sie unentwickelt zu lassen.
Unsere Beobachtungen resultieren aus der Erziehung unserer eigenen und anderer Leute Kinder gewonnen, aus Beratungsgesprächen mit Hunderten von Eltern sowie der Betreuung von Tausenden anerkannt begabten Kindern aus der Gegend von Chicago, die für verschiedene Nachmittags- und Wochenendförderungsprogramme und/oder private Ganztagsschulen für begabte Kinder angemeldet wurden.
Bei der Arbeit mit Eltern begabter Kinder ist uns immer wieder aufgefallen, daß es keine verläßlichen und allgemein zugänglichen Bücher gibt, die den Eltern noch kleiner, begabter Kinder die nötige Hilfe bieten. Auf den folgenden Seiten wollen wir einige der allgemein verbreiteten Anzeichen für Begabung erläutern und den Eltern helfen, die Eigenschaften ihrer eigenen Kinder einzuschätzen.
Wir beschäftigen uns mit den Dingen, die man bereits während der ersten Jahre vom Säuglingsalter bis hin zur Vorschulzeit tun kann, bevor Schulprogramme und andere Förderungsmöglichkeiten diese Aufgaben übernehmen. Unsere Annäherung an die begabungsfördernden Umfelder ist eher ganzheitlich und hat nichts von einer Bedienungsanleitung mit exakten Vorschriften. Für Begabung gibt es kein Rezept, keinen Plan und keine festen Regeln. Andererseits sind unsere Vor-

schläge für alle Kinder gedacht, werfen Sie also dieses Buch nicht gleich weg, wenn jemand ihr Kind »beschuldigt«, es sei normal.
Es wird auch von Schulen die Rede sein — von der Auswahl der richtigen Vorschule, des Kindergartens und frühen Förderprogrammen, davon, wie man am besten die Programme auf die Fähigkeiten seines Kindes abstellt, was man tun kann, bis sich die Schulverwaltung des begabten Teils seiner Bevölkerung annimmt (und was, wenn man es nicht einmal versucht). Wir besprechen die verschiedenen angebotenen Ergänzungsprogramme und wie man sie selbst ins Leben rufen kann, wo es sie nicht gibt. Ein begabtes Kind bedeutet für Sie nicht das Ende aller Probleme; Sie haben es nur mit anderen zu tun. Wir sprechen über das, was Ihnen Kopfschmerzen bereiten wird, aber auch über Lösungen.
Guten Rat und Hilfsmittel gibt es reichlich in Form von Büchern, Projekten und Schriften, und täglich werden es mehr. Es gibt sie nicht an jeder Ecke. Aber das, was wir gefunden haben, wollen wir mit ihnen teilen, oder zumindest leichter zugänglich machen, als es für uns war.
Ein Wort noch zu guten Ratschlägen, besonders für Eltern, die es gerade erst geworden sind. Viele der besten Quellen, mit denen wir zu tun hatten, beschäftigen sich nicht mit begabten Kindern, sondern mit dem Kind als ganzem Menschen. (Was nützt einem Menschen all seine Begabung, wenn niemand es in seiner Nähe aushält?) Willkommen im Informationszeitalter: mittlerweile können Sie zu praktisch jedem Thema Bücher finden, in denen Sie jede Menge Informationen darüber nachlesen können. Elternratgeber gibt es zuhauf, aber vermutlich kann kein Buch allein Ihnen die Einblicke gewähren, die Sie brauchen. Nur durch die Auswertung aller unterschiedlicher Quellen können Sie zusammen mit Ihrem Kind zu dem

werden, was Bruno Bettelheim als »ausreichend gute Eltern« bezeichnet hat.
Die von uns befragten Experten für die Entwicklung von Kindern weichen oft in bestimmten Punkten voneinander ab. Es ist uns immer gelungen, die unterschiedlichen Meinungen gegeneinanderzustellen, einen Ausgleich zu finden und das, was für uns und unsere Kinder funktioniert hat, zu übernehmen. Aber bei genauem Hinsehen konnten wir erfreut feststellen, daß sie alle in einem äußerst wichtigen Punkt übereinstimmten. Und zwar in diesem, zu dem sich Burton White, Joan Beck, Bruno Bettelheim, T. Berry Brazelton und Dr. Spock in ihren Schriften fast völlig übereinstimmend äußern:
Erstens: kein einziges Buch befindet sich im Besitz der alleinigen Wahrheit, auch dieses nicht; und
Zweitens: wenn Sie etwas lesen, daß Ihnen in Ihren speziellen Situation vollkommen falsch vorkommt, vertrauen Sie eher Ihren Instinkten und nicht der Expertenmeinung, denn *niemand kennt Ihr Kind besser als Sie.*

1. KAPITEL

Große Erwartungen:
Prägung im Säuglingsalter

Unsere Aufgabe wäre einfacher, wüßten wir gleich zu Anfang, ob ein Neugeborenes ein paar Jahre später begabt sein wird. Überall bekommt man Geburtszertifikate, auf denen man die sogenannten entscheidenden Werte eintragen kann: 4137 Gramm, 6.55 Uhr, 53 cm. Eine Leerstelle für den IQ haben wir noch auf keinem Formular gefunden und werden es wohl auch nicht.

Vielleicht wäre es ganz nützlich, gleich nach der Geburt eines Kindes über eine verläßliche Aufstellung seiner Fähigkeiten verfügen zu können, aber die gibt es einfach nicht. Einige Kinderärzte verwenden eine von Dr. Virginia Apgar entwickelte Skala, um einen ersten Eindruck von der allgemeinen Vitalität eines Neugeborenen festzuhalten — Hautfarbe, Muskelspannkraft, Aufmerksamkeit und Reagibilität. Eine solche Liste mag ein diagnostisches Hilfsmittel bei der Geburt sein, aber wir sind froh, daß es noch nicht zu einem Statussymbol geworden ist (»Mein Baby hatte 9 Apgar, deins 8, ihres nur 6«).

Intelligenz läßt sich natürlich nicht mit unfehlbarer Genauigkeit messen. In den mittleren und oberen Schulklassen kann man dann mit einer Vielzahl von Tests, die auch gemacht werden, zu genaueren Ergebnissen kommen: Intelligenz-, Leistungs- und eine ganze Reihe anderer Tests, die im 7. Kapitel besprochen werden. Man kann mit sehr jungen Kindern einen Intelligenztest durchführen, und man kann sogar einen vergleichbaren IQ-Wert benutzen, um die jeweilige geistige Entwicklung zu beschreiben. Aber mit einer Zahl aus einem Säuglingstest läßt sich nicht vorhersagen, wie der IQ aussehen wird, wenn das Kind zehn Jahre alt ist. Nur in wenigen Untersuchungen hat man verläßliche Wechselbeziehungen gefunden. Einige Untersuchungen zeigen, daß die Testergebnisse von Vierjährigen mit ihren Ergebnissen im Alter von sieben Jahren übereinstimmen. Intelligenztests hängen zu sehr vom Sprachvermögen ab, um schon im Säuglingsalter verläßliche, zukunftsweisende Ergebnisse zu liefern.

Heißt das, daß niemand weiß, wer begabt ist, bis die Schulen anfangen, nach den Begabten Ausschau zu halten?

Nein. Fast jeder Erzieher begabter Kinder würde sich der allgemeinen Erkenntnis anschließen, daß Eltern verläßliche Beobachter sind, wenn es um das Erkennen von Begabung bei ihren Kindern geht. In einer Untersuchung der University of Michigan zum Beispiel, (veröffentlicht in *Psychology in the Schools* Psychologie an den Schulen, Band 8, Seiten 140—142) verfolgte man eine Gruppe von Kindern, die schon sehr früh einen Intelligenztest gemacht hatten, über mehrere Jahre. Als sie älter waren, hatten neunzehn dieser Kinder einen IQ von 135 oder mehr. Zwar war keines von ihnen in den frühen Tests als außergewöhnlich begabt identifiziert worden, trotzdem hatten die Eltern von neunzehn der Kinder aufgrund ihrer Beobachtungen zu Hause ihre potentielle Begabung erkannt.

Eine Untersuchung aus dem Jahr 1983 mit dem Titel *Gifted Infants* (Begabte Kinder), durchgeführt von SENG (Supporting Emotional Needs of the Gifted, Wright State Universitiy, Dayton, Ohio), begutachtete tausend Eltern von formell erkannten — also »getesteten« — begabten Kindern. Unter anderem wurden die Eltern gefragt, wann sie »zum erstenmal den Verdacht gehabt hätten«, ihre Kinder könnten begabt sein. 83 Prozent gaben an, dies sei vor dem Kindergarten geschehen, 22 Prozent sagten, sie hätten es schon vor dem ersten Geburtstag ihres Kindes vermutet.

Unsere eigenen Gespräche mit Eltern begabter Kinder bestätigen, daß viele ohne den geringsten Anhaltspunkt intuitiv ahnten, was sie erwartete, als ihre Kinder noch sehr klein waren. Ein Vater hatte jahrelang an religiösen Zeremonien für Ungeborene teilgenommen und sagte, er sei erstaunt gewesen, als sein Kind geboren wurde: Noch nie hätte er bei einem anderen Kind einen derart ruhigen, konzentrierten Blick beobachtet.

Eine Lehrerin für begabte Kinder erzählte uns, sie kenne verschiedene äußerst zuverlässige frühe Anzeichen, darunter eine Wachheit und Neugier, die nach Anregung verlangt; die Fähigkeit, mit weniger Schlaf auszukommen als andere Kinder; geschärfte und ausgereifte Sinne, die Informationen wie ein Schwamm aufzusaugen scheinen und die die Welt verstehen und wie sie funktioniert, sowie eine Mischung aus Forscherlust und einem Sinn für Humor.

Felicia und David: Beispiele zweier begabter Kinder

Es gibt keinen Test, mit dem sich Begabung bei einem Säugling korrekt voraussagen läßt. Daher hat man in mehreren Studien formell erkannte, ältere begabte Kinder untersucht, die Umgebung, in der sie aufgewachsen sind, sowie ihre Verhaltensweisen. Zu den bemerkenswertesten gehört die Untersuchung von Janet Brown. Sie umfaßt zwei Teile, die im *Merrill-Palmer Quarterly* (Nr. 10, 1964 und Nr. 16, 1970) veröffentlicht wurden. Eine Zusammenfassung von Michael Lewis und Linda Michaelson von der Rutgers Medical School findet sich in *The Psychology of Gifted Children* (Das Seelenleben der begabten Kinder, 1986).

Brown beschreibt ausführlich das Verhalten einer Gruppe von Neugeborenen. Sie verfolgte die Kinder bis in die mittleren Schuljahre und kam zu dem Schluß, daß ein Mädchen außergewöhnlich talentiert war. Dann verglich sie ihr Verhalten mit dem der anderen im Säuglingsalter.

Das Mädchen heißt Felicia. Im Alter von acht Jahren erkannte Brown bei ihr nicht nur »überlegene Intelligenz, sondern auch ungewöhnliche künstlerische Fähigkeiten«. Sogar als Neugeborene hob sich Felicia von ihren Gefährten in der Kinderstation ab. Sie wirkte älter, war empfänglicher für Reize von außen, bereit, Sinneseindrücke zu verarbeiten, und schien ihre Umgebung besser zu kontrollieren. Das heißt, sie hörte auf zu weinen, wenn man ihr einen visuellen Reiz vermittelte, und wenn sie quengelig war, ließ sie sich durch die menschliche Stimme allein beruhigen — es war nicht nötig, sie zu halten, zu wiegen oder zu wickeln. Sie ließ sich nicht gerne bewegen und mochte es auch nicht besonders, wenn man mit ihr schmuste. Felicia reagierte ungewöhnlich bereitwillig auf ihre Umgebung. Sie war die einzige Neugeborene, die Gesichtsausdrücke nachmachte; die einzige, die mit den Augen einen stationären visuellen Reiz abtastete, und sie reagierte auf visuelle und akustische Reize, wie man es normalerweise nicht von Kindern gewohnt ist, die jünger sind als zwei oder drei Wochen. Dem Personal im Hospital fielen schon bald »ihr ausdrucksvolles Gesicht und ihr weit offener Blick« auf. Sie tauften sie »die kleine Persönlichkeit«.

Ganz gleich, ob ihre Unabhängigkeit ein erstes Anzeichen ihrer späteren künstlerischen Kreativität, oder ihre visuelle Auf-

merksamkeit ein Anzeichen ihrer großen Intelligenz genannt werden kann, Felicia ragte von Geburt an aus der Menge heraus. Wer in der Kinderstation des Krankenhauses arbeitete, konnte eine Reihe von recht spezifischen Eigenschaften benennen und beschreiben, die sie aus der Masse heraushoben.
Einige von Felicias Eigenschaften erinnern an David, einen begabten kleinen Jungen, über den einer unserer Interviewpartner berichtet hat. Noch vor seiner Geburt fragte sich seine Mutter, ob das Niedlich-Knuddel-Syndrom bei Neugeborenen angeboren oder kulturell bedingt sei. Gurrten und glucksten alle Babys wie die in der Windelreklame? Die Eltern beschlossen, auf seine Zeichen zu achten und nicht all seinen Bedürfnissen zuvorzukommen. »Wenn Babys zu sehr bemuttert werden«, so argumentierten sie, »warum sollten sie sich dann die Mühe machen, nachzudenken oder überhaupt etwas zu tun?« Als David noch sehr jung war, legte seine Mutter ihn auf den Fußboden des Wohnzimmers und zog sich dann etwas zurück, um ihn zu beobachten. Schon bald begann er

> auf seinem Bauch zu rutschen wie ein Fisch übers Wasser, und dabei in alles seine Finger hineinzustecken. Er war vielleicht gerade drei Monate alt. Ich erwischte ihn dabei, wie er mit dem Finger über Gegenstände strich, sie in seinen winzigen Händchen drehte und sie mit enormer Konzentration untersuchte. Seine Aufmerksamkeit beschränkte sich im Alter von fünf Monaten auf einige wenige einfache Gegenstände, manchmal über einen Zeitraum von ein oder zwei Stunden. Er wurde nie müde, neue Gegenstände zu betasten, schob sie herum und stieß gelegentlich entzückte Schreie aus, wenn er zu einer anderen Stelle des Zimmers kroch.

David wuchs mit einem Minimum an Bemutterung und Verhätschelung auf. Seine Eltern erkannten intuitiv richtig, was in seinem Fall funktionierte, und sie waren aufmerksam und einfühlend, ohne ihn übermäßig zu verwöhnen. »Ich habe noch nie ein Kleinkind gesehen, daß soviel Persönlichkeit ausstrahlt, soviel Gelassenheit und Furchtlosigkeit«, berichtet ein geschulter Beobachter, »ein wirklich friedliches Kind... dem seine Eltern dabei helfen... ein richtiger Abenteurer und Entdecker zu werden.«

Aufmerksame Eltern sind unverzichtbar. Hätte David das Schmusen vermißt, seine Eltern hätten es bemerkt. Ein Kind, das sich auf dem Arm nicht wohl fühlt, teilt es über Muskelspannung und Körpersprache mit. Eines der ersten Problemlösungsverhalten des Säuglings ist die Anpassung an denjenigen — den Vater oder die Mutter —, der ihn auf dem Arm hält. Wenn Kinder wollen, können sie sich in Wackelpudding verwandeln, so daß man sie kaum noch halten kann, oder sie sind äußerst schwer abzusetzen, wenn sie gehalten werden wollen. Tatsächlich besitzt ein Kind lange bevor es Ihnen mit Worten erklären kann, was es möchte, ein komplettes Vokabular aus Zeichen und Symbolen, das es bei Bedarf einsetzt, um seine Wünsche mitzuteilen. Säuglinge gebrauchen routiniert ihr nonverbales Vokabular, das voller ausdrucksstarker Nuancen steckt. Einfühlsame Eltern nehmen es wahr, verstehen und reagieren, ebenfalls noch nonverbal.

Ein kürzlich erschienenes Buch von Evelyn Thomas mit dem Titel *Born Dancing* (Tanzend geboren) beschreibt diese Art der Kommunikation, die, wenn sie von Eltern und Kind fließend beherrscht wird, zu jenem entscheidenden angenehmen Zusammenspiel führt. Die Metapher des Titels bezieht sich auf einen stilisierten Austausch von Blickkontakt, Körperbewegungen und Vokalisationen, die Babys wie Mütter instinktiv durchführen. Von dort ist es nur ein kleiner Schritt bis zu einem förmlichen Tanz, dem komplizierten Pas de deux, bei dem beide Partner ständig aufeinander eingehen. Ein aufmerksamer Partner ist immer bereit, auf kleine Zeichen oder Veränderungen zu reagieren; und ebenso ist es bei Eltern und Säugling, die aufeinander eingestimmt sind.

Je besser die Anpassung, je enger der Tanz, je wachsamer die Wahrnehmung, desto größer ist die Chance, daß die ersten Anzeichen der Begabung in einem Säugling erkannt werden. Sind sie erstmal erkannt, kann potentielle Begabung gefördert werden.

Erste Anzeichen von Begabung

Die frühesten Untersuchungen begabter Kinder vor mehr als einem halben Jahrhundert bestätigten uns in der Annahme, daß früh ausgeprägte Fähigkeiten tatsächlich ein gutes Zeichen sind. Wenn Ihr Kind früher geht, spricht, versteht, alleine ißt oder sonst eine motorische Fertigkeit früher zeigt als seine Geschwister oder Altersgenossen, besteht die Möglichkeit, daß das Kind von der Anlage her begabt ist.

Bevor wir fortfahren, sollten wir zwei Dinge klarstellen. Erstens: Jedes dieser Anzeichen kann ein gutes Zeichen sein, trotzdem ist es unmöglich, eine akkurate Vorhersage oder Garantie für eine tatsächliche spätere Begabung abzugeben. Zweitens: Das Fehlen eines oder aller dieser Anzeichen bedeutet nicht, daß Ihr Kind nicht begabt ist. Das klingt so, als wollten wir uns nach allen Seiten absichern. Aber vergessen Sie nicht, daß es keine unfehlbar sichere Methode gibt, Begabung zu messen; wir können lediglich beschreiben, worin sie sich zeigt.

Außer den motorischen Fähigkeiten gibt es noch einen zweiten quantitativen Bereich: Das Kind kennt mehr Worte, ist länger aufmerksam, spricht längere und komplexere Sätze und zeigt eine schnellere Auffassungsgabe und größeres Interesse an Büchern und Bildern. Begabte Kinder bleiben viel länger mit Geduld bei der Sache, wie uns ihre Eltern erzählen — sie lesen dickere Bücher, mehr Bücher, lesen dasselbe Buch häufiger als andere.

Ein dritter Bereich basiert auf Vergleichen. Ein begabtes Kind findet in der Regel mehr Möglichkeiten, ein Spiel- oder Werkzeug zu benutzen; einen Code, eine Regelmäßigkeit oder ein Puzzle zu verstehen, sich Variationen von Spielen auszudenken, es hat eine größere schöpferische Vorstellungskraft und zeigt ein tieferes Verständnis für die Fragen und Antworten anderer Personen.

Andere frühe Erkennungszeichen wurden von Rita Haynes Blocksom beschrieben: Ein gutes Erinnerungsvermögen, die Anwendung der Trial-and-error-Methode beim Lösen von Problemen, die Fähigkeit, sich über lange Zeitspannen alleine beschäftigen und Ungereimtheiten mit Humor aufnehmen zu können.

Denken Sie immer daran, daß Babys im Gegensatz zu gefrorenem Gemüse aus der Fabrik, das mit einem Lesestreifen auf der Verpackung ausgeliefert wird, nicht mit einem IQ versehen eintreffen. Niemand kann Ihnen sagen, daß Ihr jetzt drei Monate altes Kind begabter oder weniger begabt ist als ein anderes. Wir haben mit Hunderten von Eltern von als begabt erkannten Kindern gesprochen, und viele haben uns erzählt, sie hätten schon bei der Geburt eine Vorahnung gehabt. Das läßt sich natürlich weder beweisen noch belegen, andererseits haben wir auch nicht die Eltern nicht begabter Kinder gefragt, wann sie wußten, daß ihre Kinder *nicht* begabt seien.

Was wissen wir wirklich?

Man hat zwar viele Versuche unternommen, die Begabung eines Kindes mit klinischer Genauigkeit vor seinem zweiten Geburtstag zu erkennen, trotzdem ist uns kein Datenmaterial bekannt, aus dem sich dabei ein Erfolg ablesen ließe. Es gibt jedoch eine Reihe von faszinierenden Untersuchungen, die das allgemeine Verhalten als ein Anzeichen erkannt haben. Visuelle Aufmerksamkeit scheint dabei der verläßlichste Prüfstein zu sein. Zwei unabhängige Untersuchungen an der New York University und dem Albert Einstein College of Medicine von Marc Bornstein und Susan Rose, abgedruckt in *Science* (15. Mai 1987), weisen einen starken Zusammenhang zwischen visueller Ansprechbarkeit in den ersten sechs Lebensmonaten und hohen IQ-Werten im Alter von vier bis sechs Jahren nach. Hohe IQ-Werte *und* der Indikator visuelle Ansprechbarkeit waren bei 24 bis 36 Prozent der Versuchspersonen anzutreffen — was sicherlich keine empirisch exakte Verbindung darstellt, trotzdem ist es unbestritten eine der engsten bislang verzeichneten Wechselbeziehungen.

Die von Rose und Bornstein beschriebene Wechselwirkung zwischen erster Augenbewegung und dem Suchen nach neuen Reizen, sobald ein alter als vertraut erkannt ist, könnte durchaus eine erste Verbindung zu dem Auftreten geistiger Prozesse darstellen. »Um es deutlich zu sagen, wir glauben, wir haben es hier mit Informationsverarbeitung zu tun«, verriet Bornstein der Zeitschrift *Science*. »Es geht darum, zu erfassen, wie der Organismus Einzelheiten aufnimmt. Die Verarbeitung von neuen Informationen, das ist es, was Leben vor allem ausmacht.«

Weitere Beweise für einen Zusammenhang zwischen früher visueller Ansprechbarkeit und dem späteren Erkennen von Begabung liefern uns der Leiter der Abteilung für Kindesentwicklung an der Rutgers Medical School, Professor Michael Lewis, und seine Assistentin Professor Linda Michaelson in einem Kapitel ihres Buches *The Psychology of Gifted Children* (Das Seelenleben der begabten Kinder). Sie zitieren Arbeiten aus dem Jahr 1981 von J. F. Fagan von der Case Western University und S. K. McGrath, »in denen sie zeigen, daß ein frühes Messen von Aufmerksamkeit tatsächlich ein besseres Erkennungszeichen späterer Erkenntnisfähigkeit darstellt als übliche IQ-Tests«. Ein Indikator war die Schnelligkeit, mit der Neugeborene aktiv ihre Aufmerksamkeit auf einen neuen visuellen Reiz richten — mit anderen Worten, wie schnell sie ein Bild langweilt und sie mit ihrem Blick ein neues suchen. Zu diesem Verhalten gehört auch das Wiedererkennen eines bereits bekannten und im Gedächtnis gespeicherten Bildes.

Aber was ist dabei das Pferd und was der Wagen? Dient die visuelle Ansprechbarkeit lediglich als erster sichtbarer Indikator für andere angeborene Faktoren, die daraus zwangsläufig folgen? Oder ist Begabung lediglich ein Aspekt der Informationsverarbeitung, der sich zuerst als visuelle Ansprechbarkeit zeigt? »In Wahrheit«, so folgern Lewis und Michaelson, »verhält es sich wohl eher so, daß im Säuglingsalter vielleicht nur ein Potential für Begabung vorhanden ist, das nach einer optimalen Umgebung und Entwicklung verlangt. Im Gegensatz zu Störfaktoren existiert Begabung vielleicht im frühen Lebensalter noch nicht, sondern entsteht erst als Ergebnis des Wechselspiels zwischen der genetischen Ausstattung des Säuglings und der Umgebung, in der er aufwächst.«

Viele Experten glauben, daß Begabung sich unter optimalen Bedingungen entwickelt, in Abhängigkeit von genetischen Fähigkeiten, der Umgebung und der *Qualität der Fürsorge* oder des angenehmen Zusammenspiels, von dem wir bereits gesprochen haben. Eigenwahrnehmung, emotionales Einfühlungsvermögen, Bestärkung durch Familie, Lehrer und Gleichaltrige und immer auch die Reizwirkung der Umgebung des Kindes sind die Bestandteile dieses angenehmen Zusammenspiels auf dem Weg zum Erwachsenwerden.

Grundsteinlegung im Säuglingsalter

Vor der Empfängnis können die Gesundheit der Mutter und sogar die körperliche Verfassung des Vaters das zukünftige Gehirn des Kindes ebenso beeinflussen wie die emotionale Umgebung den heranreifenden Fetus.
Jane Healy, Dr. phil. an der Cleveland State University, stellt in *Your Child's Growing Mind* (Der wachsende Verstand Ihres Kindes) fest, daß »das wachsende Gehirn in hohem Maße anfällig ist für strukturelle, chemische und hormonelle Einflüsse. Zum Beispiel glauben einige Forscher, daß gewisse schulische Fähigkeiten wie Lesen oder Rechnen durch während der Schwangerschaft abgesonderte Hormone beeinflußt werden können.«
Furcht, Wut, Streß und Sorgen lösen im Körper der Mutter chemische Reaktionen aus, fährt Healy fort. Da ihr Kreislauf die Nahrungsquelle des Babys ist, braucht man nicht allzuviel Phantasie, um sich vorzustellen, daß das Gehirn des Fetus in gewissem Maße beeinträchtigt wird. T. Verny zitiert in *The Secret Life of The Unborn* (Das geheime Leben der Ungeborenen) Beweise dafür, daß außergewöhnlicher emotionaler Streß während der Schwangerschaft hyperaktive und reizbare Säuglinge erzeugen kann. Zwar muß dies nicht die intellektuellen Fähigkeiten beeinflussen, aber es kann die Behandlung des Säuglings erschweren und durch eine Beeinträchtigung des Eltern-Kind-

Verhältnisses seine Entwicklung behindern. Ein Verstehen der Ursachen kann den Eltern helfen, die Auswirkungen zu überwinden.
Andere meinen diesen Prozeß verstärken zu können, indem sie musizieren und vorlesen, während das Kind sich im Mutterleib befindet. Es ist anzunehmen, daß das Ungeborene Geräusche wahrnimmt. Einige Mütter haben beobachtet, daß ihre Babys im siebten bis neunten Monat bei lauten Geräuschen offenbar erschrecken.
In der dritten Auflage von *Growing Up Gifted* (Aufwachsen Begabter) zitiert Barbara Clark T. Vernys Auflistung mehrerer Forschungsprojekte, die darauf hinweist, daß der Fetus im vierten oder fünften Monat auf Geräusche und sogar Melodien reagiert. »Vivaldi und Mozart wirken entspannend auf das Kind«, zitiert Clark, »während Beethoven und Brahms zu Bewegungen anregen.« Weiter wurde berichtet, daß der Fetus vom sechsten Monat an *in utero* deutlich hört und man beobachten kann, wie er sich im Sprechrhythmus der Mutter bewegt.
Dr. Anthony DeCasper von der University of North Carolina kam zu dem Ergebnis, daß drei Tage alte Neugeborene den Klang der Stimme ihrer Mutter dem der eines Fremden vorziehen, ebenso wie sie die gleiche Geschichte, die man ihnen schon in den letzten sechs Wochen vor der Geburt vorgelesen hat, lieber hören als eine unbekannte.
Spielt man also der Schwangeren zum Beispiel Musik vor, die das Neugeborene hören kann, liegt der Hauptvorteil bestimmt darin, daß sich diese Phasen der Ruhe bis in die Zeit nach der Geburt auswirken, vor allem, wenn sie von Mutter und Kind zur gemeinsamen Entspannung genutzt werden.
Das Erleben der Geburt selbst ist ein wesentlicher Faktor in der Umgebung des sich entwickelnden Kindes. Eine medikationsfreie, nicht eingreifende Geburt verhilft einem Neuge-

borenen zu besonderer Wachheit und kann zu einer bindenden Erfahrung zwischen Eltern und Kind werden.

In einem Zustand besonderen Wachseins, der etwa zehn Prozent jeder Wachstunde ausmacht, zeigen Säuglinge eine Vorliebe für Gesichter und wenden ihren Kopf, um Stimmen zu folgen. Klaus und Bonding Kennell legen in *Parent-Infant* (Eltern-Kind-Bindung) dar, daß diese ruhige Wachphase ungefähr 45 Minuten der ersten Stunde nach der Geburt ausmacht. Zu diesem Zeitpunkt sieht das Baby, es reagiert auf Geräusche und bewegt seinen Kopf in die Richtung, aus der es Stimmen vernimmt. Dann fällt der erschöpfte Ankömmling in einen mehrere Stunden langen, tiefen Schlaf. Diese »ruhige« Wachphase nimmt auch etwa zehn Prozent der ersten Lebenswochen ein. Sorgen Sie sich also nicht, wenn Sie sie bei der Geburt versäumt haben.

Wir wissen seit langem, daß die Augen eines Neugeborenen auf eine Entfernung von 25 bis 30 Zentimeter am besten sehen. Viele halten dies für den perfekten Augenkontaktabstand zur stillenden Mutter.

Das Stillen kann ebenso zu dem bestmöglichen Start beitragen. Es verstärkt nicht nur die Bindung zwischen Mutter und Kind, sondern auch die allgemeine Gesundheit des Kindes. Dr. Burton White, Gründer und Direktor des Center für Parent Education in Newton, Ma., gleichzeitig Autor von *The First Three Years of Life* (Die ersten drei Lebensjahre), betont ausdrücklich den Wert, den das Stillen bei der Reduzierung der immer wieder auftretenden Mittelohrentzündung — verbunden mit vorübergehendem Hörverlust — hat, der ernsthaft die Lernfähigkeit eines Kindes beeinträchtigen kann.

All diese Faktoren können zur Optimierung der Fähigkeiten des Kindes beitragen. Eine gesunde Schwangerschaft bietet eine gewisse Gewähr für einen gesunden Geist. Ein gutes Ge-

burtserlebnis, das Stillen sowie ausreichend Zeit zur Bindung ebnen den Weg für die Reagilibität zwischen Eltern und Kind. Wer jedoch glaubt, einer dieser Einflüsse sei allein entscheidend, leugnet die ungeheure Komplexität des menschlichen Gehirns. Healey merkt an, daß das Gehirn eines Neugeborenen »sich dem Einfluß von Erfahrungen wunderbar geschmeidig anpaßt«, und »daß man nach der Geburt eine Menge tun kann, um frühere Erfahrungen auszugleichen«. In seinem Buch *On Becoming a Family* betont der Kinderarzt und erfolgreiche Autor Dr. T. Barry Brazelton, das entscheidende einer guten Eltern-Kind-Beziehung liegt nicht in irgendwelchen Dingen, die man für sein Baby tut. Vielmehr gehe es darum, ein ungeheuer lohnendes Feedback zwischen Eltern und Kind aufzubauen. In diesem Austausch wird auch die dem Kind angeborene Persönlichkeit eine Rolle spielen. Um Begabung wirklich fördern zu können, müssen die Eltern erst einmal die wunderbare Komplexität ihres gerade geborenen Kindes begreifen. Der Glaube der Eltern an die großen Möglichkeiten ihres Kindes und die Behandlung dieses Kindes als eine sich entwickelnde Persönlichkeit können auch dazu beitragen, im Kind ein ausgeprägtes Gefühl für das eigene Selbst und den eigenen Unternehmungsgeist zu erzeugen.
In *Optimizing Learning* (Optimiertes Lernen) schreibt Barbara Clark von der California State University:

> Vom Augenblick der Geburt an stehen dem menschlichen Kind über hundert Milliarden Nervenzellen in seinem Gehirn zur Verfügung. Es ist in der Lage, Billionen von Verbindungen herzustellen, die dem Lernen dienen, zum Speichern von Erinnerungen, zum Lösen von Problemen, zu rationalem und abstraktem Denken, zur Feinmotorik, zum Ausdrücken von Gefühlen, zu intuitivem und kreativem

Schaffen... kurz, zu allem, was Intelligenz ausmacht. Man schätzt, daß die meisten Menschen nur einen geringen Teil dieses gewaltigen Potentials nutzen, und daß während eines Lebens von diesem Potential mehr verloren geht als genutzt wird.

Wir glauben, bei der Frage der Nutzung dieses gewaltigen Potentials können die Eltern die ausschlaggebende Rolle spielen.

Das Selbstbild des Säuglings

Noch in den frühen 60er Jahren hielt man den Verstand eines Neugeborenen für vergleichsweise primitiv. Heute wissen wir, daß es sich dabei um eine komplexe und wunderbare Sache handelt.
Was hat diese veränderte Ansicht bewirkt? Sind Babys in einer Generation klüger geworden? Oder haben die Forscher mehr Einblicke bekommen?
Wahrscheinlich ist beides richtig. Je mehr uns ein Wissenschaftler über die Funktionsweise und die Fähigkeiten des Gehirns unserer Babys sagen können, desto mehr können wir als Eltern tun.
Ein revolutionärer Schritt im Verständnis des Verhaltens Neugeborener wurde völlig unabhängig voneinander auf zwei verschiedene Kontinenten gemacht. In Boston filmte der Kinderpsychiater Dr. Peter Wolf das Verhalten von Neugeborenen in ihrer häuslichen Umgebung. Unabhängig davon beobachtete Dr. Heinz Prachtl in Groningen, Holland, die Atmung, die Gehirnströme und die Herzschlagdaten bei niederländischen Neugeborenen und zeichnete sie auf.

Bei der Auswertung der Fülle von Daten entdeckten Wolf und Prachtl, daß sich die scheinbar zufälligen Aktivitäten bei neugeborenen Babys sechs Bewußtseinszuständen zuordnen lassen:

1. *Ruhige Wachphase*: Die Augen sind offen, strahlend, sie glänzen; Motorik verhalten. In diesem Zustand kann das Baby einem sich bewegenden Gegenstand mit den Augen folgen und zwischen zwei Formen unterscheiden; einige Babys scheinen übertriebene Gesichtsausdrücke nachahmen zu wollen. Zu beobachten in den ersten 45 Minuten nach einer normalen, unkomplizierten Geburt und 10 Prozent aller Wachstunden am ersten Lebenstag.
2. *Aktive Wachphase*: Augen und Gliedmaßen bewegen sich viel, das Baby gibt leise Geräusche von sich. Tritt auf vor dem Essen und vor einem Zustand, den man als »quengelig« bezeichnen könnte. Alle ein oder zwei Minuten bewegt das Baby Arme, Beine, Körper oder Gesicht; ähnliche Bewegungsschübe sind im Uterus beobachtet worden.
3. *Weinen*: Gesicht zusammengezogen und gerötet; Arme und Beine bewegen sich; die Augen sind entweder offen oder fest geschlossen.
4. *Schlummern*: Zustand zwischen Schlaf und Wachsein. Die Augen sind trübe, glasig, haben gewöhnlich kein klares Ziel; die Lider sind schwer. Gelegentliche Bewegungen.
Egal ob am Tag oder während der Nacht, das Baby schläft etwa 90 Prozent der Zeit. Man hat zwei unterschiedliche Schlafebenen ausgemacht; Babys wechseln zwischen den beiden in Abständen von ungefähr 30 Minuten.
5. *Aktiver Schlaf*: Die Lider sind geschlossen, flattern jedoch von Zeit zu Zeit; die Augen können sich unter den Lidern bewegen (REM-Phase: rapid eye Movements/schnelle Au-

genbewegungen). Gelegentliche Bewegungen; unregelmäßiges, etwas schnelleres Atmen als im ruhigen Schlaf. Manchmal zieht das Baby Gesichter und macht die Bewegungen des Kauens oder Saugens.
6. *Ruhiger Schlaf*: Tiefschlaf, kaum Reaktionen auf Umgebung. Die richtige Zeit, ihm die Nägel zu schneiden und unter der Wiege staubzusaugen. Jetzt läßt es sich durch fast nichts aus der Ruhe bringen.

In den letzten zwanzig oder dreißig Jahren hat man Neugeborenen eine große Aufmerksamkeit gewidmet, so daß sich ein paar wichtige Fakten für das zusammentragen lassen, was wir zu Hause für die Zukunft unserer Kleinen unternehmen können.

In ihrem Buch *Körperkontakt* drängt uns Ashley Montague, die britische Anthropologin und sehr produktive Autorin, die Schwangerschaft als einen 18monatigen Prozeß zu sehen, von dem sich die erste Hälfte im Mutterleib abspielt. Die Geburt ist ein wichtiger Meilenstein und ein entscheidendes Bindeglied zu den zweiten neun Monaten, markiert aber nur die Mitte der Schwangerschaft. Von allen Primaten legen nur die Menschen ihre Neugeborenen an einen sicheren Platz und verlassen sie für einen längeren Zeitraum. Seltsamerweise entwickeln nur die sogenannten hochzivilisierten Menschen komplizierte Aufbewahrungsmöglichkeiten für die Bequemlichkeit der Eltern. In weniger »fortschrittlichen« menschlichen Gesellschaften trägt die Mutter oder ein anderer das Baby während der ersten Monate des Lebens ständig am Körper. (Seltsamerweise kennen diese »rückständigen« Stämme das Daumenlutschen nicht!)

Forschungen deuten darauf hin, daß Neugeborene recht empfindlich und empfänglich auf ihre Umwelt reagieren. Manche

glauben, daß Umweltreize tatsächlich Zellveränderungen im Gehirn auslösen. Jane Healey betont in *Your Child's Growing Mind* jedoch ausdrücklich: »Der Schlüssel liegt im aktiven Interesse und dem geistigen Bemühen *des Kindes*.«
Phyllis und Marshall Klaus erläutern in *The Amazing Unborn* (Die erstaunlichen Ungeborenen), daß die Nerven, die Seh- und Hörzentrum miteinander verbinden, bei der Geburt voll ausgebildet sind. Und schon im Alter von zwei Wochen bringen Säuglinge das Gesicht ihrer Mutter mit deren Stimme in Verbindung. Sobald man es gegen eine Maske austauscht oder die Stimme einer anderen Frau einsetzt, nehmen sie weniger Nahrung auf, weinen mehr und schlafen weniger.
Legt man Säuglingen etwas Eßbares auf die Zunge, stellt man fest, daß sie zwischen sauer, salzig, bitter und süß unterscheiden können. Sie werden Ihnen zu verstehen geben, daß ihnen süß am liebsten ist.
Am sechsten Tag können Neugeborene ihre Mutter am Geruch erkennen.
Bei Säuglingen ist zudem das visuelle Interesse stark ausgeprägt. Wenn sie die Wahl haben, schauen sie lieber auf komplexe Muster (sie ziehen Streifen einer glatten Fläche vor, gewellte Streifen geraden, betrachten gerne kleine Muster auf einer Tapete, lieben Abwechslung, Bewegung und reale Dinge).

> Diese ungewöhnlichen Talente der Neugeborenen können in verschiedenen Stadien auftreten, für eine Weile wieder verschwinden, um später wiederzukehren. Einiges in diesem Entwicklungsprozeß hängt ab von Bedürfnissen, Gewöhnung, mangelnder Gewöhnung, übermäßiger Gewöhnung, Passivität und Aktivität. Werden Säuglinge einerseits zu sehr in eine bestimmte Richtung gedrängt oder enthält man ihnen andererseits verschiedene Reize vor, kann das

Auswirkungen auf ihre Entwicklung haben. Niemand vermag zu sagen, welche Fähigkeiten gefördert und welche sich selbst überlassen werden sollten. Man weiß jedoch, daß Säuglinge mit Freude und Interesse auf Abwechslung reagieren.

Wärme und Geborgenheit

Wir als Eltern können vieles leichter machen — wir können die Umgebung des Babys entwerfen, um es zu bereichern und anzuregen. Durch ein positives Gefühl gegenüber dem Kind können wir dazu beitragen, ein angenehmes Umfeld für das Lernen und Aufwachsen zu schaffen und ihm ein Gefühl der Sicherheit und Geborgenheit zu geben. »Lernen funktioniert am besten«, schließt Healy in *Your Child's Growing Mind*, »wenn positive Gefühle die Absonderung von Chemikalien im Gehirn erleichtern, die bewirken, daß Botschaften die Nervenübergangsstellen überschreiten.«
Die Bedeutung einer solchen Atmosphäre wird im Zusammenhang mit Montagues »Außenschwangerschaft«, also den zweiten neun Monaten, deutlich, in der Phase, die er »Gebärmutter mit Ausblick« nennt. Um besser auf die Bedürfnisse des Kindes eingehen zu können, reagieren wir auf sein Schreien, das seine erste Verbindung mit dem Rest der Welt im Sinne einer Problemlösung darstellt. Es braucht unsere positive Bestärkung, es muß wissen, daß es nicht alleingelassen wird und sich auf unsere Pflege verlassen kann.
Es ist kein Zufall, daß wir das Baby automatisch zu schaukeln beginnen, um es zu trösten; es handelt sich um eine Nachahmung der Bewegung, die es aus dem Mutterleib kennt. »Schaukeln beruhigt das Baby«, erinnert uns Montague in *Körperkontakt*,

denn im Mutterleib wurde es durch die Bewegungen Ihres Körpers auf natürliche Weise geschaukelt. Das Baby braucht für sein Wohlergehen reichlich Zuwendung, und diese Zuwendungen nimmt ein Säugling zu einem großen Teil über die Haut auf. Für ihn bedeutet es die bestmögliche Zuwendung, wenn seine Mutter ihn in die Arme oder auf den Schoß nimmt oder ihn auf dem Rücken trägt.

Montague sagt weiterhin, »daß die wechselseitig an ihr Kind angepaßte Mutter über den Rhythmus auf die Bedürfnisse des Kindes eingeht. Ihre Beweglichkeit wird sich in der Entwicklung der Wahrnehmung des Kindes widerspiegeln.«
In seinem neu überarbeiteten Buch *Infants and Mother* (Kinder und Mütter) schreibt T. Barry Brazelton:

Nachdem ich das Auf-dem-Rücken-Tragen der Kinder bei den Mayas in Südmexiko untersucht hatte, wollte ich unbedingt, daß wenigstens zwei Bräuche wieder in unsere Gesellschaft aufgenommen werden, die wir in unserer Kultur zunehmend vernachlässigt haben. Ich wollte unbedingt, daß Mütter für eine kontinuierliche körperliche Nähe zu ihren Kindern sorgen, und daß junge Eltern wieder von der Großfamilie aufgefangen werden.

»Unser vornehmliches Ziel in den ersten sieben Lebensmonaten sollte es sein, ein Gespür für das Vertrauen zu entwickeln, das das Kind zu seinem Gedeihen dringend benötigt. Das wichtigste ist meiner Meinung nach, dem Säugling *das Gefühl zu vermitteln, geliebt und umsorgt zu werden*, und dem Kind auf diese Weise zu einem guten Start ins Leben zu verhelfen«, schreibt Burton White in *The First Three Years of Life*. »Wie wichtig das ist, kann gar nicht genug betont werden.«

Bei der Untersuchung von Mutter-Kind-Beziehungen verfolgten Wissenschaftler der University of Michigan unter der Leitung von Sheryl Olson das Wachstum von Kindern zwischen dem sechsten Monat und dem sechsten Lebensjahr. Die Sechsjährigen, bei denen eine gute Selbstbeherrschung beobachtet werden konnte, hatten bereits eine sichere Bindung zur Mutter, bevor sie dreizehn Monate alt waren. Im Alter von zwei Jahren war ihre sprachliche Interaktion häufiger und ausgeprägter, und sie wurden strenger, jedoch nicht gröber diszipliniert. Durch ihre gute Selbstbeherrschung konnten diese Sechsjährigen stillsitzen, sich konzentrieren und Streitigkeiten eigenhändig und friedfertig beilegen.
Diese wesentliche Form der Unterstützung hat nichts mit »Verwöhnen« zu tun. In *Psychology Today* schrieben White und sein Kollege Dr. Michael Meyerhoff:

> In Elternhäusern, in denen die Kinder klug sind und man gerne mit ihnen zusammenlebt, scheuten die Eltern nicht davor zurück, ihren Kindern noch vor dem ersten Geburtstag realistische, gleichzeitig sichere Verhaltensgrenzen aufzuzeigen. Während der ersten Lebensmonate gingen diese Eltern verschwenderisch mit ihrer Liebe und Fürsorge für ihre Kinder um und entsprachen beinahe bedingungslos jedem Wunsch. Nach acht Monaten jedoch, und insbesondere während der Phase des »Negativismus« zwischen dem 15. und 24. Lebensmonat, wenn die Wünsche vieler Kinder nur dazu dienen, herauszufinden, wie weit sie gehen können, reagierten diese Eltern, indem sie den Kindern unmißverständlich klarmachten, daß andere Menschen auch ihre Rechte haben.

Entscheidend ist das Vertrauen. Kinder werden durch das Vertrauen beeinflußt, das die Eltern in sie setzen, denn es hilft dem

Säugling, ein Gefühl der Sicherheit zu entwickeln. »Die Sicherheit der Eltern über ihre Rolle als Eltern«, schreibt Dr. Bruno Bettelheim in *Ein Leben für Kinder. Erziehung in unserer Zeit*,

> wird im Laufe der Zeit für das Kind zu einer Quelle eigener Selbstsicherheit.
> Soll ein Kind jedes einzelne Stadium psychologischer und sozialer Entwicklung meistern, braucht es Verständnis und einfühlsame Hilfe von seinen Eltern, so daß seine spätere Persönlichkeit keine Narben psychologischer Verwundungen aufweist. Eltern dürfen nicht dem Wunsch verfallen, ein Kind zu erschaffen, wie sie es gerne hätten, sondern müssen vielmehr dem Kind helfen, sich — in seinem eigenen Tempo — so vollständig wie möglich zu entwickeln, zu dem zu werden, was es selbst sein möchte und kann, und das in Übereinstimmung mit seiner eigenen Begabung und als Folge seiner ganz eigenen Lebensgeschichte.

Anregungen für den Säugling

Sprechen Sie mit Ihrem Baby und lächeln Sie es häufig mit viel Augenkontakt an, wenn Sie die Entwicklung der Sinneswahrnehmung fördern wollen. Reagieren Sie auf sein Schreien, machen Sie seine Geräusche und Gesichtsausdrücke nach. Denken Sie daran, daß Empfänglichkeit und Wachheit in einem vergleichsweise frühen Alter ein gutes Zeichen für eine große Begabung sind.
Für die visuellen Reize kaufen oder basteln Sie ein Mobile, das so angelegt ist, daß man es von unten betrachtet, am besten mit auswechselbaren Motiven. Verändern Sie es von Zeit zu Zeit,

damit es interessant bleibt. Plazieren Sie Poster und Grafiken 20 bis 30 Zentimeter von den Augen des Kindes entfernt und etwas rechts (um dem typischen Nackenmuskelreflex zu entsprechen, der das Baby in die sogenannte Fechterstellung bringt). Bringen Sie einen unzerbrechlichen Spiegel aus rostfreiem Stahl an, wo er leicht gesehen werden kann. Eine Mutter durchflocht die Gitterstäbe des Bettes mit buntem Geschenkpapier — eine leicht auswechselbare »Wandbemalung«. Stellen Sie ein Prisma ins Fenster, wo es das Sonnenlicht einfangen und einen Regenbogen an die Wand werfen kann. Verwenden Sie gemusterte Bettwäsche und Puffer. Große, einfache Muster sind zwar interessant, kleinere erhalten aber das Interesse des Kindes für längere Zeit.

Zur Anregung des Hörvermögens eignen sich besonders Spieluhren, Plattenspieler und Cassettenrekorder. Verwenden Sie alle Arten von Musik, sowohl spezielle Kinderplatten als auch Sprechplatten aus der Bücherei als Ergänzung zu Gesprächen und zum Vorlesen.

Kinderstühlchen sind Lebensretter. Sie erlauben Ihnen, sich im Haus frei zu bewegen und Ihre Arbeit zu machen, ohne das Baby alleine zu lassen. Ergänzen Sie das Stühlchen im Alter von drei Monaten mit einer Vorrichtung, an das Sie Krippenspielzeug hängen können. Verschiedene Hersteller bieten dafür geeignetes Spielzeug an. Sobald die Nackenmuskeln Ihres Säuglings kräftiger sind, versuchen Sie es mit einer Babyschaukel, mit der Sie das Kind (oder sich selbst) beruhigen können. Sie kann Ihnen manchen Tag retten, aber verwenden Sie sie nicht zu oft.

Eine Krippenstange mit Greifteilen — bunten Gegenständen, die das Kind zum Greifen und Festhalten anhalten soll — ist zwischen der 6. Woche und dem 6. Monat sinnvoll. An einem vernünftig gemachten Modell sollten die Spielsachen an etwas festerem als Bindfäden befestigt sein, damit das Kind richtig zupacken kann. Sie sollten nicht mehr verwendet werden, sobald das Kind aufrecht sitzen kann.

Sprechen Sie mit Ihrem Baby, streichen Sie über seine Arme, nennen Sie die Körperteile, wenn Sie es anziehen oder baden. Ermuntern Sie es, die verschiedenartigsten Gegenstände anzufassen, sei es beim Einkaufen, beim Spazierengehen, wenn sie an einem Baum oder was sonst an Ihrem Weg liegt vorbeikommen. Spielen Sie einfache Spiele wie »Kuckuck« oder »Kuchenbacken«.

Wie Klaus und Kenell in *Parent-Infant Bonding* (Eltern-Kind-Bindung) anmerken, erkennen Neugeborene Geschichten wieder, die sie vor ihrer Geburt gehört haben. Viele Eltern lesen ihren Babys vom ersten Tag an etwas vor. Schaden kann es auf keinen Fall. Ihr Neugeborenes wird keine einzelnen Wörter verstehen, aber die Sprechmuster wirken beruhigend, nicht unähnlich den »tröstend Worten« des traditionellen Gottesdienstes. Das Baby wird Ihren Sprachrhythmus wiedererkennen. Sagen Sie Kindergedichte auf, bis es für den Dicken keine Pflaumen mehr zu schütteln gibt.

Es gibt unzählige Erstlingsbücher. Am besten lassen Sie sich in einer guten Buchhandlung ausgiebig beraten. Es gibt für jede Altersstufe und jeden Zweck etwas Passendes.

Aber machen Sie es nicht zu schwierig. Erzwingen Sie nichts. Zuviel des Guten kann leicht ermüdend werden. Achten Sie auf einen Wink Ihres Kindes; geben Sie ihm, soviel sie wollen, aber hören Sie auf, bevor es zuviel wird.

Wenn Ihr Baby anfängt herumzukrabbeln, müssen Sie dafür sorgen, daß Ihre Wohnung vollkommen kindersicher ist. Auf dem Fußboden darf nichts liegen, an dem man ersticken könnte; sichern Sie alle Steckdosen ab; vergessen Sie nicht, daß viele Pflanzen giftig sind. Dann lassen sie es laufen. Gatter und

Zäune sorgen für Sicherheit, wenn Sie nicht selbst aufpassen können, aber benutzen Sie sie nicht nur zu Ihrer eigenen Bequemlichkeit. Lassen Sie Ihrem Kind freien Lauf, dann werden sich seine Sinne und Denkprozesse optimal entwickeln.
Für diese Entwicklung ist Platz zum Herumkrabbeln und Entdecken entscheidend. Neugier ist der Schlüssel zum Aufwachsen.
Es gibt immer mehr Spielsachen, und einige von ihnen sind recht phantasievoll. Trotzdem bietet auch jede Wohnung reichlich Anregung. Denken Sie an die alte Geschichte von dem Kind, das ein teures pädagogisches Spielzeug geschenkt bekommt und die nächsten beiden Tage damit verbringt, mit der Verpackung zu spielen. Meß- und andere Löffel aus der Küchenschublade sind wunderbare Spielzeuge, mit ihnen kann stundenlang gespielt werden. Aber das beste Spielzeug bleiben nach wie vor verantwortungsbewußte Eltern — die Zeit haben.

2. KAPITEL

Das Kleinkindalter
(achter bis sechsunddreißigster Monat)

Ihr Kleinkind ist möglicherweise begabt, wenn es
— sich ein ganzes Buch vorlesen läßt und Sie dann bittet, es ihm noch einmal vorzulesen.
— früh laufen oder sprechen kann oder ein frühes Interesse am Alphabet zeigt.
— sich für Zahlen und Zeitbegriffe interessiert und sie versteht.
— Puzzles zusammensetzen kann, die für ältere Kinder gedacht sind.
— feinfühlig auf Musik reagiert.
— sich an komplexe Geschehnisse erinnert und sie noch lange danach beschreibt.
— einen fortgeschrittenen Sinn für Humor besitzt und Ungereimtheiten mit Humor aufnimmt.
— Geschichten und Ereignisse verständlich wiedergibt und in der Lage ist, einen eigenen Schluß zu einer Geschichte zu erfinden.
— schnell Gedichte und Lieder aufnimmt und sie nach mehrmaligem Hören korrekt wiedergeben kann.
— ihn seine Grenzen ungeduldig machen, sobald der Verstand nach Aufgaben verlangt, denen der Körper noch nicht gewachsen ist.

— weiß, wie die Dinge zusammengehören, und nur ungerne nachgibt, wenn es beim Ordnen auf Schwierigkeiten stößt und keinerlei Unfairneß duldet.
— folgerichtig und unbeirrbar Gegenstände organisiert, sortiert, arrangiert, klassifiziert, gruppiert und ihnen dann Namen gibt.
— Ursache und Wirkung begreift, Schlüsse zieht, auf Hinweise reagiert und mehrteilige Aufgaben früher als andere erfüllt.

Im Verstand eines Kleinkindes spielt sich oft weit mehr ab als wir auf den ersten Eindruck wahrnehmen. Zwischen dem 8. und 36. Lebensmonat entwickeln sich alle Kinder sehr schnell. Ihre Talente und Fähigkeiten entwickeln sich; ihre Persönlichkeit kommt zum Vorschein; individuelles Geschick und persönliche Stärken werden augenfälliger.
Für das begabte Kind trifft dies ebenso zu, nur in größerem Maße oder früher. Zwar entwickeln sich alle Kinder beständig, einige aber auch in Sprüngen.
Viele Eltern erkennen möglicherweise das Potential ihres Kindes nicht, weil es ihnen an Gleichaltrigen fehlt, mit denen sie es vergleichen können, vor allem, wenn es sich um ihr erstes Kind handelt. Andere Eltern erkennen die besondere Begabung und wissen sie zu schätzen, wissen aber nicht, daß sie erst aufblühen kann, wenn man sie richtig fördert. Andere kaufen oder basteln schnell schicke Karten, Computer-Software oder teures »pädagogisches« Spielzeug, weil sie keine Zeit haben, ihren Kindern etwas vorzulesen.
Was auch immer die Gründe sein mögen, in den ersten Jahren übersehen Eltern häufig Mittel und Wege, mit denen sie die Entwicklung ihrer Säuglinge und Kleinkinder fördern könnten. Zwar profitieren alle Kinder von Ausgewogenheit und Be-

stärkung in jeder Entwicklungsphase, Kinder jedoch, die schon früh Anzeichen von besonderer Begabung zeigen, brauchen besondere Aufmerksamkeit, damit eine ausgewogene Entwicklung gewährleistet ist. Burton White hat es so formuliert: »Nur vergleichsweise wenigen Familien gelingt es, ihren Kindern während der Zeit vom 8. bis zum 36. Monat eine optimale Erziehung und Entwicklung angedeihen zu lassen — vielleicht nur jeder zehnten.«

In den hektischen Monaten vor dem dritten Geburtstag eines Kindes kommt es zu einem regelrechten Wachstumsschub. Für uns gibt es in dieser Entwicklungsphase keinen verläßlicheren Ratgeber als Burton Whites Buch *The First Three Years of Life*. White und seine Kollegen haben vielleicht mehr Stunden in der Gesellschaft von Kleinkindern verbracht als jedes andere Forschungsteam.

Während Piaget zu seinen richtungsweisenden Erkenntnissen über die Entwicklung von Intelligenz kam, indem er beobachtete, wie seine eigenen Kinder aufwuchsen, haben White und seine Kollegen Zehntausende von Stunden mit fremden Kindern verbracht — sowohl bei ihnen zu Hause als auch in einer klinischen Umgebung. Whites sorgfältig ausgebildete Mitarbeiter verbrachten viel Zeit, bis ihre Anwesenheit in den von ihnen besuchten Haushalten zur Selbstverständlichkeit wurde; außerdem wurden sie darauf trainiert, sich so wenig wie möglich einzumischen, so daß das Leben dort weiterlief, ohne daß auf den Beobachter besondere Rücksicht genommen wurde.

Das deutlichste Ergebnis dieser ungeheuren Datenmenge zeigt sich in der klaren Unterscheidung von sieben Phasen in der Entwicklung von Säuglingen. Für Eltern kann es besonders bei ihrem ersten Kind eine außerordentliche Hilfe sein, zu wissen, welche dieser Phasen ihr Kind gerade durchläuft, und zu erkennen, wann es in die nächste eintritt.

Die Phasen eins bis fünf liegen im Alter von acht Monaten bereits hinter uns. Dieses Kapitel beschäftigt sich mit dem Wachstum in den Phasen (nach White) sechs (8. bis 14. Monat), sieben (14. bis 24. Monat) und acht (24. bis 36 Monat). In diesem Abschnitt findet ein entscheidender Teil der Entwicklung der Sprachfähigkeit des Kindes und seines Selbstverständnisses statt. Darüber hinaus zeichnet diesen Abschnitt eine unstillbare Neugier und ein Gespür für soziales Bewußtsein aus. Zu diesem Zeitpunkt braucht ein Kleinkind nicht nur die Unterstützung und Bestärkung durch die Familie, sondern auch eine solide Grundlage für eine moralische Entwicklung. Dazu gehört auch eine klar umrissene, geregelte Sicht seines Platzes in dieser Welt. Werden die letzten Gesichtspunkte während dieses Stadiums nicht beachtet, kann dies einen hohen Preis kosten. Später stellt sich das so vielversprechende Kind dann als verwöhnt heraus, es hat vielleicht keine Freunde, es fehlt ihm an Motivation, und Ablehnung entmutigt es immer weiter.

Neugier

Neugier halten wir ohne Einschränkungen für das Schlüsselelement in einem heranwachsenden Kleinkind. Sein unstillbares Bedürfnis nach Wissen und Wachstum führen es in den entlegensten Winkel. Ein kluges Kleinkind scheint sich das Krabbeln selbst beizubringen, nur damit es herausfinden kann, was hinter dem Sofa steckt, hinter der nächsten Ecke, im Bücherkorb oder der Spielzeugkiste. »Für die erzieherische Entwicklung eines Kindes«, schreibt Burton White in *The First Three Years of Life*, »gibt es nichts Wichtigeres, als eine stark ausgeprägte Neugier.«

Geben Sie Ihrem Kind während des Säuglingsalters auf jeden

Fall alle Möglichkeiten, aus seiner Neugier zu lernen, auch wenn Sie sonst nicht viel für Ihr Kind tun können. Bauen Sie keine Mauern auf, öffnen Sie Türen. Wahrscheinlich gibt es nichts Wichtigeres, was Eltern für die Entwicklung der Intelligenz ihres Kindes tun können.
Abgesehen von den Gittern, die es vor Bereichen schützen, die man nicht kindersicher machen kann, sollten sie ihm keinerlei Schranken auferlegen. Benützen Sie keine Einschränkungen, außer wenn sie wirklich unumgänglich sind, also wenn Sie zum Beispiel den Wocheneinkauf aus dem Auto ins Haus schleppen, Wäscheberge zum Trocknen hinaustragen oder kochendes Wasser vom Herd ins Waschbecken schütten. In solchen Situationen können Laufgitter für kurze Zeit ganz nützlich sein, aber im allgemeinen sollte man sie nicht zum Einsperren von umtriebigen Kleinkindern verwenden.
Wenn Sie nicht zu Hause sind, tragen Sie Ihr Kind am besten auf der Hüfte, auf dem Bauch oder dem Rücken. Dort findet es mehr Augenkontakt und mehr Interaktion mit Dingen und Menschen, dort kann es besser verarbeiten, was es sieht. Unterhalten Sie sich mit ihm und machen sie Umwege, um Dingen nachzugehen, die es erblickt hat.
»Wenn ich ein Kind sehe, das man in seinen Sportwagen geschnallt hat«, sagte uns eine Mutter, »muß ich sofort an einen Behinderten denken, der an seinen Rollstuhl gefesselt ist.« Sie selbst benutzte den Sportwagen nur selten, normalerweise trug sie ihr Kleinkind auf der Hüfte.
Wenn möglich sollten sie den Kinderwagen auch bei kleinen Spaziergängen zu Hause lassen, Ihr Baby wird davon profitieren. Sie kommen zwar etwas später ans Ziel, dafür aber um etliche Erfahrungen reicher. Nehmen Sie sich Zeit, an den Blumen zu schnuppern, eine Baumrinde zu betasten, ein Blatt in die Finger zu nehmen, die Ameisen mit Krümeln zu füttern,

die Sonne auf der Haut spüren. Säuglinge, insbesondere jene, die zu höherer Intelligenz neigen, sind für Kleinigkeiten äußerst aufnahmefähig und bemerken täglich oder jahreszeitlich bedingte Veränderungen.

Wenn Sie mit Kleinkindern oder Kindern im Vorschulalter einen Ausflug in den Zoo, ins Museum oder in den Park machen, versuchen Sie die Dinge aus ihrem Blickwinkel zu betrachten. Erwachsene, die das Eintrittsgeld bezahlt haben, neigen dazu, so viel wie möglich für ihr Geld zu sehen. Verbringen Sie lieber neunzig Minuten an den besonders für Kinder gedachten Plätzen und kommen Sie an einem anderen Tag wieder, um erneut auf Entdeckungsreise zu gehen. Für die Kleinen ist weniger oft mehr.

Denken Sie daran, daß das Recht eines Kindes, seiner Neugier freien Lauf zu lassen, dort endet, wo es um das Eigentum von anderen geht. Scheuen Sie sich nicht, Grenzen zu setzen! »Dieses Papier gehört deiner Mutter, und sie braucht es jetzt, deshalb können wir nicht darauf herummalen. Wir holen uns später eigenes Papier, dann kannst du malen.« Das Interesse des Kindes abzulenken oder ihm ein neues Ziel zu geben, ist sehr viel effektiver als das Wort nein.

Das Wort nein sollte keine Einschränkung sein, sondern eher zur Vorsicht gemahnen. Burton White betont, daß ein wiederholter, übermäßiger Gebrauch des Wortes nein bei einem seine Umgebung erforschenden Kleinkind leicht dazu führen kann, daß es Neugier mit Ablehnung in Verbindung bringt, was genau das Gegenteil dessen wäre, was wir erreichen wollen. Lenken Sie ab oder finden Sie ein neues Ziel. (Wie Sie sehen, warnen wir vor übermäßigem Gebrauch des Wortes nein, aber das soll keine Ermunterung sein, unangemessenes Verhalten bei Ihrem Kind einfach zu übersehen.)

Kindern sollten klare Grenzen aufgezeigt werden, wenn sie

noch ganz jung sind, das gilt insbesondere für die begabten. Sehr kluge Kinder können später ein beträchtliches Geschick darin entwickeln, ihre Eltern zu manipulieren, sie auszutricksen oder zu überflügeln. Oft sind intelligente Eltern ihrem begabten Kind nicht gewachsen. Kinder brauchen frühzeitig klar gesteckte Grenzen, und Sie tun Ihrem Kind keinen Gefallen, wenn Sie ständig Ausnahmen machen.

Seien Sie so flexibel wie möglich, aber zeigen Sie im Umgang mit den Regeln, die Ihnen wichtig erscheinen, eine sichere Hand. Gelingt es Ihnen, schon Ihrem Kleinkind gegenüber eine ruhige und sachte Autorität zu entwickeln, bleibt Ihnen später eine Menge Ärger erspart. Sonst könnte es Ihnen aufgrund seines Motivierungs- und Argumentationsgeschicks passieren, daß es Sie bei jeder Kleinigkeit in Grund und Boden diskutiert.

Zum Spielen geboren

Das Spielen ist für die Selbstachtung eines Kindes von entscheidender Bedeutung. Hierin unterscheidet sich Begabung von der Idee des »Superbabys«. Wird das Spielen um seiner selbst willen ermutigt, wird die Fähigkeit zu persönlichem Ausdruck ebenso vergrößert wie das kreative Herangehen an Arbeit im späteren Leben.

Eltern sollten sich nicht verunsichern lassen und das Erkunden eines Kleinkindes, das so eng mit seinem Selbstverständnis verbunden ist, zum Anlaß nehmen, sich »pädagogische« Spiele auszudenken. Ein Kind, dem die Eltern ständig zusehen, dem das Spielen von Erwachsenen »gestohlen« wird, und das man immer wieder zu »pädagogischen« Spielen zwingt, das man nicht Räuber und Gendarm spielen läßt, weil das angeblich zu gewalttätig ist, und das ständig auf die Vorschule vorbereitet wird, läßt man ebensowenig seine Begabung entfalten, wie ein Kind, das von seinen Eltern gar nicht beachtet wird.

Im Laufe der Jahre haben wir häufig von Leuten gehört, die der Ansicht waren, begabte Kinder könnten sich recht gut mit einem bescheidenem Spielzeug beschäftigen, so wie einige von ihnen auch weniger Schlaf brauchen. Nichts stimmt weniger als das. Benjamin Bloom und seine Kollegen an der University of Chicago veröffentlichten vor kurzem Material aus einer rückblickenden Untersuchung in ihrem Buch *Developing Talent in Young People* (Sich entwickelnde Talente junger Menschen). Sie untersuchten weltweit anerkannte Talente auf sechs verschiedenen Gebieten, die in den 50er Jahren aufgewachsen waren, und befragten sie und ihre Eltern, Lehrer und Ausbilder, um herauszufinden, was ihnen unter der Vielzahl von Anfängern dazu verholfen hat, in ihrem Beruf Spitzenleistungen zu erbringen. Immer wieder gaben diese Leute an, ihre erste Begegnung mit dem Gebiet, auf dem sie Talent zeigten, sei beiläufig und spielerisch gewesen. Ihre ersten Lehrer wurden wegen ihrer Wärme und Freundlichkeit geschätzt und nicht wegen ihres Könnens, ihrer Virtuosität oder ihres Perfektionismus. Die ersten Unterrichtsstunden waren geprägt von guter Laune und Bestärkung.

Das Lernen wird bei einem Kind im ersten Jahr durch das Spielen kanalisiert. Je mehr Anregung es beim Spielen erfährt — viele verschiedene Orte, Spielkameraden, unterschiedliche Erfahrungen —, desto breiter ist seine Verständnisgrundlage und sind damit seine Voraussetzungen für das Lernen. Daß etwas für sein Aufwachsen entscheidend ist, soll nicht heißen, daß es nicht auch Spaß machen kann.

Beobachten Sie ein Kleinkind, und Sie haben einen Beweis aus erster Hand. Es ist jedesmal begeistert, wenn es etwas Neues lernt. Es macht Spaß, etwas Neues zu können. Wenn ein Kind in der Grundschule Schreibschrift lernt, werden Sie es lange Zeit nicht dazu bringen können, wieder in Druckschrift zu schreiben. Sobald es gelernt hat, auf einem Zweirad das Gleichgewicht zu halten, wird es sich unter keinen Umständen mehr auf ein Fahrrad mit Stützrädern setzen wollen.

In gewissem Sinn sind die Eltern die ersten Spielkameraden eines Kindes und sogar seine ersten Spielzeuge. Sie sind besonders erfolgreich, wenn sie eine Vielzahl unterschiedlicher Erfahrungen und Gelegenheiten ermöglichen, etwas zu lernen. Von Zeit zu Zeit sollten Sie, wenn nötig, auch einschreiten, aber nicht, um die Gedanken des Kindes zu formen.

Das Spielen kann sein eigener Zweck sein, genau wie es die Arbeit sein sollte. Für das Kind ist es eine Form, sich auszudrücken, ein Mittel zur Entwicklung kritischen und kreativen Denkens, induktiven und deduktiven Urteilens, eine Möglichkeit, Symbole zu beherrschen, bevor es in die komplexe Welt draußen gelangt.

Sobald Säuglinge herumkrabbeln können, werden sie von beweglichen Teilen, Bällen und anderen kleinen, greifbaren Gegenständen wie magisch angezogen. Das Aufeinandertürmen und Einpacken von Spielzeug fasziniert sie ebenso wie das Anordnen. Es macht Spaß, das Rätsel ihres Zwecks zu ergründen. Den Eltern kommt in dieser Situation die Aufgabe zu, für ein reichhaltiges Erfahrungsumfeld zu sorgen. Möglichkeiten zu kreativem Spiel sind wichtig, aber Sie sollten eher eine Schmiererei erwarten als Kunst, eher Lärm als Musik. Gute, harmonische Musik schafft eine solide musikalische Grundlage, wie auch eine wortreiche Sprache, interessante Farben und Muster einen guten Hintergrund für das Sprechen und die visuellen Künste bilden können. Klötze, Ton, Fingerfarben sind angebracht, sobald ein Kind seinen ersten Geburtstag feiert.

Die meisten Kinder spielen gerne mit einfachen Rhythmusinstrumenten und Kunstmedien. Es hilft Kindern, ein Bild von sich zu entwickeln, wenn sie einen festen Platz haben, an dem sie ihre Kunstwerke zur Schau stellen können. Benutzen Sie ein Kunstwerk als Ausgangspunkt für ein anderes: Sorgen Sie dafür, daß ein Bild ein Lied inspiriert, ein Lied, einen Tanz und so weiter.

Wenn Ihnen ein Kind ein Kunstwerk zeigt, bitten Sie es, Ihnen darüber zu erzählen. Schreiben Sie auf, was es erzählt. Bitten Sie es dann, Ihnen die Geschichte eines Ausflugs oder eines besonderen Ereignisses zu diktieren, und lassen Sie es illustrieren. Vergessen Sie nicht, daß Kreativität ein Segen ist. Kinder malen zuerst abstrakt, und wir bearbeiten sie solange, bis sie alles naturgetreu abmalen. Loben Sie sie. Eine Vierjährige malte eine klassische menschliche Gestalt — ein runder Kopf mit zwei am Kinn angesetzten Strichbeinen und zwei Stricharmen, die dort hervorragten, wo vermutlich die Ohren sein sollten. Sie betrachtete es eine Weile, dann hockte sie sich hin, zog die Knie ans Kinn, zog die Schultern so hoch, wie sie konnte, breitete die Arme aus, zog ein breit grinsendes Gesicht und sagte: »Sieh mal, Vati — so male ich Leute.« Woody Allen meinte dazu: »Spiegelt die Kunst das Leben, oder was?«

Auch die Phantasie wird zurechtgestutzt. Kinder wissen Einbildungskraft zu schätzen, nur wird sie manchmal durch die Wirklichkeit behindert. Es ist besser, sie einzuspannen, als sie zu behindern.

Ungefähr nach dem ersten Lebensjahr kommt es zu Spielen, in denen so getan wird als ob, etwas vorgetäuscht wird. Burton White berichtet in *The First Three Years of Life*, daß solche Spiele besonders bei ungewöhnlich begabten Kindern verbreitet sind, und Eltern sie auf jeden Fall darin unterstützen sollten. So-tun-als-Ob führt eine neue Dimension des Spielens ein;

es ist, als mache das Kind Dehnübungen des Verstandes, ganz wie ein Läufer, der seine Beinmuskulatur beim Aufwärmen für einen Marathonlauf dehnt. Lassen Sie Ihre Kinder den Hampelmann spielen, lassen Sie sie unmögliche Kleider anziehen und ihre schrulligsten Gedanken austoben, wenn ihnen danach zumute ist.

Spielzeug sollte zum Spielen ermuntern, sich dem Spielen anpassen und vielseitig sein. Spielzeug ist ein Katalysator, eher Mittel als Ziel. Beim Spielen können Kinder innerhalb bestimmter Regeln oder Richtlinien analysieren, Verbindungen herstellen, auswerten und sich dabei an den Erwachsenen, speziell den Eltern, orientieren. Das Alphabet und Zahlenpuzzles sind eine gute Methode, das Kind mit solchen abstrakten Elementen vertraut zu machen.

Eine Mutter stellte fest, daß ihr Kleinkind mit den einfachen Holzpuzzles nicht mehr so recht zufrieden war, vor den viel größeren jedoch ein wenig Respekt hatte. Ihre Lösung bestand darin, die äußere Einfassung wegzulassen; sie besorgte sich ein Stück Pappe in derselben Größe wie das Original und ummalte die einzelnen Stücke mit einem dicken Filzstift, so daß ihr Kind das Puzzle alleine bewältigen konnte.

Kleinkinder entwickeln einen feinen Geruchs- und Geschmackssinn, wenn Sie sie in der Küche helfen lassen. Sie können Brotteig kneten, Plätzchen verzieren, Torten glasieren, wenn Sie natürlich auch eher mit einer Matscherei rechnen müssen als mit wirklich tatkräftiger Hilfe. Eine wunderbare Vorbereitung auf das Rechnen ist es, wenn Sie sich beim Abmessen der Zutaten helfen lassen, und das Beobachten der verschiedenen Formen, die Ihre Kreationen durchlaufen, schafft eine solide Grundlage für das Verständnis von chemischen Vorgängen.

Anfangs zeigen sich Säuglinge begeistert vom Öffnen und

Schließen von Büchern, und sie werden sich ausgiebig mit bunten Farben beschäftigen. Als Kleinkinder sind sie immer noch von Büchern fasziniert, und sie beginnen, sich für Geschichten zu interessieren. Mit zwei Jahren sind begabte Kleinkinder soweit, daß man ihnen komplexere Geschichten erzählen kann. Die Eltern eines Mädchens waren von einem Geschenk zum 2. Geburtstag ihrer Tochter überrascht. Es handelte sich um ein dickes Buch, das relativ wenig Handlung, aber lange Beschreibungen enthielt. Zu ihrer Überraschung jedoch konnte ihre Tochter nicht genug davon bekommen und bat immer wieder darum, man möge ihr daraus vorlesen — bis zu 20 Minuten hintereinander.

Ihre Kinder werden Bücher und das Vorlesen mit der Zuwendung in Verbindung bringen, die sie umgibt, wenn Sie mit ihnen spielen und Ihre Zeit mit ihnen verbringen. Entscheidend ist, daß Sie die Zeit gemeinsam verbringen, spezielle Titel oder Leseprogramme sind weniger wichtig. Spielen ist vor allem Selbstmotivation, und die Entwicklung dieser Fähigkeit bildet den Schlüssel zum Heranwachsen eines gesunden und munteren begabten Kindes.

Suchen Sie beim Kauf von Kinderbüchern nach solchen, die durch ihre Themen, ihre künstlerische Gestaltung, ihre Sprache und ihre Eignung zum Vorlesen ein Gefühl von Freude vermitteln. Sorgen Sie sich nicht, wenn in den Büchern nichts über Quantenmechanik oder Wellenlehre steht. Dafür ist später noch Zeit, außerdem gibt es eine Menge Bücher zu diesen Themen. Geben Sie Ihrem Kind die Möglichkeit, Bücher zu lieben, dann wird es später seine eigenen Lieblingsbücher entdecken. Beobachtet Ihr Kind sie dabei, wie Sie zu einem Buch greifen, wenn Sie etwas nachschlagen, sich informieren, unterhalten, inspirieren lassen wollen, wird es es Ihnen nachtun.

Wo wir bei Fragen sind: Stellen Sie Ihrem Kind gelegentlich Fragen, wenn sie ihm etwas vorlesen oder eine Geschichte erzählen. Halten Sie das Kind zur Anteilnahme und zum Nachdenken an. Welches *andere* Ende wäre für eine Geschichte noch denkbar? Was würdest *du* in dieser Situation tun? Bücher werden von Menschen gemacht, die als Leser angefangen haben; warum sollte Ihr Kind sich nicht ein ebenso gutes Ende zu der Geschichte einfallen lassen können wie der Autor, oder vielleicht sogar ein noch besseres? Dadurch bekommt Ihr Kind ein erstes Gefühl von der Erkenntnis: Dieses Buch wurde von jemandem geschrieben, ich bin jemand, deshalb kann ich ein Buch schreiben.

Solche Fragen können überall hinführen. Ein begabtes zweijähriges Kind drückt seine Neugier oft durch endloses Fragen aus. Egal, wie viele es sind und wie lange es dauert, *verlieren Sie nie die Geduld*. Kopf hoch, in zehn oder zwölf Jahren spricht er oder sie vielleicht nicht mal mehr mit Ihnen. In der Zwischenzeit jedoch verdient jede Frage eine interessante Antwort. Niemand verlangt von Ihnen, daß Sie alles wissen.

Alle Kinder stellen Fragen. Was begabte Kinder anders macht, ist, daß sie sechs oder acht Monate warten. Ihnen dann dieselben Fragen stellen und protestieren, wenn Sie eine andere Antwort geben. Berufen Sie sich auf das fünfte Gebot. Sie werden Ihnen auch härtere Fragen stellen. Was ist hinter dem Weltall? Wenn wir einen Alleslöser erfinden, worin würden wir ihn aufbewahren? Wenn die Geschlechter gleich sind, warum hat Gott dann die Frau als zweites erschaffen? (»Wenn es beim erstenmal nicht klappt...« lautete darauf die Antwort eines Mädchens.) Wieso bleibt Tesafilm nicht an der Rolle oder dem Spender kleben? Warum ist der Himmel blau?

Diese Fragen sind wichtig, und sie verdienen eine sorgfältig überlegte Antwort. Sollten Sie selber kein Diplomingenieur oder -physiker sein, fragen Sie im Buchhandel nach entsprechenden Nachschlagewerken.

Williams zitiert ein Buch von Marianne Besser, *Growing Up with Science*: (Aufwachsen mit Wissenschaft):

> Besser interviewte die Eltern der Gewinner eines wissenschaftlichen Talentwettbewerbs, alles Schüler auf weiterführenden Schulen, die in den späten 50ern außergewöhnliches Talent auf den Gebieten Wissenschaft und Mathematik gezeigt hatten. Als die Eltern gefragt wurden, wie sie zu der Entwicklung des Talents ihrer Kinder in den frühen Jahren beigetragen hatten, verwiesen diese Eltern übereinstimmend auf den gleichen Punkt. Sie alle hatten auf die frühesten Fragen ihrer Kinder mit Interesse reagiert und sie ihnen beantwortet. Sie ermutigten ihre Kinder, interessante Dinge und Ereignisse so weit zu erkunden, wie sie wollten — solange ihre Sicherheit nicht gefährdet wurde. Von den allerersten Jahren an hatten diese Eltern höchsten Wert auf die Frage nach dem Warum gelegt, und die Erkundungen ihrer Kinder bis zu den äußersten Grenzen unterstützt.

Erlauben Sie Ihrem Kleinkind also, wann immer es möglich ist, etwas zu sehen, zu berühren, eine Antwort zu bekommen. Wenn Sie die Antwort nicht wissen, sagen sie ihm, daß Sie es herausfinden wollen. Selbst ein zweijähriges Kind hat Spaß an einem Ausflug in die Bücherei, um dort etwas nachzuschlagen.

Sprachentwicklung

Einige — *aber längst nicht alle* — begabten Kinder beginnen früh mit dem Sprechen. Einstein war die bekannteste Ausnahme dieser Regel; erst mit vier Jahren fing er an zu sprechen, zu lesen sogar erst mit sieben. Es ist allgemein bekannt, daß er das später wieder aufgeholt hat.

Wichtiger als das gesprochene Vokabular ist die *Aufnahmefähigkeit für Sprache*, die Worte, die das Kind versteht und auf die es reagiert. Vielleicht schon Monate bevor Ihr Säugling etwas erwidert, kann er kurze Sätze verstehen, wie zum Beispiel »Winke winke« oder »Gib Vati einen Kuß« oder vielleicht sogar »Bring mir das Buch, dann lese ich dir was vor«. Selbst wenn das Kind kein einziges Wort spricht, kann das, was es hört, begreift und worauf es reagiert, Bände sprechen. Arthur Gilford, Jane Scheuerle und Susan Shonburn, alle von der University of South Florida, schreiben dazu in »Aspects of Language Development in the Gifted« (*Gifted Child Quarterly*, Band 24, Nr. 4, Fall 1981, S. 159):

»Unter den verschiedenen Elementen der frühen Sprache hat das rezeptive Vokabular die engste Wechselbeziehung zu den intellektuellen Fähigkeiten.«

Aus diesem Grund möchten wir Sie dringend bitten, jeden Tag mit Ihren Kindern zu sprechen — beachten Sie, daß wir nicht sagen jeden Augenblick. Eine Stunde ohne Stille wäre wie diese Seiten ohne Rand. Der Dramatiker kennt die Beredtsamkeit des Schweigens; jeder Stadtplaner weiß den Wert von freien Flächen zu schätzen. Zuviel des Guten kann zur Systemabschaltung führen.

Die Eltern von Kindern, die »spät« anfangen zu sprechen, sind oft überrascht, wenn die ersten Worte ihres Kindes in einem vollständigen Satz geäußert werden. Es gibt einen Scherz über einen

Jungen, der bis zum Alter von fast fünf Jahren nie ein Wort sagte und der sich dann am Tisch zu seiner Mutter umdrehte und sagte: »Heute hast du den Braten aber wirklich anbrennen lassen.« Entgeistert erwiderte sie: »Aber Schatz, das ist das erstemal, daß du etwas sagst.« Woraufhin er mit einem Schulterzucken konterte: »Du hast den Braten ja auch noch nie anbrennen lassen.«

Burton White schreibt in *Educating the Infant and Toddler* (Erziehung der Kinder und Kleinkinder), daß die erste rezeptive Sprache zwischen dem 8. und 10. Monat aufgenommen und verarbeitet wird, und die ersten Worte zwischen dem 8. und 18. Monat gesprochen werden, was wirklich eine weite Spanne ist. Die Beziehung zwischen Sprachgenauigkeit und den geistigen Fähigkeiten ist zwar nicht ganz klar, trotzdem ist leicht einzusehen, daß ein Kind mit guter Sprachbeherrschung bei einem IQ-Test gute Ergebnisse erzielt. Kinder mit dieser Fähigkeit werden in der Regel mit größerer Wahrscheinlichkeit als »begabt« eingestuft als Gleichaltrige, deren Talent entweder nonverbal ist oder nicht so leicht durch einen Test anvisiert werden kann.

Dr. White sonderte eine Anzahl von Kindern aus seiner Forschungsgruppe aus, bei denen man später ein gutentwickeltes Sprachvermögen feststellte. Er vergleicht seine Aufzeichnungen mit denen seiner Kollegen und faßt die Lehrmethoden der Eltern dieser Kinder wie folgt zusammen:

1. Im Normalfall löste das Kind ungefähr zehn Wortwechsel pro Stunde mit den Eltern aus. (Von den Eltern wurde geringfügig weniger ausgelöst, noch weniger, wenn es sich um das zweite oder dritte Kind handelte.)
2. Die Eltern nahmen sich Zeit herauszufinden, wo das Interesse des Kindes liegt.
3. Darauf folgten gewöhnlich auf das Interesse des Kindes abgestimmte Worte und Handlungen.

4. Die Worte waren auf der Verständnisebene des Kindes angesiedelt oder leicht darüber.
5. Im Normalfall handelte es sich um ganze Sätze und nicht um einzelne Worte oder kurze Wendungen.
6. Häufig wurden verwandte Begriffe eingeführt.
7. Die meisten Wortwechsel dauerten zwischen zwanzig und dreißig Sekunden. Längere Phasen waren selten.
8. Oft wurden Geschichten vorgelesen, die Aufmerksamkeit des Kindes hielt über einen längeren Zeitraum aber erst deutlich nach Vollendung des zweiten Lebensjahres an. Nach dem ersten Geburtstag wurden für einige Monate Bilderbücher zum Erkennen und Benennen von Dingen eingesetzt — das Kind sollte mit dem Finger auf das Bild eines Ball etc. zeigen.

Viele Eltern von begabten Kindern bestätigen, daß eine ungewöhnlich lange Aufmerksamkeitsdauer für sie ein frühes Erkennungszeichen für die Fähigkeiten ihrer Kinder war. Ein neun Monate altes Kind verlangte von seiner Mutter, daß sie ihm jeden Morgen vor dem Aufstehen Kinderreime vorlas. Ihr Bruder hörte bereits kurz nach seinem ersten Geburtstag wie gebannt zwei oder drei Stunden hintereinander zu, wenn man ihm etwas vorlas.

Entwicklung des positiven Selbstverständnisses

Sind intellektuelle Neugier und das Sprachvermögen bei einem Kind gleichermaßen ausgeprägt, bilden sie eine außergewöhnlich gute Grundlage für die Entwicklung seiner Fähigkeiten. Aber all dies ist nur ein schwacher Trost, wenn es dem Kind nicht gelingt, gleichzeitig zu einem positiven Selbstverständnis zu gelangen.

Anfangs sieht das Kind in der Bezugsperson nur eine Erweiterung von sich selbst. Dann allmählich beginnt es, einen Unterschied zu machen — es zieht eine Grenze, wo es selbst endet und der andere beginnt. Sobald diese Vorstellungen Gestalt annehmen, müssen die Eltern dem Kind zeigen, daß sie es als individuelle Persönlichkeit respektieren, gleichzeitig aber auch einen entsprechenden Respekt für sich fordern.

Die Anfänge des Selbstverständnisses fallen zusammen mit der Entwicklung des Vertrauens in die Bezugsperson in den ersten Lebensmonaten.

Das gleiche trifft zu auf die intellektuelle Entwicklung. »Ein Kind soll Spaß am Lernen haben und einen Sinn für Neugierde und Wißbegier entwickeln«, meint eine Lehrerin, die gleichzeitig Mutter eines begabten Kindes ist. »Dann hat es weniger Probleme, wenn es älter ist und kann besser es selbst sein.«

Ein begabter Junge, der ein gutes Selbstverständnis entwickelt hat, wurde im Alter von drei Monaten mit der Außenwelt konfrontiert. Dort sollte er seine Umgebung erkunden, die man speziell für seine sinnliche Wahrnehmung eingerichtet hatte. Im Alter von acht Monaten nahm man ihn auf Spaziergänge mit, er wurde getragen, damit er alles vor sich sehen konnte. Mit achtzehn Monaten bekam er sein eigenes Fleckchen im Garten, in dem er buddeln konnte, und er begann sich mit Tieren zu beschäftigen — mit Fischen und Krabben. Man gab ihm die Gelegenheit, an allen Aktivitäten seiner Eltern teilzuhaben; er benutzte Körpersprache, um sich nach Dingen in seiner Umgebung zu erkundigen; er gebrauchte lange Worte. Als Kleinkind kam er jeden Tag in den Park und die Geschäfte, wo er schnell seine Umgebung kennenlernte und merkte, wohin er gehen konnte.

»Er besaß ein gutes Selbstverständnis, weil er nie das Gefühl hatte, eingeschränkt zu werden«, erklärt seine Mutter. »Seine

Liebe zu Tieren und Pflanzen half ihm, Respekt vor dem Leben und vor anderen zu entwickeln.«
Wie anders wurde ein zwei Jahre alter Junge aufgezogen, über den Barbara Clark in ihrem Buch *Growing Up Gifted* schreibt:

> Er saß »im Garten und beobachtete einen Käfer, der langsam über den Boden krabbelte. Das Kind war fasziniert, daß dieses kleine Ding so viele Beine hatte, und sich trotzdem vorwärtsbewegen konnte, ohne hinzufallen... überall auf seinen Beinen hatte es Haare.
> In diesem Augenblick geschah etwas Erstaunliches. Der Käfer sprang. Er sprang auf ein nahes Blatt und begann aus seinem hinteren Ende Fäden zu spucken. Der Junge hatte Erwachsene schon spucken gesehen, aber noch nie hatte er etwas gesehen, das aus dem hinteren Ende spuckte. Er beobachtete, wie dasselbe immer wieder geschah. Dann, zu seiner großen Überraschung, fing das Ding auch noch an, auf seiner Spucke zu laufen! Jetzt wurde es allmählich zu verrückt. Seine Mutter im Haus verpaßte das alles. Sie war so ein lieber, lustiger Mensch, und er liebte sie sehr, und sie verpaßte das alles und konnte es nicht mit ihm teilen. Er wußte, daß sie nicht hinaus in den Garten kommen konnte. Er wollte einfach, daß sie sah, was er sah, und sei es nur für eine Minute. Frohen Mutes hob er es auf und wollte damit ins Haus. Er ging sofort zu seiner Mutter und hielt ihr seinen Schatz unter die Augen.
> Als er das Haus wieder verließ, um die «widerliche, ekelhafte, dreckige, häßliche Spinne» wieder an ihren Platz im Garten zu tragen, dachte er über das nach, was sie gesagt hatte. Sie hatte bestimmt recht, sie hatte immer recht, das wußte er. Also hatte er unrecht.«

»Wir werden mit einem Kern — unserem wesentlichen Sein — geboren, der einzigartig ist, und der unser wirkliches Selbst darstellt«, schreibt Clark.

> Solange Babys sehr klein sind, bereitet es ihnen keine Schwierigkeiten, uns ihre Wünsche und Bedürfnisse mitzuteilen. Zu Anfang ist es nie schwierig, sein eigenes Selbst anderen mitzuteilen. Aber wie der Junge im Garten entdecken mußte, dauert es nicht lange, bis uns andere Informationen zwingen, die Botschaften aus unserem Innersten in Zweifel zu ziehen. Sobald genügend dissonante Informationen in unser Bewußtsein gedrungen sind, bildet sich um dieses herrliche, echte Zentrum eine Schale, eine Schale, die aus all dem »Mist« besteht, den wir nach solchen Begegnungen über uns empfinden und glauben.

Intelligenz und Feingefühl macht begabte Kinder besonders empfänglich für ein schlechtes Bild von sich selbst, zum Teil deswegen, weil sie so hohe Erwartungen an sich selbst stellen. Frühreife wird bei begabten Kindern leicht fehlgedeutet. Hohe Erwartungen an sich selbst werden oft früher erlernt als manches soziale Geschick. Ein begabtes Mädchen übernahm zum Beispiel wie selbstverständlich die Verantwortung für andere, unabhängig von deren Alter. Sie wußte immer, was man tun sollte. Ihr Sinn für Moral war korrekt, nur ließen sich ihre Opfer nicht gerne ständig zurechtweisen. Bei neuen Freunden war sie erst schüchtern, sobald sie sich vertrauter fühlte, wußte sie ständig alles besser. Ihr Bewußtsein für Ordnung und Fairness war ihrem Geschick im gesellschaftlichen Umgang um einiges voraus.

Und noch ein gutes Beispiel, das zeigt, wie das äußerliche Verhalten eines begabten Kindes Erwachsenen, die es gewohnt

sind, mit normalen Säuglingen und Kleinkindern zu arbeiten, die falschen Signale übermitteln kann. Das Personal eines Kindergartens hielt ein dreijähriges Mädchen für ein disziplinarisches Problem und war der Meinung, sie benötige Hilfe. Sie sei übermäßig unabhängig, widerspenstig und aggressiv, ständig mache sie Ärger und belästige die anderen Kinder im Kindergarten. Als man sie testete, stellte sich ihre »Verhaltensstörung« als Anzeichen ihrer besonderen Begabung heraus: Ihre Altersgenossen langweilten sie zu Tode, so daß sie sich ablenken mußte.
Ihre Eltern befanden sich in einer klassischen Situation: Ihr Kind paßte sich nicht gut an, also stempelte es der Lehrer als verhaltensgestört ab. Wir wissen, daß diese Fehldiagnose in Grund- und weiterführenden Schulen nichts Ungewöhnliches ist. Zum Glück öffnete es andere Türen: Jetzt gedeiht sie prächtig in einer Schule für begabte Kinder, wo sie sich normal fühlt, und wo die Lehrer Verständnis für die Arbeit mit ihresgleichen haben. Hoffentlich haben ihre Eltern das Mädchen schnell wieder daran erinnert, welch hohe Meinung sie und andere von ihr haben.

Gesellschaftliche und moralische Entwicklung

Zwischen der Entstehung des Selbstverständnisses und der Entwicklung der sozialen Fähigkeiten sowie der moralischen Veranlagung eines Kindes besteht eine direkte Verbindung. Für den Säugling besteht die Weltgemeinschaft aus seiner Familie; in ihrem Schutz und durch ihre Hilfe muß er die ersten Anfänge sozialen Verhaltens lernen: Kooperation, Respekt, sich anzupassen und seine individuellen Wünsche gemeinsamen Bedürfnissen unterzuordnen. Diese Verhaltensregeln sind absolut notwendig, und wenn sie nicht in den ersten Lebensjahren gelernt werden, ist dies später vielleicht nie mehr nachzuholen. Wir brauchen nicht lange zu suchen, um Beispiele von Kindern zu finden, die nicht gelernt haben, sich in einen größeren Zusammenhang einzufügen.

In Familien gibt es eine Phase der Anpassung, während der die Kinder ihre eigene Unabhängigkeit entdecken. Sind Eltern darauf nicht vorbereitet, laufen sie leicht Gefahr, ohne Bremsen und Steuer einen steilen Abhang hinunterzuschießen. Kinder entdecken das kleine Wörtchen nein, und damit beginnt der Spaß.

Es hilft, wenn man sich überlegt, welche Berg- und Talfahrt der Gefühle ein Kind durchmacht, sobald sich sein gerade entstehendes Selbst dem Rest des Universums gegenübersieht. Für den Säugling bestand das Universum aus einer Anzahl konzentrischer Kreise, deren Mitte er selbst war. Das Kleinkind merkt, daß es manchmal zurückstecken und das, was es am meisten liebt, mit anderen teilen muß (das können sogar die Eltern sein, sobald ein Bruder oder eine Schwester auf der Bildfläche erscheint). Vielleicht empfindet es die konzentrischen Kreise jetzt sogar als Zielscheibe, und es ist selbst das Schwarze in der Mitte.

Während dieser Wachstumsphase ist Ausgewogenheit das Entscheidende. Das Kind muß lernen, daß sein Zorn die Dinge nicht zerstört, auf die er gerichtet ist, besonders wenn es in der Zerstörung eine Lösung seiner momentanen Enttäuschung sieht. Ihm muß immer wieder versichert werden, daß die Welt seinen Angriffen widerstehen kann, daß seine Eltern seinen Terror aushalten und daß es in seiner familiären Umgebung sicher ist, auch wenn sein Verhalten vorübergehend unerträglich wird. Was es nicht gebrauchen kann, ist das Gefühl, sein Verhalten hätte keinerlei Konsequenzen, sondern daß es seine

Umgebung und alle, die sich darin aufhalten, manipulieren kann und sogar soll, oder daß seine Wutausbrüche Verhandlungen ersetzen könnten.

Jedes Kind, dem eine solche Ausgewogenheit der Ansichten vorenthalten wird, kann in der Gemeinschaft zu einer Belastung werden, und zwar unabhängig von den guten und vielversprechenden Anlagen, die es sonst noch birgt. Eltern, die es versäumen, für eine solche Ausgewogenheit in der Familie zu sorgen, werden ihrem Kind nicht gerecht. Das Kind, das es versäumt, soziales Verhalten zu erlernen, wird in seiner Gemeinschaft nicht anerkannt werden oder nichts erreichen können — weder als Kind noch als Erwachsener.

Ein kürzlich erschienenes Buch, *The Too Precious Child* (Das zu wertvolle Kind) von Lynne Williams, Henry S. Berman und Louisa Rose, beschäftigt sich mit Kindern, die das Zentrum ihres Universums bleiben. Aus einer Vielzahl von Gründen werden diese Kinder »zu kostbare Kinder«. Einige sind vielleicht die einzigen Kinder eines älteren, berufstätigen Ehepaares, das seine gesamte angestaute elterliche Hoffnung auf das Gelingen dieses einen Versuchs gesetzt hat. Andere Kinder werden »zu wertvoll«, weil sie einen Unfall überlebt, eine schwere Verletzung, eine Scheidung oder eine schwere Krankheit überstanden haben. Eine weitere Risikogruppe bilden die Begabten. Wie immer es dazu gekommen sein mag, die Folge dieses »Zu-wertvoll-Seins« ist, daß sie aus der Pflicht genommen werden, ihren Teil zur Gesellschaft beizutragen oder sich gegenseitig mit Respekt zu behandeln. Sie brauchen ihr Bett nicht zu machen oder rechtzeitig zur Schule zu kommen; wenn sie ihre Hausaufgaben nicht fertiggemacht haben, rufen ihre Eltern beim Lehrer an und bitten um eine Fristverlängerung. Man vergibt ihnen all ihre Übertretungen. Das Gesetz natürlicher Konsequenzen scheint auf sie nicht zuzutreffen.

Manchmal sind diese Kinder hilflose Opfer dieses Zustandes — gleich dem Violonisten, der nicht Baseball spielen darf, weil er sich dabei seine Finger verletzen könnte; oder das talentierte Kind, dessen theaterverrückte Mutter es von einem Vorsprechtermin zum Sprachlehrer und von dort zur Tanzstunde hetzt; oder das Kind, für das beide getrennt lebende Eltern das Sorgerecht haben, das von beiden abgöttisch geliebt wird. Selbst olympische Medaillenhoffnungen im Eiskunstlaufen können Spülen, den Rasen mähen und den Mülleimer hinaustragen. Talent entbindet nicht von Verantwortung, bestenfalls verpflichtet es dazu, sich seiner Begabung zu stellen.

Ein begabtes Kind hat kein geringeres Bedürfnis, seine Rolle in dem großen Gefüge zu lernen; ihm steht der gleiche Anteil an der Gemeinschaft zu, und es hat vielleicht eines Tages eine Eingebung die zur Gestaltung Ihrer Zukunft beitragen könnte.

Ein begabtes Kind besitzt häufig ein gesteigertes Einfühlungsvermögen für die Gefühle anderer, und es ist sich seiner eigenen Gefühle deutlicher bewußt. Mit entsprechender Unterstützung kann es lernen, Gefühle zu erkennen und zu benennen und sie bei anderen durch Zeichen — wie zum Beispiel Körpersprache — wahrzunehmen. In einer Familie schrieb man auf die Küchentafel »Kate ist *BÖSE*«, wenn die Zweijährige kurz vor einem Wutanfall stand. Sie nahm dann den Schwamm und wischte *BÖSE* weg, wenn das Gefühl nachgelassen hatte, und bat darum, statt dessen »*LIEB*« einzusetzen. Damit schien sie ihre Gefühle sichtbar und beherrschbar zu machen.

Genau wie ein Kind seine eigene Sprachstruktur und seine eigenen Rechenregeln »erfindet«, so konstruiert es sich auch ein System moralischer Vernunft aus dem jeweils beobachteten Verhalten. Piaget ist der Meinung, daß alles Wissen auf diese Weise konstruiert wird, und daß Spielen auf konstruktive

Weise jene Verbindungen aufzeigt, aus denen ein Kind seine Wissensordnung aufbaut. Wie sonst sollte sonst ein Zweijähriger einen komplexen Satz bilden können? Man kann ihm unmöglich die komplexen Ordnungsregeln beibringen, die man braucht, um sagen zu können, »Ich lege es in die kleine rote Kiste neben der Tür«. Durch Hören der Sprachmuster ringsum »weiß« er jedoch genug, um es sagen zu können. Wenn er Sätze nach den von ihm beobachteten grammatischen Regeln bildet, finden wir oft, daß etwas Komisches herauskommt. Solche »Fehler« basieren auf einer direkten gedanklichen Umsetzung des Gehörten und gehen nicht allein auf Nachahmung zurück.

Und ebenso strukturiert das Kind vermutlich auch seine eigenen Einblicke in soziales Verhalten: wie Leute miteinander umgehen, die Beziehungen zwischen Altersgruppen, Geschlechterrollen, und wie eine Familie funktioniert. Das Waschen von Puppen verschiedener Hautfarbe, Gespräche mit anderen Kindern über deren Familie, das Zuhören, wie Menschen über ihre Arbeit sprechen, Besuche zu Hause bei anderen Familien kann Fragen auslösen, die zur Bildung strukturierten Wissens führen.

Können wir eine solche Entwicklung unterstützen? Ja, und wir tun es passiv bereits jeden Tag, ohne es zu merken. Aber wie können wir es bewußt tun? Vorsichtig, wie man nur hoffen kann. Geben Sie behutsame Anstöße, indem Sie indirekte Fragen stellen, Materialien umarrangieren oder indem Sie einen gegensätzlichen Standpunkt einnehmen, vielleicht in der Form von »was wäre, wenn«. Mann nennt dies auch »gelenkte Neuordnung« von Wissen.

Kann diese Art des Lernens auch in der Schule gefördert werden? Durchaus — wie Dr. Carolyn Edwards beobachtete und in ihrem Buch *Promoting Moral and Social Development in*

Young Children (Förderung von Moral und sozialer Entwicklung bei kleinen Kindern) analysierte, daß

> der gesamte Bereich der Sozialforschung als Ausgangspunkt für ein eher ganzheitliches Piagetisches Verständnis von Erziehung dienen sollte... Für das Kind ist dies von zentraler Bedeutung, denn sobald ein Lehrer seine leitende und belehrende Rolle aufgibt und dem Kind gestattet, Wissen frei zu konstruieren, bekommt das Kind die größtmögliche Schützenhilfe für eigene Denkanstöße und Entdeckungen. Wenn sowohl Eltern als auch Kinder aus eigenem Antrieb über gesellschaftliche und moralische Dinge nachdenken, fangen sie an, ihr Wissen in allen Bereichen selbständig zu gestalten.
> Entwicklung ist nicht die Folge eines Reifeprozeses, der sich im Kind allein abspielt. Es ist auch nicht die Folge eines schlichten Nachahmens der Umgebung des Kindes. Vielmehr ist sie das Ergebnis des Wechselspiels zwischen dem Kind und seiner Umgebung, das vom Kind gesteuert wird.

Wodurch kann man jüngeren Kindern diese Prinzipien nahebringen? Nach Dr. Carolyn Edwards verdeutlicht man die unterschiedlichen Altersgruppen und Rollen am besten durch Puppen, die die verschiedenen Gruppen darstellen, oder nach Alter geordnete Fotos oder entsprechende Bildfolgen an der Wand. Um die Beziehung zwischen den Altersgruppen zu dramatisieren, kleben Sie die Fotos von Menschen unterschiedlichen Alters auf Spielzeugtelefone und lassen Sie das Kind mit jeder Person »sprechen«, wobei Sie auf die entsprechenden Themenwechsel oder Veränderungen der Sprachebene achten müssen. Dreijährige können über Dinge sprechen, die andere

Menschen verschiedener Altersgruppen tun oder nicht tun dürfen. Sie können Neugeborene, Babys und Entbindungskliniken besuchen und Fotos von Menschen verschiedenen Alters sortieren oder mit Namen versehen. Sie können Bilder von Menschen aus Illustrierten ausschneiden, sie Gruppen zuordnen und sie auf Poster oder in ein Heft kleben.

Die Entwicklung des Selbstverständnisses steht in direkter Beziehung zu der moralischen Entwicklung, denn wie ein Kind sich selbst sieht, spiegelt nicht nur die Behandlung durch andere wider, sondern drückt sich auch in der Behandlung anderer aus. Eine Studie über begabte Dreijährige von Kippy Abroms und Joan Gollin von der Tulane University ergab, daß »psychosoziale Begabung... sich relativ unabhängig von IQ und erkenntnismäßiger Rollenübernahme entwickeln kann«. Die Begabung eines Kindes ist also keinesfalls eine Gewähr für Eigenschaften wie Führungsqualitäten oder eine hohe moralische Entwicklung, trotzdem können »prosoziale« Verhaltensweisen in den Vorschuljahren gefördert werden durch »Strukturierung, Formgebung und die Anwendung positiver Bestärkung... Kreative Rollenspiele scheinen besonders geeignet, Bewußtsein für eine große Bandbreite zwischenmenschlicher Auswirkungen zu entwickeln, die aus dem eigenen Verhalten resultieren.« Dadurch helfen wir Kindern, die Rechte und Ansichten anderer zu erkennen.

Dr. Edwards beschreibt, wie ein Lehrer bei einer Gruppe von Kindern im Vorschulalter einen Scherz oder ein Gespräch mit einem Studenten dazu benutzt, eine Situation darzustellen, in der es um eine sozio-kognitive Problemstellung geht. Aus der Situation entwickelt sich ein Erkenntniskonflikt, der einer Lösung bedarf. Der Lehrer fordert zur Diskussion auf und stellt Fragen, um den Blick genauer auf die zugrunde liegenden moralischen oder sozialen Probleme zu lenken. Der Lehrer bietet keine Antworten oder Urteile an, sondern ermutigt die Kinder, ihre eigene Wertehierarchie zu bilden. Ein solches Vorgehen kann leicht auf zu Hause übertragen werden, indem ein Elternteil Puppen oder Rollenspiele einsetzt. Durch dieses Vorgehen gewinnt das Kind sowohl an Selbstvertrauen und Selbstrespekt als auch in seiner moralischen Entwicklung.

Disziplin

Wer sich mit Disziplinarmaßnahmen beschäftigt, muß wissen, was — dem Grad der Entwicklung entsprechend — für das Kind angemessen und mit seinen geistigen Fähigkeiten vereinbar ist, und nach einer der Gelegenheit entsprechenden Lösung suchen.
Einfache Regeln wie »du darfst weder dich selbst noch jemand anderen verletzen« und »du darfst nichts kaputtmachen« reichen, um die meisten auftretenden Disziplinprobleme abzudecken. Konsequenzen müssen eine logische Ausweitung des Problems darstellen oder das Denken fördern. Verschüttete Milch ist im allgemeinen kein Fall für Bestrafung, sondern eine Frage der motorischen Entwicklung. Verschüttete Milch, die das Kind aufgewischt hat, zeigt ihm deutlicher als Worte, daß man für sein Handeln verantwortlich ist. Nach den ersten paar Monaten, und besonders zwischen dem 15. und 22. Monat, wenn Kinder die Grenzen ihres Verhaltens herausfinden wollen, ist es sehr wichtig, Grenzen zu setzen und sie einzuhalten, und zwar so, daß neuerliche Versuchungen gar nicht erst aufkommen. Leere Drohungen sind zwecklos.
Eltern nannten uns einfache Regeln, ganz ähnlich den Zehn Geboten, um das Verhalten ihrer Kinder zu steuern und Beispiele für richtiges Verhalten zu geben. »Wenn man sich nicht

an grundlegende menschliche Eigenschaften hält, fühlt sich ein Mensch nicht wohl in seiner Haut«, erklärte eine Mutter. Wenn Sie nach der passenden disziplinarischen Maßnahme suchen, um feste Regeln durchzusetzen und das Selbstverständnis des Kindes zu stärken, bieten sich drei Möglichkeiten: körperliche Nähe eines Erwachsenen, sein aktives Eingreifen und der Hinweis auf die logischen Folgen. Vielleicht reicht schon die Nähe eines Erwachsenen, um das Verhalten des Kindes zu ändern. Sein aktives Eingreifen kann darin bestehen, daß man dem Kind soziale und verbale Fähigkeiten beibringt, die zu einer Erläuterung der logischen Konsequenzen führen.

Andere Eltern sagten, sie hätten einen speziell dafür ausgesuchten Stuhl benutzt, auf den sich das Kind setzen mußte, wenn es bestraft werden sollte — wenn auch nie für lange und immer mit einer Erklärung, warum sein Verhalten inakzeptabel war. Das Ziel sollte sein, Fehlverhalten immer positiv zu begegnen und zu korrigieren, ohne dabei eine negative Sprache zu verwenden.

Belehrungen sollten auf ein Minimum beschränkt bleiben und Strafen nicht gedankenlos sein. Durch sie sollte man dem Kind die Möglichkeit geben, seine Denkfähigkeiten auf einer höheren Ebene zu verbessern: durch Analyse, Synthese und Urteilsfindung.

Beim ersten Hinsehen scheint das Wachen über den Wachstumsprozeß eines Kleinkindes eine kaum zu bewältigende Aufgabe. Denken Sie einfach daran, daß es nach dem fünften oder sechsten Kind immer einfacher wird. (Eine Mutter fand, nach dem dritten oder vierten Kind sei ihr die Erziehung nicht mehr so schwergefallen; daher sollte man die beiden ersten gleich als »Fehlversuche« einplanen — eine Meinung, der wir uns nicht unbedingt anschließen möchten.) Schöpfen Sie Mut und nehmen Sie die Herausforderung an: Dies sind die kritischen Jahre, und man kann die Wichtigkeit Ihrer Bemühungen in dieser Zeit nicht hoch genug einschätzen. »Für mich ist das wie Geld auf der Bank«, schrieb eine Mutter. »Wenn man nichts eingezahlt hat, kann man auch nichts abheben. Man muß erst einmal ein dickes Konto haben, dann ist man auch kreditwürdig, und man braucht nie zu überziehen. Und wenn man wirklich mal was braucht, ist es auch da.«

3. KAPITEL

Die Vorschuljahre

Irgendwann zwischen dem dritten Geburtstag und dem ersten Schultag kommt plötzlich die sich entwickelnde Persönlichkeit zum Vorschein. Das Kind lugt aus den Overalls hervor und sieht sich um. Was es sieht, gefällt ihm, es zieht sich neue Schuhe an und tritt voller Selbstvertrauen in die Welt hinaus. Dies kann durchaus über Nacht geschehen. Dinge, für die ein Kind bislang Hilfe gebraucht hat, kann es auf einmal von alleine. Es wird immer noch Fragen stellen, aber jetzt zeugen sie von mehr Einblick; sie verdienen etwas mehr Überlegung und manchmal durchdachtere Antworten.
Das gleiche gilt für seine besonderen Begabungen; die Anzeichen dafür werden konkreter, manchmal gruppieren sie sich um besondere Eigenschaften oder Fähigkeiten. Im folgenden nennen wir einige Verhaltensweisen, Fähigkeiten und Tendenzen, die Ihnen vielleicht schon aufgefallen sind:

Das begabte Kind im Vorschulalter
— »spielt« gerne mit Worten,
— gebraucht richtige grammatische Strukturen früher als seine Altersgenossen,

- verwendet eine wortreiche Sprache voller farbiger Metaphern oder Analogien,
- fragt immer wieder nach der Bedeutung von neuen Worten, lernt sie und übt sich in ihrem Gebrauch,
- kann lange aufmerksam Geschichten oder Gesprächen zuhören und Geschichten korrekt und mit Einzelheiten wiedergeben,

- lernt vor dem ersten Schultag lesen, ohne daß man es ihm beigebracht hat,
- überrascht mit ungewöhnlichen oder gescheiten Antworten auf Fragen,
- besitzt einen geschärften Sinn für Humor,
- ist sehr selbständig,
- erfindet Geschichten, Lieder oder Verse,
- träumt gerne mit offenen Augen,
- hat vielleicht imaginäre Spielkameraden,

- begreift komplexe Zusammenhänge und Vorstellungen wie Tod, Zeit, Gott, stellt ethische Fragen über richtiges und falsches Handeln,
- schließt nach dem Prinzip von Ursache und Wirkung auf die Wechselwirkung verschiedener Teile; erkennt unmittelbar, wie Dinge funktionieren,
- stellt bohrende Fragen, auf die es nicht nur die Antwort unbedingt wissen, sondern auch verarbeiten will,
- ordnet Dinge gerne und mit Geschick,
- sammelt ungewöhnliche Dinge und bringt alles über sie in Erfahrung,

- zeigt Führungsqualitäten,
- hat ein Gespür für die Gefühle anderer,

- versteht Körpersprache,
- schafft die unterschiedlichsten interessanten Spielsituationen,
- paßt sich den Bedürfnissen und den Fähigkeiten seiner Spielkameraden an,
- kann sich in die beschränkten Fähigkeiten Behinderter einfühlen,
- setzt bei Konflikten und im Umgang mit anderen Kindern sprachliche Mittel ein,

- versteht, wie man mit einfacher Zuordnung zählt,
- rechnet gelegentlich im Kopf,
- hat Spaß am Ordnen, Sortieren, Gruppieren, im Aufstellen von Abläufen oder Steigerungen,
- lernt den Wert von Münzen, weiß, wie man wechselt,
- zeigt großes Interesse für Zeitabläufe, Uhren, Kalender,
- hat keine Schwierigkeiten beim Zusammensetzen von Puzzles,

- kann in der richtigen Tonlage mitsingen und einen vorgesungenen oder — gespielten Ton nachsingen,
- kann bei zwei kurzen, nacheinander gespielten Melodien feststellen, ob sie sich unterscheiden oder nicht,
- lernt schnell und leicht Melodien und Text von einfachen Liedern ohne häufiges Wiederholen,

- kann sich an Gesehenes korrekt und in Einzelheiten erinnern,
- zeigt bei künstlerischen Tätigkeiten ungewöhnliches Geschick,
- gebraucht Materialien oder Medien auf ungewöhnliche Weise; hat eigene Techniken, einen eigenen Stil,

— kann aus dem Gedächtnis einen korrekten Zimmergrundriß zeichnen,
— merkt sich Orientierungspunkte und Abzweigungen zu vertrauten Plätzen,
— kann sich im Parterre vorstellen, welches Zimmer sich genau über ihm im ersten Stock befindet,
— bemerkt auch geringfügige Veränderungen bei der Einrichtung oder dem Standort der Möbel, einen veränderten Haarschnitt, ein neues Brillengestell, andere Kleider bei Familienangehörigen oder Freunden,

— bringt Erinnerungen mit gegenwärtigem Geschehen in Verbindung,
— behält komplexe, aus mehreren Schritten bestehende Anweisungen und führt sie richtig aus,
— überträgt Gelerntes aus einem Erfahrungsbereich auf ein anderes Gebiet,
— nimmt ein Beispiel aus einer Geschichte oder einer gemeinsamen Erfahrung und wendet es auf sein Leben an,
— nimmt Dinge wie Uhren oder Telefone auseinander,

— entwickelt ein Gefühl für Ordnung und bemerkt Abweichungen vom üblichen Ablauf,
— hat manchmal etwas gegen Veränderungen,
— ist voller Energie und braucht weniger Schlaf als seine Altersgenossen,
— hat ältere Spielgefährten und spricht gerne mit Erwachsenen,

— lehnt Unfairness ab,
— will nicht, daß man seine Sachen wegräumt oder umstellt,
— duldet keine Unordnung oder sich widersprechende Ergebnisse,

— sieht viele Seiten einer Fragestellung, duldet Zweideutigkeiten sogar soweit, daß es ihm schwerfällt, zwischen falsch und richtig zu unterscheiden,
— baut auf seine Erfahrungen, um seinen Blickwinkel zu vergrößern,

— besitzt große Konzentrationskraft und bleibt bei der Sache,
— neigt zu Perfektionismus,
— lernt schnell etwas Neues, beherrscht rasch neue Fertigkeiten oder Themen.

Die Wichtigkeit von Ausgewogenheit

Sie werden bemerkt haben, daß wir diese Eigenschaften häufig mit Einschränkungen versehen haben, *möglicherweise* kann Ihr Kind dies, *vielleicht* jenes. Wir haben dies getan, weil es Dutzende kleiner Anzeichen gibt, die Sie im Laufe der Zeit bemerken werden. Wenn Sie auf alle Anzeichen achten, entdecken Sie sie möglicherweise in mehr als einem Bereich. Wenn Ihr Kind gut rechnen kann, glänzt es vielleicht auch in Musik. Ist seine Sprachfähigkeit stark ausgeprägt, gilt das möglicherweise auch für seine Kreativität und seine Fähigkeit, zu führen.
Der sogenannte Wunderkind-Effekt birgt allerdings auch beträchtliche Gefahren. Wenn Sie die ersten Anzeichen für eine außergewöhnlich musikalische oder mathematische Begabung entdecken, fühlen Sie sich vielleicht versucht, schon einen großen Konzertsaal zu mieten oder sich um einen Studienplatz an einer bekannten technischen Hochschule zu bemühen. Sie sollten sich jedoch nicht zu früh entscheiden, sondern sich die Möglichkeit offen halten, das gesamte Potential Ihres Kindes zu fördern.

Sorgen Sie im Vorschulalter für Ausgewogenheit. Mit der richtigen Ermunterung wird sich das erste von Ihnen beobachtete Talent Ihres Kindes weiterhin entwickeln — durch seinen natürlichen Ehrgeiz, mehr von dem zu tun, was es mag und was es am besten kann. Sorgen Sie dafür, daß es auch mit anderen Fähigkeiten und Talenten konfrontiert wird, denn möglicherweise lauert hinter dem ersten aufblitzenden Stern noch ein zweiter, größerer. Darüber hinaus hat es ein begabtes Kind leichter, von seiner Umgebung anerkannt zu werden, wenn es auf vielen Gebieten etwas kann. Es muß nicht überall das beste sein, aber tüchtig.

Ihr Kind bekommt mit, wenn es beim Abzählen oder beim Ballspielen immer das letzte ist, und die anderen Kinder merken es ebenfalls. Das kann zu einem Doppelschlag werden: zwei Entschuldigungen, es aus allem herauszuhalten. Wenn es sich beim Fußballspielen jedoch behauptet, wird es den anderen Kindern viel leichterfallen, ihm seine Begabung »zu verzeihen«. Wie gesagt, es muß kein Star werden, es reicht vollkommen, wenn es sich im mittleren Drittel sportlichen Könnens aufhält.

Viele begabte Kinder sind zudem intellektuell weiter entwickelt, hinken jedoch ihren Altersgenossen hinterher, wenn es um motorisches Geschick und die soziale/emotionale Entwicklung geht, was zu Problemen mit den anderen in der Schule führt.

Die Vorschuljahre bilden die Zeit, in der Sie die Ausgewogenheit von Fähigkeiten und Talent einschätzen und korrigieren können. Bieten Sie Ihrem Kind jeden nur denkbaren Anreiz, finden Sie heraus, was es gut kann, und wenn es sich dann voller Schwung seinen Lieblingsbeschäftigungen widmet, ermutigen Sie es, auch etwas anderes auszuprobieren.

Eltern mit einer Vorliebe für Bücher neigen dazu, diese Vorliebe auf ihre Kinder zu übertragen. Soweit so gut. Eltern mit einer ausgeprägten Sprachbegabung erkennen jedoch vielleicht nicht die mathematische Neigung ihres Kindes. Und selbst wenn, haben sie vielleicht nicht die geringste Ahnung, wie sie ihm die Grundlagen auf einem Gebiet verschaffen können, mit dem sie nicht vertraut sind — Mathematik oder Musik, zum Beispiel. Möglicherweise geben Sie nur ihre Unkenntnis weiter, anstatt die Lücken auszufüllen.

Am Ende dieses Kapitels geben wir Ihnen eine Liste mit Ideenauslösern für Aktivitäten, die Sie in Ihren normalen Tagesablauf einpassen können. Größtenteils werden dabei gewöhnliche Haushaltsgegenstände verwendet, die fast jeder zur Hand hat.

Womit kann man sich sonst noch behelfen? Mit Büchereien, dem CVJM, Sportvereinen, Schulen, Vorlesestunden, Spielgruppen, Parks, Trödelmärkten, Wäldern und wer weiß — vielleicht sogar dem Fernsehen. *Richtig angewendet* gehört das Fernsehen zu den Freuden unserer Zeit — als Lehrer, wohlgemerkt, nicht als Babysitter.

Eltern begabter Schulkinder berichten übereinstimmend, daß viele dieser Kinder ohne Hilfe laufen, sprechen, Zähne bekommen und sich auch sonst »früher als normal« weiterentwickeln. Diese Meilensteine der Entwicklung sind *auch* Anzeichen für die außergewöhnlichen Fähigkeiten ihrer Kinder, aber nicht notwendigerweise die einzigen. Wir möchten keine falschen Hoffnungen aufkommen lassen, aber wir weisen darauf hin, daß das Auftreten eines oder mehrerer Anzeichen einer frühen Entwicklung ein Merkmal für das Vorhandensein von Begabung sein *kann*; in jedem Fall rechtfertigen Sie ein genaues Hinsehen und eine sachte Förderung (*ohne* Zwang). Der Umkehrschluß ist jedoch auch in diesem Fall nicht sinnvoll: Das Fehlen all dieser Anzeichen einer vorzeitigen Entwicklung schließt keinesfalls eine besondere Begabung aus.

Sprechen wir nun über das, was eigentlich normal ist.
Sobald Sie beginnen, das Verhalten Ihres Kindes mit einem Raster für »normales« Verhalten zu vergleichen, sollten Sie größten Wert darauf legen, festzuhalten, was es wann tut. Das wird Ihnen später nicht nur Vergleiche erleichtern und es Ihnen ermöglichen, Ihr Kind mit fünfzehn Jahren fürstlich zu belohnen, es kann Ihnen auch aussagekräftiges Beweismaterial an die Hand geben, sollten Sie planen, Ihr Kind frühzeitig einzuschulen oder in ein Begabtenförderprogramm aufnehmen zu lassen. Sie sollten ausführliche Randbemerkungen anfügen über seinen Gebrauch sorgfältiger Sprache sowie über Beispiele fortgeschrittener motorischer Fähigkeiten.
Bitte bedenken Sie jedoch, daß wir in einer frühzeitigen Einschulung kein Patentrezept sehen. Vielleicht kommen Sie erst später darauf, daß dies die beste Lösung für Ihr Kind ist. Wir werden das Für und Wider dieser Entscheidung in einem späteren Kapitel besprechen.
Eine frühzeitige Einschulung kann ein Mittel zum Zweck sein, der darin bestehen sollte, einen jungen Menschen zu schaffen, der mit sich selbst im reinen ist, der sich in der Gesellschaft zurechtfindet und seinen Teil zu ihr beiträgt. Sie sollte sich auf seine Fähigkeiten stützen, die es ihm eines Tages ermöglichen werden, ein nützliches Mitglied dieser Gesellschaft zu werden.
Im Alter von drei bis vier Jahren beginnen Kinder, sich mit Fragen ihres Selbstverständnisses, ihrer Selbsteinschätzung und der Moral zu befassen. Insgesamt haben begabte Kinder nicht mehr Probleme mit ihrer Selbsteinschätzung als andere. Schwierigkeiten *können* dann auftreten, wenn sie im Umgang mit Gleichaltrigen feststellen, daß sie anders sind als andere Kinder, und wenn sie sich ernsthaft mit ihren eigenen Talenten auseinandersetzen und nach Perfektion streben.

Reuben Altmann, Professor für besondere Erziehung an der University of Missouri in Columbia vermutet in *Roeper Review* vom November 1983, daß begabte Kinder aufgrund folgender Umstände Probleme mit der Selbsteinschätzung bekommen können:

- Neigung zu kritischem Nachdenken über sich selbst;
- Auseinandersetzung mit Gleichaltrigen und ihren Problemen;
- frühere Sprachentwicklung und früherer Stress bei der Selbstbeurteilung;
- frühere Entwicklungsphasen;
- die Erkenntnis, anders zu sein.

Eltern können ihren Kindern dabei helfen, ihr Anderssein als positiven Bestandteil ihrer Persönlichkeit aufzufassen. Diese Kinder müssen lernen, daß ihre abweichenden Interessen und Lernstile berechtigt sind, auch wenn sie von der Allgemeinheit abweichen.

Bedenken Sie den Perfektionismus und die erhöhte Sensibilität, die man oft bei begabten Kindern findet. Versuchen Sie nicht, einem Perfektionisten einzureden, er soll seine Erwartungen herunterschrauben und sich mit weniger zufriedengeben. Helfen Sie ihm lieber, seine Gefühle und Fähigkeiten im richtigen Verhältnis zu sehen.

Betrachten Sie zum Beispiel einen Jungen im Vorschulalter, der genauer und detailgetreuer zeichnen möchte, als seine Hände es zulassen. Dies ist nicht der richtige Zeitpunkt, ihm einzureden, seine Zeichnung sei großartig, denn er weiß, daß dies nicht stimmt. Statt dessen können Sie ihm bewußtmachen, daß sein Verstand Dinge aufnimmt, die seine Hände noch nicht zeichnen können. Weil der Verstand schneller wächst als die Hände, müssen wir warten, bis die Hände aufgeholt haben. In der Zwischenzeit kann die Feinmotorik durch Üben verbessert werden, und die Beschäftigung mit einem auf das Kind abgestimmten Übungsprogramm ist ein guter Einstieg in den Umgang mit Begabung.

Manchmal kann auch eine Umkehrung der Größenverhältnisse dazu dienen, diese Unausgewogenheit auszugleichen, bis die Motorik aufgeholt hat. Ein Mädchen im Vorschulalter war zu Tränen frustriert, daß sie nicht klein genug zeichnen konnte, um alles, was sie wollte, auf ein Blatt Papier zu bekommen. Daraufhin nahm ihre Mutter sie mit nach draußen, wo sie die Veranda mit Dutzenden von Kreidemalereien verzierten. Und zwar ohne Mühe und in einem Maßstab, der einer ganzen Häuserwand zur Ehre gereicht hätte. Die Wandbemalung überdauerte den ersten Regen nicht, die moralische Wirkung hielt weit länger an.

Introvertiertheit

Die Persönlichkeitstypen bilden einen Hauptbestandteil des Selbstverständnisses. Ein verbreiteter Zug ist die Introvertiertheit. Nach Ansicht von Linda Silverman von der Denver University und dem dortigen Zentrum zur Förderung begabter Kinder, besteht die (amerikanische) Gesellschaft zu 75 Prozent aus Extrovertierten, bei den Begabten jedoch sind bis zu 60 Prozent introvertiert.

Wenn Ihr Kind zu dieser Mehrheit innerhalb der Minderheit gehört, könnte Ihnen diese Informationen bei dem »ausgewogenen Zusammenspiel« helfen, an dem Sie teilhaben. Es könnte Ihnen zum Beispiel dabei helfen, zu tolerieren, daß ein Vorschulkind das Bedürfnis hat, erst zu beobachten, bevor es etwas

Neues ausprobiert, oder erst nachdenken zu wollen, bevor es sich einer Meinung anschließt, oder daß es Zeit zum Alleinsein braucht. Selbstakzeptanz entsteht zu großen Teilen dadurch, daß man von denen akzeptiert wird, die einem nahestehen, und sie ist für ein gesundes Selbstverständnis unentbehrlich.
Silverman hat eine Liste mit charakteristischen Merkmalen Introvertierter erstellt: Sie

- brauchen Zeit zum Alleinsein;
- brauchen Zeit zum Beobachten, bevor sie etwas Neues ausprobieren;
- fühlen sich in der Öffentlichkeit schnell gedemütigt oder peinlich berührt;
- denken Gedanken zu Ende, bevor sie sie anderen mitteilen;
- haben ein ausgeprägtes Bedürfnis nach Privatsphäre;
- ziehen einen besten Freund einer Reihe von Freunden vor;
- versuchen, in der Öffentlichkeit »perfekt« zu wirken und lassen dann ihre negativen Gefühle und Enttäuschungen zu Hause ab;
- konzentrieren sich vorzugsweise auf eine einzige Beschäftigung;
- werden nur sehr ungern gestört;
- treten in der Öffentlichkeit möglicherweise ganz anders auf als zu Hause;
- verbergen ihre Gefühle
- reagieren nur langsam auf Menschen und Situationen, brauchen Zeit zum Nachdenken;
- sind sich ihrer eigenen Gedanken eher bewußt als denen anderer;
- sprechen nur selten über ihre Gefühle oder Probleme;
- fühlen sich oft auch dann einsam, wenn andere mit ihnen zusammensein wollen;

- lesen manchmal lieber, als daß sie mit anderen zusammensein wollen.

Diese Aufstellung allein wird manchen Eltern die Augen öffnen. Ein introvertiertes Mädchen aus der dritten Klasse, deren Eltern ihr diese Liste zeigten, war fasziniert, als sie feststellte, daß jedes einzelne dieser Merkmale auf sie zutraf. Dieses Wissen kann Eltern und Lehrern helfen, ein Verhalten zu akzeptieren, das manchmal enttäuschend wirkt oder als unterdurchschnittlich fehlgedeutet wird. Die Beurteilung des Leistungsvermögens kann sogar durch die Spannung von Tests beeinträchtigt werden, die auf eine schnelle Entscheidung drängen. Eine von Paul Janos, Helen Fung und Nancy Robinson an der University of Washington durchgeführte Studie ergab, daß Kinder mit hohem IQ, *die sich anders als andere sehen*, in der Selbsteinschätzung schlechter abschnitten als begabte Kinder, die sich nicht anders sahen als andere. »Kinder haben möglicherweise das Verlangen, die Unterschiede zwischen sich und den anderen so klein wie möglich zu halten, nur fehlt es ihnen an einer Methode, dies konstruktiv zu tun... Ein verständnisvoller Erwachsener kann möglicherweise dabei helfen. Kinder brauchen Hilfe, um zu einer ausgewogenen Selbsteinschätzung in gesellschaftlichen und intellektuellen Zusammenhängen zu gelangen.«
Um das Gefühl, außergewöhnlich zu sein, so gering wie möglich zu halten, sollten Sie

- nach Beschäftigungen suchen, die Ihrem Kind zusammen mit Gleichaltrigen Spaß machen: auf dem Spielplatz, im Park, mit Fahrrädern, beim Ballspielen und allen anderen Betätigungen, bei denen es mehr auf Zufälligkeiten ankommt, als auf besondere Denkfähigkeit;

- ihnen dabei helfen zu verstehen, daß wir alle im Leben viele verschiedene Rollen spielen, daß jeder Mensch sein Talent und seine Fähigkeiten zu dem großen Ganzen beisteuert, und daß Vielfalt uns alle reicher macht;
- beglückwünschen Sie Ihr Kind und seine Spielgefährten für alles, was ihnen im Bereich sozialen oder intellektuellen Geschicks glückt; zuviel Aufmerksamkeit ihren Eigenschaften gegenüber führt zu Enttäuschungen; manche Kinder spüren, daß sie nur ihrer Fähigkeiten und nicht ihrer selbst Willen geliebt werden; sobald sie unter ihren Möglichkeiten bleiben, befürchten sie, die Liebe nicht verdient zu haben, und daß man sie ihnen entziehen könnte;
- ihr Kind auch für die Energie, Ausdauer und den Einfallsreichtum loben, mit dem es an etwas herangeht — nicht nur für das Endprodukt;
- sich der Probleme bewußt sein, die mit außergewöhnlichem Talent oder einer außergewöhnlichen Fähigkeit Hand in Hand gehen können.

Nancy Johnson, Lehrerin und Ratgeberin für begabte Kinder, hat über die Zwiespältigkeit geschrieben, mit der einige Eigenschaften und Verhaltensweisen von begabten Kindern betrachtet werden. Sie zitiert in diesem Zusammenhang, wie dieselben Qualitäten unter Umständen von anderen auch als Verpflichtung aufgefaßt werden können. Genau wie das Glas, das der Optimist halbvoll sieht, während der Pessimist es als halbleer beschreibt, kann auch ein Verhalten je nach Betrachtungsweise von Menschen verschieden aufgefaßt werden.
Zum Beispiel:
Sie finden den kleinen Billy erfrischend offen, direkt und ungezwungen. Sein Lehrer findet schlicht, er hat eine große Klappe.

Die Kindergärtnerin war begeistert, wie schnell Lisa etwas Neues aufnahm; ihre Lehrerin in der ersten Klasse dagegen sähe es lieber, wenn sie, zusammen mit den anderen in der Klasse, Dinge wiederholen und nachsprechen würde.

Tims Kunstlehrer schätzt seine nicht zu erschütternde Hartnäckigkeit; sein Sportlehrer hält ihn für einen Dickkopf.

Die Vorschullehrerin schätzt Rachels Fähigkeit, sich intensiv zu konzentrieren; gleichzeitig sähe sie es aber auch ganz gerne, wenn sie, wie im Stundenplan vorgesehen, von einer Beschäftigung ablassen und sich einer anderen zuwenden könnte.

Die meisten finden Brett phantastisch aufmerksam und offen für neue Ideen; einige seiner Kumpels auf der Straße finden ihn etwas leichtgläubig.

Alissa wird als sensibel, intuitiv und einfühlend beschrieben, gleichzeitig ist sie überempfindlich gegenüber Kritik und leidet unter der Ablehnung durch ihre Altersgenossen.

Pauls Lehrer lobt seine selbständige, unabhängige Art; leider kann er ihn nicht dazu bringen, sich an einer Studiengruppe oder einer Teamarbeit zu beteiligen.

Nach der Hälfte der Stunde hat David bereits die Geschichte gelesen, dazu gleich noch die beiden nächsten im Buch. Sein Lehrer beklagt sich, daß er nie die richtige Stelle findet, wenn er etwas vorlesen soll.

Tina singt so gut, daß ihr Lehrer sie bittet, die erste Stimme zu übernehmen. Ihre Klassenkameraden beklagen sich darüber, daß sie sich laufend in den Vordergrund drängt.

Wenn Sie Ihr begabtes Kind mit einem Beutel voller Goldmünzen vergleichen wollen, vergessen Sie bitte nicht, daß jede Münze auch eine Kehrseite hat. Wenn Sie die Begabung Ihres Kindes entdeckt haben, heißt das noch lange nicht, daß alle

Ihre Probleme vorbei sind und Sie sich bequem zurücklehnen können. Probleme gibt es nach wie vor, nur sind sie einfach von anderer Art und Größe. Die meisten lassen sich jedoch durch geduldige, ruhige, kreative und liebevolle Zuwendung lösen.

Soziale Entwicklung

Bei der Beurteilung der Entwicklung Ihres Kindes sollten Sie besonderes Augenmerk auf seine gesamte soziale und moralische Entwicklung richten. Die Entwicklung, die mit dem Hervortreten des Selbstverständnisses im Kleinkindalter begann, ist noch nicht abgeschlossen, ebensowenig wie die Stellung, die das Kind im Vergleich zu seiner Umgebung einnimmt.
Wie bereits besprochen ist es wichtig, daß ein Kind im Vorschulalter lernt, die Verantwortung für sein Handeln oder Nichthandeln zu übernehmen. Einfühlungsvermögen, Sensibilität den Gefühlen anderer gegenüber, Anteilnahme und sich Abwechseln können bilden die Eckpfeiler dieses Fundaments. Lange bevor wir ein Kind zur Schule schicken, müssen wir vorausschauen und uns entscheiden, was aus dem Kind werden soll, das wir in die Schule schicken wollen. Wie wird es sich dort einfügen? Welche seiner Eigenschaften sollen wir fördern, und wie wird sich das auf seine schulischen Erfahrungen auswirken?
Einer der Pioniere auf dem Gebiet der begabten Kinder ist Paul Torrance. Das erste Kapitel seines Buches *Gifted Children* (Begabte Kinder) verdient es, in Lehrerzimmern ausgehängt zu werden, denn es könnte vielen Lehrern dabei helfen, einige Aspekte von Begabung zu erkennen. Schließlich erkennen nicht nur Eltern, daß das Großziehen eines begabten Kindes

einer spezielleren Führung bedarf als bei anderen Kindern; Lehrer wissen auch, daß eine Handvoll von ihnen in einer Klasse Strudel und Rückströmungen in Gewässern erzeugen können, die sonst ruhig dahinfließen würden.

Natürlich freuen sich die meisten Lehrer über jeden begabten Schüler, den sie für ihre Klasse bekommen können; sie blühen auf unter der Herausforderung und dem Schwung, den sie mit sich bringen. Andere jedoch fühlen sich vielleicht eher bedroht als herausgefordert; sie ziehen einen reibungslosen Betrieb vor, wie er sich manchmal unter homogenen Bedingungen ergeben kann.

Torrance stellt die zehn von Lehrern am meisten geschätzten Schülereigenschaften denen gegenüber, die laut Expertenkommission einen produktiven, kreativen Menschen ausmachen. Der Schluß ist einfach: Nicht jeder Lehrer sähe es gerne, wenn ein Drittel seiner Klasse aus begabten Schülern bestünde. Der Traumschüler eines Lehrers wäre dann verständlicherweise anderen gegenüber voller Rücksicht, ein unabhängiger Denker, entschlossen und fleißig; er hätte Sinn für Humor, wäre neugierig, ernst und höflich, würde immer rechtzeitig seine Arbeiten erledigen, und er wäre gesund.

Die Erzieher jedoch, die man auserkoren hatte, die Eigenschaften des produktiven, kreativen Schülers zu nennen, wählten nur zwei der obengenannten: nämlich Neugier und unabhängiges Denken. Die anderen Eigenschaften waren intellektueller Mut, Mut zu seinen Überzeugungen zu stehen; die Fähigkeit, sich ein unabhängiges Urteil bilden oder sich voller Konzentration einer Aufgabe widmen zu können; Intuitivität, Ausdauer, die Bereitschaft, Risiken einzugehen; die Abneigung, Ideen nur aufgrund von Hörensagen zu übernehmen oder das Urteil einer Autorität ungefragt zu akzeptieren.

Es lohnt, Torrances Lehrer-Wunschliste einer genaueren Betrachtung zu unterziehen, denn viele der dort genannten Eigenschaften treffen auf begabte Schüler zu.

Zu dem Punkt Rücksicht anderen gegenüber merkt Torrance folgendes an: Die Tatsache, daß man dies an die oberste Stelle einer Wertehierarchie gesetzt hat, könnte auch auf eine Überbetonung des angepaßten Denkens zurückzuführen sein, was einerseits die Freisetzung eines Potentials erschweren oder auch eine subtile Konditionierung zu Unehrlichkeit darstellen könnte.

Zur Entschlossenheit: »Vielleicht müssen Eltern und Lehrer einem entschlossenen, schöpferisch veranlagten Kind manchmal beibringen, wie man nachgibt, ohne aufzugeben.«

Und was den Fleiß anbetrifft: Äußerst kreative Menschen wirken oft nicht kreativ, weil ihre Beschäftigung nicht unbedingt für alle *sichtbar* ist; akzeptiert man das Nachdenken als ernsthafte Beschäftigung, spielt man möglicherweise den »offensichtlichen« Fleiß herunter, was wiederum einer gewissen Unentbehrlichkeit Tür und Tor öffnen könnte.

Zum Thema pünktliches Arbeiten: »Die Tyrannei der Uhr ist ein mächtiger Feind kreativen Denkens.«

Oder über den Sinn für Humor: Einige begabte Kinder schlüpfen in die Rolle des Klassenclowns, um die Aufmerksamkeit von ihrer Andersartigkeit abzulenken. Andere benutzen ihn als Waffe zur Verteidigung; durch Satire oder Sarkasmus können sie zuschlagen, ohne jemanden körperlich zu verletzen. Lehrer und Eltern können dabei helfen, den Humor so zu lenken, daß das Kind sich nicht unbeliebt macht, gehässig oder übermäßig albern wird.

Zum Schluß der Ernst: »In punkto Ernsthaftigkeit legen Eltern und Lehrer gerne Lippenbekenntnisse ab, gleichzeitig erziehen sie die Kinder auf viele verschiedene Weisen zu einer subtilen Form der Unehrlichkeit. Eltern und Lehrer sollten zu

mehr als bloßen Lippenbekenntnissen in der Lage sein, auch wenn die ernsten Gedanken und Gefühle der Kinder nicht den sauberen und heiligen Idealen entsprechen, die wir gerne sähen, oder sie sich von den unseren unterscheiden.«
Ganz unabhängig von den Eigenschaften auf dieser Liste ist es gelegentlich ganz hilfreich, sich einmal zu überlegen, welch eine Art Mensch unser Kind eigentlich werden soll. Solange sich seine Fähigkeiten und parallel dazu sein Selbstverständnis entwickeln, ist es wichtig, ein Gleichgewicht zwischen Respekt und Bewunderung zwischen Eltern und Kind aufrechtzuerhalten. Gefühle sind schnell verletzt, und wir vergessen nur zu leicht, daß die emotionale Entwicklung eines begabten Kindes gerade eben seinem Alter entspricht oder gar hinterherhinkt, vor allem dann, wenn Sprache oder Verhalten dem viel älteren Kind gleichen.
Ein erfolgreiches Eltern-Kind-Verhältnis muß die Möglichkeiten des Wachstums und der Anpassung zulassen. Auch wenn sie im Grunde nicht damit einverstanden sind, müssen Eltern das anmaßende Verhalten ihres begabten Kindes unterstützen, indem sie ihm die Gelegenheit geben, einige Entscheidungen zu fällen, zum Beispiel darüber, wie es sich kleidet. Aber selbst begabte Kinder müssen eingespannt werden, damit sie auf jeden Fall ihren Anteil an häuslichen Pflichten übernehmen — sonst gehen sie ihnen für den Rest ihres Lebens aus dem Weg. Machen Sie sich ihre Klugheit zunutze, statt sie zu bekämpfen, und beteiligen Sie Ihr Kind beim Abstecken von Grenzen und der Aufteilung der Pflichten.
Eine Mutter zeigte ihren beiden begabten Mädchen im Vorschulalter, wie sie ihre Zeitpläne mit Hilfe eines Küchenweckers einhalten konnten. Als eine begann, sich für Musik zu interessieren, wurde er benutzt, um festzustellen, wie lange sie übte. Abends las die Mutter ihnen für eine vorher festgelegte

Zeitspanne etwas vor, und wenn die Klingel ertönte, protestierten die Mädchen nicht und wollten auch keine Verlängerung. Sie akzeptierten die neutrale Rolle des mechanischen Signals. »Sobald es klingelte«, erinnert sich die Mutter, »wußten sie, daß es Zeit war, zum Ende zu kommen, und dann sagte ich ihnen «Gute Nacht».«

Ein positives und von Geduld geprägtes Gefühl für das Zuhause als eine Umgebung, in der man etwas lernt, wo das Kind einen eigenen Garten hat, in dem es etwas pflanzen kann, hilft beim Aufbau eines Selbstbildes, das nicht durch Alter oder Körpergröße eingeschränkt wird. Auch Haustiere können Kindern helfen, etwas über Verantwortung und Ehrfurcht vor dem Leben zu lernen. Durch sie können sie Fürsorge und uneigennützige Liebe kennenlernen.

Religion kann einem Kind helfen, ein unabhängiges Gespür für Identität zu finden, gleichzeitig ein Gefühl der Geborgenheit und Liebe. Den Kindern kann man dies, wie viele Eltern uns mitgeteilt haben, durch das gemeinsame morgendliche und abendliche Aufsagen von Gebeten vermitteln. Die sogenannten Goldenen Regeln, die man in verschiedener Gestalt in den meisten Religionen findet, bieten eine solide Grundlage dafür, begabten Kindern, die nach dem Warum hinter Vorschriften fragen, angemessenes Verhalten zu vermitteln.

Und jetzt einige von Eltern gesammelte Beobachtungen und Vorschläge, wie man das Selbstverständnis und die moralische Entwicklung drei- bis vierjähriger begabter Kinder fördern kann:

- Regeln sollten klar sein und in der Anzahl beschränkt.
- Vergessen Sie nie, daß Sie auf der Seite des Kindes stehen; unternehmen Sie alles, was seine Unabhängigkeit fördert. Kaufen Sie zum Beispiel Kleidungsstücke mit einfachem

Verschluß, so daß es sich selber anziehen kann; lassen sie es zwischen einigen Sachen wählen, so daß es sich selbst etwas aussuchen kann, das Ihnen nicht allzu sehr widerstrebt.
- Machen Sie keinen zu genauen Zeitplan; lassen Sie Zeit für Phantasie oder Kreativität; geben Sie Ihrem Kind das Gefühl, daß seine Gedanken Privatsache und sicher aufgehoben sind.
- Vergessen Sie nicht, wie wichtig Rollen- und andere Spiele bei der moralischen Entwicklung sind; spielen Sie Theater mit Puppen oder als Rollenspiel —, um moralisches Denken herauszufordern; lassen Sie das Kind zu eigenen Lösungen kommen; betrachten Sie Humor als förderswertes Talent; verfolgen Sie, wie sich das Urteilsvermögen Ihres Kindes im Lauf der Zeit entwickelt.
- Lassen Sie zu, daß sich Gewohnheiten, Beweggründe und ein persönlicher Stil entwickeln können; bauen Sie darauf auf.
- Korrigieren Sie nicht einfach nur, was Ihr Kind sagt, wiederholen Sie es, schmücken Sie es aus.
- Sprechen Sie über Gefühle, benutzen Sie dabei gegebenenfalls Puppen oder Spielzeuge, mit denen Ihr Kind sich ausdrücken kann; verwenden Sie die »Spiegelmethode«, um seine Gefühle zu verdeutlichen oder erkennbar zu machen.
- Wenn möglich, unterbrechen Sie Ihr Kind nicht, das gerade in ein Projekt, eine Träumerei oder eine Beobachtung vertieft ist.
- Ermuntern Sie Fragen und nett gemeinte Herausforderungen, das Stecken von Zielen und das Beherrschen bestimmter Fähigkeiten, ohne Druck auszuüben.

Die folgenden Regeln wurden von den Eltern eines älteren Kindes im Vorschulalter angewandt:
1. Kein Spielzeug mehr auf dem Fußboden zur Schlafenszeit.

2. Kleidung und Bettzeug werden gewaschen, *wenn man sie in den Wäschekorb legt*.
3. Jedes Kind ist für die Ordnung in seinem Zimmer selbst verantwortlich; allerdings halfen sie immer, wenn sie darum gebeten wurden.

Wenn Eltern ihrem Kind ein Gefühl einer in sich abgeschlossenen Persönlichkeit geben können, ein hohes Selbstwertgefühl, Selbstvertrauen und moralische Werte, und das mit jener besonderen Mischung aus Liebe und Disziplin, die aufmerksame Eltern auszeichnet, ist dies ein wertvolleres Geschenk als Tennisunterricht, zum Bettzeug passende Vorhänge oder eine eigene Stereoanlage.

Was Sie tun können

Auch ohne sich an einer Universität einzuschreiben, einen Fernkurs in Erziehungsmethoden für Kinder im Vorschulalter zu machen oder eine Menge Geld für Ausrüstung auszugeben, können Sie eine Menge in oder in der Nähe Ihres Zuhauses tun, um die Fähigkeiten ihres Vorschulkindes zu schärfen und ihm dabei zu helfen, seine Interessengebiete auszuweiten.

Rechnen
Wir wollen Ihnen keine vollständige Liste an die Hand geben, sondern vielmehr einige Dinge vorschlagen, aus denen sich leicht wieder etwas anderes ergibt. Diese können je nach Alter des Kindes variieren, probieren Sie also einfach aus, was funktioniert. Unsere Vorschläge sollen lediglich Ihre eigene Phantasie anregen; was Sie dann daraus machen, ist sicher für Ihr Kind und Ihre Situation am besten. »Gibt man einem Men-

schen einen Fisch, hat er für einen Tag etwas zu essen, bringt man ihm jedoch bei, wie man fischt, hat er sein ganzes Leben zu essen«, lautet das Sprichwort. Oder, wie es ein Lehrer für begabte Kinder formuliert hat: »Ich bin immer verwundert, wenn ich Kurse mit dem Titel sehe «101 Wege, sich den ganzen Tag mit Ihrem Kind zu beschäftigen». Und was macht man am 102. Tag?«

Fangen Sie mit Rechnen an. Ihr erstes Ziel könnte es sein, dem Kind bei dem Aufbau seiner Vorstellung von Mathematik zu geben und seinen Wortschatz aufzubauen:

- Räumlich: oben, unten, innen, außen, darauf, darunter, daneben.
- Beschreibend: offen, geschlossen, rund, gerade, scharf, spitz, eckig, flach, glatt, uneben
- Quantitativ: wie viele, mehr, weniger, gleichviel, die Zahlen
- Vergleiche: klein/groß, lang/kurz, groß/klein, hoch/niedrig, breit/schmal, schwer/leicht, dunkel/hell, laut/leise, hart/weich, größer/kleiner als, mehr als, weniger als, das gleiche wie, das größte, das kleinste.

Verwenden Sie diese Begriffe im täglichen Leben; weisen Sie in Gesprächen immer wieder darauf hin; fordern Sie Ihr Kind auf, auf diese Dinge zu achten, sie zu beschreiben und eigene Ausdrücke hinzuzufügen. Sprechen Sie über Formen; suchen Sie danach bei Gegenständen und Bildern oder draußen im Freien. Machen Sie aus einem Spaziergang um den Block eine Jagd auf Dreiecke. Suchen Sie in Büchern, die sie lesen, nach diesen Formen. Gehen Sie durch den Keller und stellen Sie sich vor, welches Zimmer oder welche Möbel sich genau über Ihnen befinden. Zeichnen Sie einen Plan eines Zimmers, Ihres Hauses, ihres Blocks, wie er für eine Fliege an der Decke oder

einen Vogel im Baum oder von einem Ballon aus aussehen würde. (Wenn Ihr Kind auf diese Pläne noch nicht anspricht, verschieben Sie es um ein paar Monate und versuchen Sie es dann noch einmal.)
Lassen Sie als nächstes Ihr Kind täglich Dinge zählen, einfache Probleme lösen und Gegenstände sortieren; integrieren Sie dies in Ihren normalen Tagesablauf. Beim Weglegen des sauberen Bestecks kann man gut sortieren und zuordnen lernen. Beim Tischdecken muß man einfache Gleichungen aufstellen: Normalerweise sind wir zu sechst, heute ist dein Bruder in der Stadtbücherei, dafür kommt aber Tante Anna mit deiner Cousine Jessica. Wie viele Gedecke brauchen wir? Hilfst du mir beim Wäschesortieren? Die Socken legen wir alle auf diesen Haufen, dann suchen wir sie zu Paaren zusammen. Heute backen wir einen Kuchen; hilfst du mir, die Zutaten abzuwiegen? Hier sind sechs Plätzchen. Verteile sie genau gleich an deinen Bruder, deine Schwester und dich. Wie alt sind dein Bruder, deine Schwester, und wie alt werden sie bei ihrem nächsten Geburtstag sein? Wieviel Jahre älter (oder jünger) ist deine Schwester? Wie alt wird sie sein, wenn du acht bist? Wenn sie zehn ist, wie alt wirst du dann sein? (Machen Sie weiter, solange es funktioniert, und hören Sie auf, wenn es keinen Spaß mehr macht.)
Dann bringen Sie Lernspielzeuge für Mathematik ins Spiel: Perlen, Rollen, Knöpfe, die man sortieren und zählen kann; Dominosteine, Parketthölzer, ein Zusammensetzspiel mit verschiedenen Farben, Formen und Größen, eine Waage, Meßbecher und eine Schüssel zum Abmessen von Bohnen, Sand, Steinchen, Reis oder Wasser. Spielen Sie Bingo. Verwenden Sie Brettspiele mit Würfeln und Figuren, die über die Felder des Spielfeldes ziehen.
Versuchen Sie es dann mit einfachen Additions- und Subtrak-

tionsübungen, und verwenden Sie dabei Bestechungsgelder, die sich zum Naschen eignen: Erdnüsse, Schokolinsen, Fruchtbonbons. Gruppen gleichartiger Dinge nennt man Mengen. Hier sind zwei Mengen Erdnüsse (eine von vier, eine von zwei). Wie können wir beide Mengen gleich groß machen?
Geben Sie Ihrem Kind ein Maßband, ein Lineal, einen Zollstock; lassen Sie es alles mögliche im Haus abmessen. Überlegen Sie, welche der genannten Werkzeuge für welche Gegenstände am besten geeignet ist.
Geben Sie Ihrem Kind einen eigenen Kalender. (Im Buchhandel sind sie kurz nach Neujahr sehr billig; wählen Sie einen großformatigen mit von Kindern gemalten Bildern als Motiv. Später können sie als Wandschmuck verwendet werden.) Lassen Sie Ihr Kind besondere Ereignisse malen oder aufschreiben: ein Picknick, einen Geburtstag oder ein besonderes Erlebnis im Alltag. Lassen Sie es das Wetter anhand von Sonne, Wolken, Regentropfen oder eines Schneemannes malen, oder was ihm sonst noch einfällt. Zählen Sie die Tage des Monats und die Monate des Jahres. Zählen Sie die Tage bis zu einem wichtigen Ereignis — einem Geburtstag oder einem Besuch.
Geben Sie Ihrem Kind Geld, um im Laden etwas zu kaufen; lassen Sie Ihr Kind bezahlen und das Wechselgeld in Empfang nehmen. Zeigen Sie ihm die Münzen mit den unterschiedlichen Werten, ordnen Sie sie zu Hause in Mengen an; zeigen Sie ihm, wie man aus den verschiedenen Münzen jeweils den Betrag von einer Mark zusammensetzen kann. Benutzen Sie Monopolygeld (im Spielwarenhandel ist es häufig auch einzeln zu bekommen) für größere Einkäufe — 10 Tüten Eiskrem, ein Fahrrad oder ein Auto.
Machen Sie ihm zeitliche Zusammenhänge klar. (Deine Schwester kommt um halb zwei nach Hause, wenn die Schule aus ist — also in einer Stunde, dann ist die »Sesamstraße« schon vor-

bei. Die Plätzchen sind in sieben Minuten fertig; ich stelle den Küchenwecker ein, damit er rechtzeitig klingelt.)
Ermuntern Sie Ihr Kind zum Schätzen und überprüfen Sie, wie genau es geschätzt hat. Wie viele Kekse sind in dieser Dose? Wie lange brauchen wir mit dem Auto zum Supermarkt? Im Buchhandel werden Sie zahlreiche Anregungen und Materialien zu diesem Thema finden.

Wissenschaft
Hören Sie den Wetterbericht und die Wettervorhersagen und beobachten sie die Wolken, um selbst eine Vorhersage wagen zu können. Messen Sie die Lufttemperatur mit einem Außenthermometer; stellen Sie Kleidungsregeln auf, die sich nach diesen Temperaturen richten; lassen Sie sich dabei von Ihrem Kind helfen, damit es selbst merkt, wenn ihm zu kalt oder zu warm ist. Beobachten Sie, wie Pflanzen und Tiere auf Veränderungen des Wetters oder der Jahreszeiten reagieren. Verfolgen Sie, wo der Schnee sofort und wo er zuletzt schmilzt und wo sich das Wasser nach einem Regen sammelt. Achten Sie auf Regenbögen, und verwenden Sie anschließend ein Prisma, um ein Lichtspektrum zu erzeugen. Markieren Sie Schatten, um zu messen, wie weit die Erde sich in einer Stunde gedreht hat. Gehen Sie auf Spaziergängen häufiger die gleiche Strecke, damit Sie verfolgen können, wie sich Blumen und Bäume von Jahr zu Jahr verändern. Suchen Sie nach Knospen, Samen, Nestern, Eiern, Insekten, Laub, Kokons. Achten Sie auf die Vogelschreie, mit denen die Reviere abgesteckt werden. Wenn Sie können, ahmen Sie ihr Pfeifen nach; manche werden Sie in ein regelrechtes Gespräch verwickeln. Fertigen Sie eine Karte von Ihrer Route an; führen Sie Tagebuch.
Machen Sie einfache Experimente. Beobachten Sie, wie ein Eiswürfel in der Sonne schmilzt. Legen Sie einen zweiten Wür-

fel daneben und streuen Sie etwas Salz darauf. Legen Sie verschiedene Gegenstände in eine Schüssel mit Wasser. Was versinkt, was bleibt oben?
Ihr Kind kann etwas in einen Topf pflanzen, es gießen und hegen. Suchen Sie die Samen aus Pflanzen und Bäumen, aus Früchten und Gemüse und versuchen Sie, sie zu benennen. Behelfen Sie sich mit Eierkartons, wenn Sie nicht genug Töpfe haben. Experimentieren Sie; pflanzen Sie Samen ein und gießen Sie nur die Hälfte von ihnen.
Lernen Sie, die Dinge zu klassifizieren: Obst und Gemüse, lebende und tote Objekte; Säugetiere und Reptilien; Dinge, die man riechen kann, Dinge, die man nicht sehen, aber hören kann.
Nutzen Sie die Freude an neuen Entdeckungen zum Schärfen aller Sinne: Zeigen Sie Ihrem Kind verschiedene Gegenstände auf dem Tisch — eine Brille, einen Schlüsselbund, eine Blume, eine Heftzwecke, einen Schnürsenkel, Klebeband — dann verdecken Sie sie und bitten Sie es, alle zu nennen, die es behalten hat. Zeigen Sie sie ein zweites Mal; halten Sie Ihrem Kind die Augen zu, entfernen Sie einen Gegenstand und bitten Sie es, den fehlenden Gegenstand zu nennen. Bedecken Sie ihm erneut die Augen und bitten Sie es, Ihnen nur vom Hören zu erklären, was Sie gerade tun — eine Tür schließen, einen Vorhang zuziehen, Wasser ausgießen, Pfennige in eine Flasche fallen lassen, Papier schneiden, einen Luftballon aufblasen, eine Limonadendose öffnen oder was Ihnen sonst noch alles einfällt. Öffnen Sie Gläser mit Gewürzen und lassen Sie es daran riechen und sie benennen. Fügen Sie alles mögliche Ihrer Bratensoße hinzu — Cola, Zitronensaft, Tabascosauce, Orangensaft, Meerrettich — und stellen Sie fest, wer beim Essen die meisten Dinge herausschmeckt. Warten Sie auf der Fahrt nach Hause mit dem Auto, bis Ihr Kind die Gegend wiedererkennt,

dann bitten Sie es, die Augen zu schließen und Ihnen zu sagen, wann es meint, am Ziel zu sein.
Rüsten Sie es mit einem Prisma, einem Vergrößerungsglas aus, einem Magneten und einem Glas für Insekten. Dann lassen Sie es selbst herausfinden, was es zu entdecken gibt.
Versuchen Sie, den Entdecker in ihm zu wecken; stellen Sie lenkende Fragen, ohne die Antworten vorwegzunehmen; ermuntern Sie Querschlüsse von einem Gebiet zum nächsten.
Vergessen Sie nie, wie wichtig es für Kinder ist, immer wieder etwas Neues zu erfahren. Manche Kinder sind in der Lage, die unterschiedlichsten Dinge miteinander in Verbindung zu bringen, sie ziehen ihre eigenen Schlüsse, erfinden neue Verwendungsmöglichkeiten und übertragen eine Entdeckung auf ein anderes unbekanntes Gebiet. Genau das sind die Fähigkeiten, die wir bei begabten Kindern entdecken werden.
Bringen Sie selber die unterschiedlichsten Dinge miteinander in Verbindung. Verbinden Sie einen Besuch im Zoo mit einem Aufenthalt in der Stadtbücherei, um dort mehr über gefährdete Arten oder Ihre Lieblingstiere in Erfahrung zu bringen. Verfolgen Sie, wie Tiere sich einer veränderten Umgebung und Nahrungsmittelversorgung anpassen. Nehmen sie entsprechende Sendungen auf Video auf oder leihen Sie sich solche Cassetten aus der Stadtbücherei oder der Videothek aus, sobald Ihr Kind Interesse an solchen Fragen zeigt: Dort bekommen Sie vielsagende und einprägsame Berichte über das Verhalten von Tieren, und das an Orten, zu denen Sie vermutlich selbst nie gelangen werden.

Kunst
Beginnen Sie damit, Ihrem Kind eine reichhaltige visuelle Umgebung zu verschaffen — nicht voller Lärm und Ablenkung, sondern gestalten Sie sie anregend und interessant durch eine

ständig wechselnde Vielfalt von Materialien. Verwendet werden können: alte Illustrierte zum Auseinanderschneiden oder -reißen, Markierstifte, Kreide, eine Schere, Kleber, Farbe, Ton und alles, was man für eine Collage gebrauchen könnte.
Stellen Sie einen Platz zur Verfügung, wo die Kunstwerke Ihres Kindes aufbewahrt und ausgestellt werden können. Eine Familie richtete in einem Zimmer eine Familiengalerie ein, in der alle Kunstwerke zu bewundern sind; jeder hängt dort auf, was er möchte, daher gibt es ständig Abwechslung. Bewahren Sie die fertigen Arbeiten in einer Mappe auf; veranstalten Sie eine Ausstellung im Garten an einer Wäscheleine für die Familie, für Freunde und Nachbarn.
Machen Sie aufmunternde Bemerkungen über die Verwendung von Farbe, Ausgewogenheit, Komposition, Raumaufteilung, Struktur oder Kontraste. Vermeiden Sie zu allgemeine Kommentare wie: »Das ist aber ein hübsches Bild.« Regen Sie die phantasievolle Verwendung von Medien oder Techniken an. Kinder verfügen über eine fast grenzenlose Kreativität, bevor wir sie ihnen wieder ab »erziehen«. Bitten Sie Ihr Kind, zu beschreiben, was es sieht, wenn Farben zusammenlaufen. Fragen Sie nie: »Was ist das?« Ein viel besserer Ansatz wäre: »Erzähl mir etwas darüber.«
Führen Sie anschließend einige Übungen zur Ausweitung des Horizonts ein. Besuchen Sie Kunstmuseen, aber nicht, um Vorträge zu halten, sondern um hindurchzuschlendern. Lassen Sie Ihre Kinder hingehen, wo immer sie wollen; weisen Sie auf Gegensätze hin, oder stellen Sie Fragen, die sie dazu anregen, das Gesehene zu beurteilen. Kaufen Sie im Museumsladen ein Dutzend Postkarten, insbesondere von den Ausstellungsstücken, die Sie auf Ihrer Wanderung gesehen haben. Besorgen Sie so unterschiedliche Bilder wie nur möglich. Stellen Sie sie alle zu einer Gruppe zusammen, vergleichen sie, stellen Sie sie

gegenüber. Versuchen Sie dahinterzukommen, warum ein Künstler eine bestimmte Farbe oder Komposition oder einen bestimmten Blickwinkel gewählt hat. (In einigen Büchereien kann man Drucke von Gemälden aus dem Museum ausleihen, manchmal sogar Originale; wechseln Sie sie alle paar Wochen aus und achten Sie darauf, daß jeder Stil und jede Epoche vertreten ist. Stellen Sie erneut Vergleiche an, suchen Sie die Unterschiede.)
Die Illustrationen in Kinderbüchern werden immer besser. Was früher vielleicht nur der Mörtel war, der die Ziegel zusammenhielt, oder vielleicht auch der Zuckerguß auf dem Kuchen, ist bei Kinderbüchern mittlerweile ebenso wichtig wie der Text selbst. Und das ist auch gut so. Sprechen Sie beim Vorlesen über unterschiedliche Stile. Vielleicht kann Ihr Kind die Arbeit eines Künstlers am Stil des Umschlagentwurfs erkennen, bevor es den Titel und Namen lesen kann.

Musik
Auch hier sollte Vielfalt für Ausgewogenheit sorgen. Lassen Sie Ihr Kind Musik aus dem Radio hören, von Schallplatten und Cassetten, von Instrumenten, die Sie zu Hause haben oder sich besorgen können. (Und vergessen Sie nicht, wie beredt Stille sein kann; eine ständige Geräuschkulisse macht es schwierig, Unterschiede zu erkennen.)
Geben Sie ihm anhand bekannter Lieder ein Gefühl für Melodie und Rhythmus — dazu können Sie auch Kinderreime, Kinderschallplatten, Volkslieder, Schlummerlieder oder Abzählverse verwenden. Dann geben Sie Ihrem Kind Becken und Trommelstöcke (zwei gleichlange Stöckchen genügen vollkommen), Holzklötze, ein Tambourin, Pappschachteln und Kochlöffel, Meßbecher. Damit kann es dann seine Lieblingslieder begleiten.

Auch bei Bewegungen sollte Raum für Kreativität bleiben; verschiedene Stücke können durchaus zu verschiedenen Bewegungen anregen. Legen Sie mit Trommel oder Stöcken den Rhythmus fest und ermuntern Sie Ihr Kind, im selben Tempo zu trommeln. Bewegen Sie sich anschließend zu einfachen Melodien mit klaren und gleichbleibenden Rhythmen. Geben Sie nicht zu viele Anweisungen; lassen Sie genug Freiraum, damit Ihr Kind die passenden Bewegungen finden kann.

Soziales Verhalten
Zeichnen Sie einen Plan Ihrer direkten Nachbarschaft, auf dem Sie Orte kennzeichnen, die Ihrem Kind vertraut sind; sprechen Sie über den Maßstab und die verwendeten Symbole. Sehen Sie sich eine gedruckte Karte Ihrer Gegend an; helfen Sie Ihrem Kind, sich anhand von markanten Punkten zu orientieren.
Lassen Sie sich von Ihrem Kind öffentliche Einrichtungen nennen, von der Ihre Familie Gebrauch macht. Wer hilft uns, wenn es brennt? Wenn jemand bei uns einbricht? Wenn in der Straße ein großes Loch klafft? Wenn jemand verletzt ist? Jemand gestorben ist? Eine Seuche ausbricht?
Sprechen Sie über Wahlen; zeigen Sie Ihrem Kind, wie Sie wählen; erklären Sie ihm bei einer Familienbesprechung, wozu Abstimmungen gut sind; stimmen Sie über den Nachtisch oder den Speiseplan ab.
Besorgen Sie ein Landkarten-Puzzle von Deutschland oder der Welt. Arbeiten Sie ganz zwanglos damit. Zeigen Sie Ihrem Kind, wo Sie leben; wo die Verwandten leben; besorgen Sie sich, wenn möglich, einen Globus.
Sprechen Sie über die Familiengeschichte, über die Verwandtschaft und frühere Generationen.
Lassen Sie Ihr Kind ein Essen aus einem anderen Land planen, kochen und verspeisen.

Besuchen Sie ein Gotteshaus einer anderen Religion. Versuchen Sie, alles über einen Feiertag einer anderen Religion in Erfahrung zu bringen. Vergleichen Sie das Ergebnis mit Feiertagen aus Ihrer eigenen Tradition.

Machen Sie Ausflüge in die Vorgeschichte; versuchen Sie sich vorzustellen, wie eine bestimmte Gegend vor hundert Jahren ausgesehen hat. Besuchen Sie den ältesten Friedhof in Ihrer Gegend. Lesen Sie die Namen auf den Grabsteinen und stellen Sie fest, ob sie immer noch vertraut klingen. Benutzen Sie Geburts- und Sterbedatum, um das Alter der Verstorbenen zu errechnen.

Sprechen Sie mit den Großeltern oder anderen alten Leuten darüber, wie es früher in deren Kindheit gewesen ist, was sich verändert hat.

Wie bereits gesagt, diese Vorschläge sollen nur Anregungen darstellen. Probieren Sie aus, was Ihnen geeignet erscheint, sobald Ihr Kind sich für bestimmte Dinge zu interessieren beginnt. Aber übertreiben Sie nicht. Wenn Ihre Einfälle nicht fruchten, versuchen Sie es später erneut.

4. KAPITEL

Sprachentwicklung

Der beste Zugang zum Innenleben eines potentiell begabten Kindes ist die Sprache. Sie liefert das Gerüst für die Gedanken und das Mittel zum Gedankenaustausch; sie bietet den kürzesten Weg zur Erfüllung so manchen Wunsches; sie ist das Prisma, durch das unsere Wahrnehmung gebrochen wird; sie bildet die Grundlage allen Verstehens und ist gleichzeitig das erste empirisch feststellbare Anzeichen von Intelligenz; und sie ist der einfachste Testindikator.

Beginnen wir mit dem letzten Punkt zuerst, dem Testindikator. Eine frühe Studie über begabte Kinder von Louis Terman aus dem Jahr 1924 erkannte Sprache bereits als verläßliches Anzeichen von Intelligenz. Was können Eltern tun, um den Sprachreichtum ihrer Kinder zu fördern?

Sprechen Sie mit Ihrem Kind

Joyce Ury Dumtschin hat fünf Techniken (in *Young Children*, einer Zeitschrift der National Association for the Education of Young Children), aufgelistet:

1. Vorbildfunktion: Der korrekte Gebrauch angemessener Sprache. Durch gehörte Wörter und Redewendungen holt sich das Kind eigene Anregungen.
2. Ausführliche Erläuterung: Liefern Sie ausführliche zusätzliche Informationen, sobald Ihr Kind Sie zu einem Thema befragt.
3. Offenes Fragen: Stellen Sie Fragen, die zu einer ausführlichen Antwort anregen.
4. Ausweitung: Ergänzen Sie die unvollständige Antwort Ihres Kindes zu einem ganzen Satz, ohne jedoch negativ zu reagieren oder auf einer korrekten Wiederholung zu bestehen.
5. Umgestaltung: Wiederholen Sie die Aussage Ihres Kindes inhaltsgemäß, aber verändern Sie die grammatische Struktur.

Die vielleicht wertvollste Technik ist das offene Fragen. Nur allzu häufig verfallen Eltern und Lehrer darauf, reine »Wissensfragen« zu stellen, die keinerlei gedankliche Verarbeitung erfordern; manchmal reicht schon ein Schulterzucken oder eine Handbewegung, die das gefragte Wort ersetzen können.
Die besten Vorschullehrer sind solche, die, ob bewußt oder nicht, nur äußerst selten auf solche »Wissensfragen« zurückgreifen. Sie halten die Kinder ständig bei der Stange und sorgen dafür, daß laufend neue Verbindungen hergestellt werden. Hier ein paar Beispiele für solche offenen Fragen:

- Was würde passieren, wenn Hunde so groß wären wie ein Haus?
- In wie viele Richtungen kannst du im Sitzen schaukeln?
- Stell dir vor, du verläufst dich. Was könnte dann alles passieren?

- Was könnte alles passieren, wenn du die Augen hinten im Kopf hättest?
- Wie würde die Geschichte von Schneewittchen und den sieben Zwergen ausgehen, wenn die Zwerge Riesen und Schneewittchen winzig wäre?

Spiel mit Worten

Sorgen Sie dafür, daß zu Hause immer wieder interessante Wörter auftauchen. Genau wie man mit Honig mehr Fliegen fängt als mit Essig, werden Sie auch auf größeres Interesse und regere Anteilnahme stoßen, wenn die Wörter, die Sie gebrauchen, Spaß machen.

Die kleinsten Kinder erkennen zuerst die ersten und die letzten Laute eines Wortes; beginnen Sie daher mit Reimen und Alliterationen. Bilden Sie Sätze, in denen so viele Reime oder gleiche Anfangslaute vorkommen wie nur möglich. Sammeln Sie Wörter. Bringen Sie in der Küche eine Tafel an, auf der Sie deutlich sichtbar Ihre Gespräche festhalten. Sie sollte groß genug sein, daß Ihr Kind einen oben geschriebenen Satz nicht einfach auswischen kann, aber darunter noch Platz hat, seine ersten Schreibversuche zu machen.

Wenn der richtige Zeitpunkt gekommen ist, versuchen Sie es mit Wortspielen. Machen Sie einen Spaß daraus, singen Sie Nonsens-Lieder, sagen Sie verrückte Sprüche auf, dichten Sie bekannten Liedern neue Verse hinzu. Achten sie auf neue Worte, wenn Sie unterwegs sind — lesen Sie ihrem Kind Straßenschilder oder die Rückseite der Cornflakes-Packung vor, die Schilder im Supermarkt, auf denen die verschiedenen Abteilungen angezeigt sind, die Namen von Geschäften, Stopschilder, die Markennamen der Fernsehspots. Spielen Sie beim

Autofahren Alphabetspiele — suchen Sie den Buchstaben A auf allen Schildern, dann B, C usw.
Wenn Ihnen gar nichts mehr einfällt, ist vermutlich der Zeitpunkt gekommen, es mit einem Buch zu versuchen.

Lesen Sie Kinderbücher

Heute gibt es mehr phantasievolle, gut gemachte und anregende Kinderbücher als je zuvor. In den letzten zehn Jahren hat sich auf diesem Gebiet eine Menge getan. Es gibt sogar Bücher, die Ihnen die besten Bücher für Kinder vorstellen.
Man kann nicht unbedingt sagen, daß ein bestimmtes Buch für ein bestimmtes Alter geeignet ist. Dafür verläuft die Entwicklung von Kindern natürlich viel zu unterschiedlich, und gerade begabte Kinder sind im allgemeinen in der Lage, eine größere Vielfalt und anspruchsvollere Stoffe zu verarbeiten als ihre Altersgenossen. Außerdem können viele Bücher auf verschiedenen Ebenen verstanden werden, so daß sie es vertragen, wenn man sie von Zeit zu Zeit wieder liest.
Hier tut sich für Sie und Ihr Kind ein ungeheuer weites Feld auf: Es gibt Märchen, Kinderreime und -geschichten, darunter regelrechte Klassiker, sowie eine Menge Bücher mit wunderschönen Illustrationen. Die Illustrationen sind anspruchsvoller geworden, und man verwendet die unterschiedlichsten Medien, um die Phantasie anzuregen.
Jetzt ist der richtige Zeitpunkt gekommen, zum Stammkunden in Ihrer Stadtbücherei zu werden. Nehmen Sie Ihr Kind mit, so daß es sich auf die regelmäßigen Besuche schon vorher freuen kann. Bringen Sie genügend Zeit mit, so daß es Gelegenheit hat, sich umzusehen. Leihen Sie ganze Stapel von Büchern aus, in die Sie sich ein oder zwei Wochen lang versenken kön-

nen. Denken Sie bei der Suche nach neuen Büchern auch immer wieder an alte Lieblingstitel.

Es ist oft nicht einfach, auf gute Bücher zu stoßen, die noch keine Bestseller sind. Auch hier gilt: Lassen Sie sich mehrfach in verschiedenen Büchereien und Buchhandlungen beraten. Es ist sicher auch lohnenswert, sich an Bücher zu erinnern, aus denen Ihnen schon Ihre Eltern vorgelesen haben.

Wenn Sie mit Ihrem Kind zusammen Bücher lesen, werden Sie bald eine Reihe von Lieblingsautoren haben. Es gibt zwei Gründe, einem Kind den Namen des Autors und Illustrators eines jeden Buches zu nennen: Zum einen begreift das Kind gleich von Anfang an, daß irgend jemand irgendwo dieses Buch aufgrund einer persönlichen Leistung geschaffen hat. Um den Gedanken auszuweiten: Warum sollte Ihr Kind dies nicht eines Tages auch können? Zweitens: Wenn Sie nach einer Weile mehrere Bücher gelesen haben, wird Ihnen der Stil eines Autors oder Illustrators besonders gefallen; weisen Sie darauf hin, wenn es dazu kommt. Erinnern Sie Ihr Kind an die anderen Bücher, die Sie zusammen vom selben Autor gelesen haben. Dadurch lernt ein Kind, Ähnlichkeiten und bestimmte stilistische Elemente zu erkennen — ein erster Schritt, einen Lieblingsautor bewerten und schätzen zu lernen.

Bücher bilden das Sprungbrett zu kreativem Denken und anderen geistigen Fähigkeiten. Eine Geschichte führt zur nächsten. Aus diesen Gedankensprüngen entsteht die Fähigkeit, gedankliche Verbindungen herzustellen, eine Grundform geistiger Arbeit.

Es folgen ein paar Tips, wie Sie die Welt eines Buches lebendig gestalten und das Bewußtsein Ihres Kindes erweitern können:

- Basteln Sie Finger- oder Handpuppen, mit denen Sie die Geschichte nachspielen oder sich eine neue Folge ausdenken können.

- Basteln Sie Figuren oder Spielorte einer Geschichte.
- Illustrieren Sie die Geschichte mit Fingerfarben oder Tafelkreide.
- Spielen Sie Episoden der Geschichte aus dem Stegreif nach.
- Lesen Sie verwandte Geschichten oder Zusatzinformationen zu einem bestimmten Teil der Geschichte — aus Nachschlagewerken, Geschichtsbüchern oder Bücher über die natürlichen Gegebenheiten einer Region.
- Stellen Sie sich vor, Sie befinden sich selbst mitten in der Geschichte; was würde Ihr Kind tun? Wie würde es sich anziehen?
- Übertragen sie die Lehre oder Moral einer Geschichte auf andere Situationen.
- Machen Sie ein originelles Spiel aus den Elementen der Geschichte.
- Zeichnen Sie eine Karte des Handlungsortes.

Auf dem Gebiet der Kinder- und Jugendliteratur gibt es eine Vielzahl ausgezeichneter realistischer Erzählungen, die als Sprungbrett für das Lösen von Problemen im wirklichen Leben dienen können.

Der Kern einer solchen Geschichte ist immer ein Konflikt. Indem Kinder sehen, wie die Hauptfigur mit diesem Konflikt umgeht, beginnen sie, Werte abzuwägen und Urteile und Entscheidungen für ihr eigenes Leben zu treffen.

Kinder verschiedener Altersstufen entwickeln verschiedene Lesemuster und sollten sachte an Bücher herangeführt werden, die sowohl ihre emotionalen als auch ihre intellektuellen Bedürfnisse befriedigen können. Judith Wynn Halsted schreibt dazu:

> Begabte Kinder in der Grundschule werden ganz natürlich Erzähltexte in die Hand bekommen, aber wenn man junge Le-

ser nicht gezielt auch an andere Bereiche der Literatur heranführt, insbesondere an traditionelle Literatur und Dichtung, wird ihnen dieser Bereich gänzlich entgehen.

Sie unterscheidet in diesem Zusammenhang fünf Altersgruppen: das Vorschul-/Kindergartenalter, die Klassen 1 bis 3, 4 bis 5, 7 bis 9 und 10 bis 12. In jeder dieser Gruppe teilt sie Bücher nach den folgenden fünf Kategorien ein:

1. Identität (darin enthalten sind Bücher, die die Entwicklung eines starken Selbstverständnisses fördern und dabei helfen, die eigene Begabung als positiven Aspekt der eigenen Identität zu betrachten),
2. das Alleinsein (diese Bücher helfen begabten Kindern, die positiven Aspekte von allein verbrachter Zeit zu erkunden),
3. das Auskommen mit anderen (hierunter finden sich Bücher, die Gespräche über Freundschaft, gegenseitige Abhängigkeit, Einfühlungsvermögen und den Respekt für andere mit geringeren oder andersartigen Fähigkeiten erleichtern),
4. Entwicklung der Phantasie (für jüngere Kinder bis zur dritten Klasse; diese Bücher können das Denken, Beobachten und Hinterfragen anregen) oder Anwendung der eigenen Fähigkeiten (für ältere Kinder — damit sind Bücher gemeint, in denen es um das Treffen von Entscheidungen, das Übernehmen von Verantwortung und den Nutzen besonderer Fähigkeiten geht),
5. Wissensdurst (hier werden die Kinder intellektuell/geistig gefordert).

Kann sich Ihr dreieinhalb- oder vierjähriges Kind über einen längeren Zeitraum konzentrieren, sollten Sie es mit längeren, in Kapitel unterteilten Büchern versuchen. Vergessen Sie dabei aber nicht, daß nicht jeder Stil den Geschmack Ihres Kindes trifft.

Wenn Sie laut vorlesen, sollten Sie nicht davor zurückscheuen, längere Hintergrundpassagen oder ausführliche Beschreibungen wegzulassen. Manchmal erweist es sich als hilfreich, ein Buch, das eigentlich für sehr viel ältere Leser gedacht ist, für ein Kind zurechtzukürzen, wenn es für die Handlung oder den Grundgedanken alt genug ist. Gute Bücher sind so konzipiert, daß man sie immer wieder lesen und auf verschiedenen Ebenen genießen kann. Kapiteleinteilungen geben Kindern eine willkommene Gelegenheit, Ihren Vortrag zu steuern; sie erlauben Ihnen, eine Pause einzulegen und später weiterzulesen. Kommt Ihr Kind nicht von allein darauf zurück, heben Sie das Buch auf, bis Ihr Kind älter ist; möglicherweise kommt es dann ganz anders an.

Wenn ein Kind spricht oder schreibt, schöpft es aus dem Vorrat an Wörtern, die es gesehen oder gehört hat. Je größer also die Vielfalt seiner Quellen ist, desto umfangreicher wird sein Wortschatz sein. Hat sich der Wortschatz Ihres Kindes hauptsächlich aus Gesprächen gebildet, an denen es beteiligt war oder die es gehört hat, ist es auf eine Ebene der Sprache begrenzt. Aber wenn es regelmäßig Sprache aus Büchern mit unterschiedlichen Stilen und Sprechweisen hinzufügt, steht ihm ein viel größeres Arsenal an Worten und Konstruktionsmöglichkeiten zur Verfügung. Semantiker sind übrigens der Überzeugung, daß die folgende Behauptung nicht stimmt: »Ich weiß, was ich sagen will, nur fallen mir gerade nicht die richtigen Worte ein.« Mit anderen Worten, was man nicht aussprechen kann, kann man auch nicht denken. Gute Literatur entsteht durch handwerkliche Sorgfalt. Wörter werden wegen ihrer Neben- und Mehrfachbedeutungen ausgewählt. Die Konstruktionen werden variiert. Andere Kulturen und Zeiten werden wiedergegeben. Feine Unterschiede, Anspielungen, bildhafte Vorstellungen und mehrfache Bedeutungsebenen, die in der gesprochenen Sprache fast gänzlich fehlen, lassen sich in einem gedruckten Text zuhauf finden.

Literatur kann auch strukturgebend wirken. »Der Inhalt eines Buches bestimmt, was der Leser beim Lesen denkt, die Struktur jedoch bestimmt, auf welche Art er darüber denkt«, schreiben Barbara Baskin und Karen Harris in *Books for the Gifted Child* (Bücher für das begabte Kind).

Sie fahren fort:

> Sehr lernbereite Kinder brauchen einen entsprechenden Lesestoff. Bücher sollten ihnen ebensoviele Fragen stellen wie Antworten geben, so daß sie während des Lesens und noch lange danach zum Nachdenken, Analysieren und Beurteilen angehalten werden ... Geschichten, in denen die Zeitabfolge ineinander verschachtelt ist, in denen verschiedene Figuren die Rolle des Erzählers übernehmen oder ungewöhnliche Sprachmuster auftauchen, verlangen vom Leser eine besondere Konzentration.
>
> Bilderbücher enthalten alle wesentlichen Bestandteile unterschiedlicher literarischer Erfahrungen. Im günstigsten Fall ist ihre Sprache reich und lebendig, sind sie mittelmäßig, ist sie banal und ohne Leben. Beginnt ein erstes Lesebuch mit »A steht für Apfel, B steht für Ball«, verlangt es nur wenig von seinen Lesern. Verkündet es jedoch »A — Ameisenbär aus dem Amazonasgebiet, B — braungebrannter Brummbär«, verheißt es einen aufregenden Lesespaß. In beiden Büchern geht es um Sprache — im zweiten Fall allerdings auf spielerische Art.

Der Umgang mit Worten kann durchaus Spaß machen. Vielleicht reicht es, den Unterschied zwischen den einfachen Begriffen zu lernen, aber ein Wort wie Popocatepetl hat gewiß auch seinen Reiz. Kinderbücher sind mit unvergeßlichen Illustrationen zu Zahlen, Beziehungen und der kindlichen Umgebung ausgestattet, die Ihrem Kind die Werkzeuge an die Hand geben, die Gestalt und die Grenzen seiner Welt zu erkennen; vielleicht liegt hierin der Unterschied zwischen (über)leben und prächtig gedeihen begründet.

Wörter sind der Schlüssel zur Phantasie eines Kindes, und die Phantasie ist der Wegweiser in eine unbekannte Welt. Decken Sie sich mit Unmengen von Notizzetteln ein und kleben Sie überall Wörter hin, insbesondere Wörter, die schon vom Klang her Spaß machen.

Merken Sie es sich, wenn Sie ein gutes neues Wort hören. Sprechen Sie es nach, schreiben Sie es auf, schlagen Sie nach, was es bedeutet, und hängen Sie es an die Wand.

Ermuntern Sie Ihr Kind, eine Vielzahl von Wörtern zu gebrauchen. Dann wird es Sie gelegentlich mit einer völlig neuen Verbindung begeistern: »Ein Drache sieht aus wie ein Dynosaurier und ein Alligator«, sagte Lisa, als sie gerade drei geworden war.

Belohnen Sie Ihr Kind. Zeigen Sie ihm, wie wichtig es ist, originelle Ausdrücke zu finden. Notieren Sie diese in einem Kalender oder Tagebuch oder lassen Sie, wenn es die Situation erlaubt, einen Cassettenrecorder mitlaufen, um die spontanen Einfälle festzuhalten. Sammeln Sie kleinere Gesprächsfetzen und vergessen Sie nicht, die einzelnen Teile zu datieren. Es könnte nicht nur ein unschätzbares Andenken werden, sondern vielleicht sogar als Beleg für die Aufnahme in ein bestimmtes Förderungsprogramm dienen.

Vergessen Sie beim Vorlesen nicht, daß ein Kind, das seine Liebe zu Büchern entdeckt hat, sie auch gerne lesen möchte. Der angesehene Experte auf dem Gebiet der Kindesentwicklung, Bruno Bettelheim, meint hierzu, daß »Lesen nicht nur ein Werkzeug ist, dessen Gebrauch man, egal auf welche

Weise, lernen kann, und das am besten so schnell wie möglich«. Er weist vielmehr darauf hin, daß wir gerade gegenüber den Lesern an beiden Enden des Spektrums — den besonders begabten und den schwächeren — die Bedeutung des Lesens betonen müssen.

Die ersten Anfänge beim Lesen

Immer wieder liest und hört man von kleinen Kindern, die alle damit überrascht hatten, daß sie plötzlich lesen konnten, ohne speziellen Unterricht bekommen zu haben.
Ein begabtes Mädchen zeigte schon im Alter von achtzehn Monaten Interesse am Alphabet. Nachdem sie zwei Monate mit ihrer Mutter gelernt hatte, kannte sie alle Buchstaben und die Zahlen von eins bis vierzehn. Sie fing an, ihren Eltern den Inhalt von Büchern aufzusagen, die sie auswendig gelernt hatte, wobei sie nicht einmal vergessen hatte, an welchen Stellen die Seiten umgeblättert wurden.
Begabte Kleinkinder fangen manchmal ganz unvermutet an, das Alphabet zu lernen oder Kinderbücher und Straßenschilder zu lesen, besonders wenn sie in einer Umgebung aufwachsen, in der es reichlich Gelegenheit zum Lesen gibt, ohne daß man sie jedoch dazu zwingt. Donald C. Cushenberry und Helen Howell beschreiben in *Reading and the Gifted Child: A Guide for Teachers* (Lesen und das begabte Kind: Ein Leitfaden für Lehrer) eine Untersuchung, aus der hervorgeht, daß ein Drittel aller Kinder, die später als begabt erkannt wurden, bereits vor ihrem ersten Tag im Kindergarten lesen konnten. (Wir möchten allerdings davor warnen, die anderen zwei Drittel automatisch als weniger begabt einzustufen.) Geben Sie Ihrem Kind frühestmöglich die Gelegenheit und hegen Sie die

ersten Anzeichen von Interesse, aber drängen Sie nicht. Selbst einige Experten, die Leseübungen im Vorschulalter eisern ablehnen, sind der Ansicht, daß das frühe Lesen gefördert werden sollte, wenn die Initiative vom Kind ausgeht.

Wenn Ihr Kind zu schreiben beginnt

Wenn Ihre Jüngste dann voller Ideen steckt und weiß, wie man ihnen durch gesprochene Worte Ausdruck verleiht, wird sie früher oder später auch auf andere Ausdrucksweisen kommen. Vielleicht ist Ihnen schon etwas aufgefallen. Ihr Gekritzel auf Papier (oder in der Luft) besteht aus langen, wellenförmigen Linien, Schlaufen oder ganzen Reihen von Schrägstrichen. Man braucht nicht viel Phantasie, um darin eine Nachahmung der Handschrift zu erkennen. Sie hat Sie immer beim Schreiben beobachtet, und jetzt möchte sie es gerne selber einmal versuchen.
Und tatsächlich ist sie in der Lage, Sprache zu komponieren, lange bevor ihre Hände und Finger schreiben können. Genau wie die gesprochene Sprache bereits Fortschritte machte, ehe die ersten Symbole an die Wand gekritzelt wurden, hat auch sie schon seit einer Weile die ersten kleinen Notizen verfaßt. Lassen Sie sie sich von ihr diktieren, dann haben Sie Aufzeichnungen, die Sie ihr, wann immer Sie es wollen, vorspielen können.
Noch eine Bemerkung zu der Tafel in der Küche: Machen Sie ein Verzeichnis der Wörter, die Ihre Tochter »besitzt«. Schreiben Sie sie ganz groß, so daß sie sie darunter kopieren kann. Seien Sie verschwenderisch mit Lob und sparsam mit dem Korrigieren; dafür ist später immer noch Zeit. Es wird zu Verdrehungen im Satzaufbau kommen; kein Grund zur Sorge, das ist

ganz normal. Hängen Sie ein Verzeichnis aller Wörter aus, die sie schon kennt; halten Sie neue fest; mischen Sie sie mit Bildern und Kritzeleien, wenn sie das möchte, aber vor allem sorgen Sie immer dafür, daß der Spaß erhalten bleibt.

Ihre ersten Schreibversuche werden einer Mischung aus abgemalten Buchstaben ähneln, aus Sternen, Gekrakel und was ihrer Tochter alles so einfällt. Dann wird sie dazu übergehen, die Buchstaben als Symbole für etwas anderes zu nehmen. Sie werden hören, wie sie die Worte spricht, die sie zu schreiben versucht — und dabei spürt, wie der Mund die Laute formt, um dann nach den entsprechenden Buchstaben zu suchen — meistens sind es zuerst die Konsonanten. Widerstehen Sie der Versuchung, alles in Groß- oder Kleinschrift zu verwandeln. Übersehen Sie die verkehrtherum gemalten Buchstaben, die phonetische Schreibweise, den mangelnden Zwischenraum, die vertauschte Reihenfolge. Das alles kommt später, außerdem wird Ihr Kind bald selbst zu einem schärfsten Kritiker werden.

Hat Ihr Kind ältere Geschwistern, die zum Perfektionismus neigen, nehmen Sie sie zur Seite und machen Sie ihnen klar, wie wichtig Toleranz ist. Andererseits gibt es keinen schöneren Ansporn zum fleißigen Üben als das Lob eines älteren Bruders oder einer älteren Schwester.

Im Gegensatz zu älteren Geschwistern erkennen Eltern, daß jüngere Kinder täglich Sprache neu erfinden. Ständig waren sie von Sprache umgeben, und ohne es tatsächlich vorgeführt bekommen zu haben, haben sie die der Sprache zugrunde liegende Ordnung entdeckt. Sie haben gewisse Regeln erfaßt, die vermutlich weder Sie noch ich in Worte fassen könnten. Sie fühlen sich in ihrer Muttersprache zu Hause, ganz gleich, wie viele Unregelmäßigkeiten es in ihr gibt. Kinder neigen sogar dazu, die Sprache übermäßig zu reglementieren. Sie neigen dazu, unregelmäßige Verben wie regelmäßige zu behandeln. Je-

desmal, wenn ein Kind uns beim Sprechen zuhört, versucht es das System der Sprache zu erschließen. Deswegen ist es hilfreich, wenn es die Sprache auf den unterschiedlichsten Ebenen hört: zu Hause, in Gesprächen über Ideen, Moral, Geschichte. Wenn es dann eigene Wörter und Sätze aneinanderfügt, gebraucht es sein eigenes Regelwerk.
Anfangs schreibt das Kind nur für sich selbst. Da es sein eigener Kritiker ist, kann es alles akzeptieren. Später bekommt es dann ein Gespür für sein Publikum, und es beginnt, seine Arbeiten so zu sehen, wie andere sie sehen würden. An diesem Punkt werden dann Zeichensetzung und Rechtschreibung wichtiger.
»Im Alter von ungefähr sieben Jahren«, schreibt Cammie Atkins in einem Aufsatz in *Young Children*,

> kommen Kinder dahinter, daß andere ihr Geschriebenes möglicherweise mit anderen Augen sehen, als sie selbst... Wo anfangs nur das Schreiben selbst wichtig war, rückt jetzt das fertig Geschriebene an die erste Stelle. Wenn dies geschieht, beginnen Kinder, das Schreiben ernster zu nehmen.

Das aktiv lernende Kind braucht als Ergänzung den Erwachsenen in der Rolle dessen, der führt und die Dinge erleichtert. Kinder brauchen bei ihren Schreibexperimenten die Unterstützung der Erwachsenen. Sie müssen ihnen die für das Schreiben nötigen Werkzeuge zur Verfügung stellen und ihnen die Zeit und die Gelegenheit geben, von diesen Werkzeugen Gebrauch zu machen. Sie müssen für sie eine dem Erforschen dienliche Atmosphäre erzeugen und dafür Sorge tragen, daß Schreiben eine angenehme Beschäftigung bleibt. Sie brauchen deren Anerkennung und Lob. Vor allem brauchen Kinder Eltern, die verstehen, daß Fehler nicht nur Anlaß zur Kritik bieten und am Rand rot angestrichen werden müssen, sondern daß sie ein wichtiger Teil des Lernprozesses sind.

Vor allem brauchen Kinder bei ihren ersten Schreibversuchen Geduld, genau wie die Eltern, die sie dabei unterstützen, Schreiben braucht Zeit. Jedesmal ist dabei ein Zusammenspiel verschiedenster Tätigkeiten gefragt — denken, schreiben, lesen, überdenken, neu schreiben, ein zweites Mal lesen und so weiter. Dieser Prozeß kann sich nur entwickeln, wenn man Geduld aufbringt. Schreibenlernen ist ein Prozeß, der sich nicht beschleunigen oder gar erzwingen läßt. Er sollte gehegt und immer wieder ermuntert werden. Und vor allem verdient er Anerkennung. Schließlich leisten Kinder etwas ganz Besonderes, wenn sie anfangen zu schreiben!

5. KAPITEL

Kreativität

Was wir als Kreativität bezeichnen, ist ebenso ernsthaft wissenschaftlich untersucht worden wie der Schneemensch oder das Ungeheuer von Loch Ness. Wir wollen in diesem Buch keine revolutionäre Theorie über Kreativität anbieten, denn die haben wir nicht. Dennoch werden wir in diesem Kapitel untersuchen, was eine Reihe von angesehenen Leuten über Kreativität gesagt haben, die ihr ganzes Berufsleben der Erforschung der Entwicklung von Kindern, des Verstandes und dem Erkennen menschlichen Potentials gewidmet haben. Wir versuchen einen Eindruck davon zu vermitteln, was kreatives Verhalten ausmacht, und wollen einige der Bedingungen schildern, von denen man annimmt, daß sie für seine Entwicklung förderlich sein können.
Barbara Clark von der California State University gehört zu den produktivsten und aufschlußreichsten Autoren und Lehrern auf diesem Gebiet. In ihrem enzyklopädischen Werk *Growing Up Gifted* verarbeitet sie Material aus jeder nur denkbaren Quelle.
Sie beginnt mit der Feststellung, »daß Kreativität der höchste Ausdruck von Begabung« ist, in dem sich die vier allgemein bekannten Funktionen des Verstandes zusammenschließen:

- Denken: Rationales Denken, der Aspekt von Kreativität, der sich am einfachsten durch Tests messen und durch bewußtes Üben entwickeln läßt.
- Fühlen: Selbsterkenntnis, Selbstverwirklichung, mit einem hohen Grad an emotionaler Energie.
- Gespür: Weitreichende körperliche oder geistige Entwicklung und ausgeprägte Fähigkeiten bezüglich eines besonderen Talents.
- Intuition: Eine höhere Bewußtseinsebene, Vorstellungskraft, Phantasie, verbunden mit einem Zugang zu unter-und unbewußten Bereichen.

1. Denken und Kreativität

Beginnen wollen wir mit dem ersten Punkt, dem rationalen Denken. Es läßt sich am einfachsten durch Tests messen, weswegen viele Forscher in diesem Bereich zuerst und vor allem nach Kreativität suchen. Viele Experten stimmen darin überein, daß es vier Hauptgesichtspunkte kreativen Denkens gibt:

- Gewandtheit — die Fähigkeit, viele Ideen oder Möglichkeiten zu einem vorgegebenen Thema zu produzieren. Ein Beispiel ist das sogenannte Brainstorming, bei dem eine Gruppe von Menschen zu einem gemeinsamen Thema alles sammelt, was ihnen dazu einfällt (z. B.: Welche Möglichkeiten gibt es, einen Pappbecher zu benutzen?).
- Flexibilität — die Fähigkeit, Dinge in einem anderen Licht zu sehen, verschiedene Ansätze auszuprobieren. Es gibt Denkspiele, Puzzles und Rätsel, bei deren Lösung Kinder gezwungen sind, neue Blickwinkel zu finden.
- Originalität — die Fähigkeit, eine einzigartige oder originelle Idee oder Lösung zu finden. Ein Beispiel: In einer

Schule wurden häufig mutwillig die Installationen zerstört. Ein Berater schlug daher eine Sammelaktion vor, deren Erlös, wie man den Schülern mitteilte, zur Reparatur dieser Anlagen verwendet werden sollte. Mit dem Rest jedoch sollte eine Pizza-Party finanziert werden. Die Zerstörungen gingen drastisch zurück, die Studenten feierten eine tolle Party, und außerdem konnten die Instandhaltungskosten beträchtlich gesenkt werden.
- Ausarbeitung — die Fähigkeit, einen Grundgedanken zu entfalten und in seinen Folgen auszuarbeiten. Beispiel: Das Ersetzen des Verbrennungsmotors durch einen alternativen Antrieb hätte verschiedene Auswirkungen. Man müßte die Konsequenzen auflisten und ihre Folgen für die Wirtschaft, die Umwelt und das Alltagsleben benennen.

Den Samen der Kreativität säen

Die Untersuchungen deuten darauf hin, daß die Fähigkeit zu rationalem Denken im Zusammenhang mit Kreativität ein erworbenes Verhalten ist und man sie daher durch Steuern und Üben verbessern kann. Häufig wird kreatives Denken anhand von Tests untersucht.

Kann man anhand von Intelligenztests begabte Schüler erkennen? Nicht unbedingt. In jeder gegebenen Bevölkerung gibt es wahrscheinlich einige intellektuell begabte Kinder, deren Kreativität nur durchschnittlich entwickelt ist, sowie einige kreativ begabte mit etwa durchschnittlichem IQ und einige, die in beiden Bereichen sehr gut abschneiden. Nach der Teilnahme an einem Programm mit kreativen Denkübungen erzielen manche Schüler bessere Ergebnisse bei Kreativitätstests. (Dabei sollte man beachten, daß dies auch bedeuten kann, daß sie *Strategien für gutes Abschneiden bei Kreativitätstests* gelernt haben.) Wir glauben, daß Sie Ihr Kind nicht nur dadurch auf einen Ge-

dankenaustausch vorbereiten können, indem Sie leicht zugängliche Hilfsmittel und Techniken bereitstellen. Ebenso können Sie seine Kreativität anregen, indem Sie ihm dabei helfen, die einzelnen Schritte des kreativen Prozesses zu durchdenken.
Kinder müssen lernen, die Voraussetzungen einer bestimmten Situation abzuschätzen, bevor sie nach einer Lösung suchen:

- Tatsachen erkennen: Den Status quo festlegen.
- Problembestimmung: Woran liegt es?
- Ideensammlung: Das Nennen sämtlicher Alternativen.
- Lösungsfindung: Welche der Alternativen löst das Problem?
- Akzeptanz: Ist diese Lösung umsetzbar?
- Handlungsplan: Wie kann die Veränderung erreicht werden?

Ermutigen Sie zu kritischem und kreativem Denken, indem Sie ihrem Kind zeigen, wie man Probleme praktisch löst. Seien Sie nicht vorschnell mit einer Lösung bei der Hand, wenn Kinder mit einem Problem zu Ihnen kommen, sondern nutzen Sie die Gelegenheit. Bitten Sie sie, Ihnen die Umstände zu schildern, und sammeln Sie alle möglichen Ideen. Suchen Sie nach verschiedenen Betrachtungsweisen, Ideen und Lösungen.
Wenn Kinder Ihnen ein Problem schildern, lassen Sie es von ihnen in die Bestandteile zerlegen — was geschieht tatsächlich? Stützen Sie sich auf die Fakten, sobald das Problem erkannt ist. Was läuft schief, und wann?
Dann helfen Sie ihnen, so viele Alternativen wie möglich zu suchen. Ersetzen Sie jedes Bestandteil des Problems durch eine oder mehrere Alternativen. Überlegen Sie bei jeder einzelnen die Folgen. Ermutigen Sie eine völlige Abkehr vom Status quo. (Fünf Kinder sollen drei Äpfel gerecht untereinander aufteilen. Sie machen Apfelsaft. Zwillinge sollen sich ein Stück Ku-

chen teilen. Sie einigen sich darauf, daß einer die Teilung vornimmt und der andere sich als erster sein Stück aussuchen darf.)
Werten Sie als nächstes jede Idee aus. Suchen Sie nach Vorschlägen, die den meisten Erfolg versprechen, gleichzeitig die geringsten Kosten oder Folgen verursachen.
Bereiten Sie dann den »Schlachtplan« vor. Dazu kann es erforderlich sein, den Plan anderen schmackhaft zu machen. Vielleicht sollen Sie einem Kompromiß zustimmen, sich mit einer Störung einverstanden erklären, eine Forderung aussetzen, Zutritt zu einem Raum gestatten, Werkzeug ausleihen oder ein Auge zudrücken, wenn es um eine feste Regel oder ein Zeitlimit geht.
Dieses Vorgehen unterscheidet sich im Grunde nicht von dem, was andere Menschen auch tun, wollen sie effektiver in Beruf, Schule, Kirche oder irgendeiner anderen Organisation arbeiten. Sehen Sie sich um. Vielleicht kennen Sie jemanden, möglicherweise noch aus Ihrer Kindheit, der geradezu ein Meister war, wenn es darum ging, irgend etwas in die Wege zu leiten. Lesen Sie sich die einzelnen oben genannten Schritte noch einmal durch. Hat er diese Technik angewandt? Würden Sie ihn als kreativ bezeichnen, als effektiv oder vielleicht beides?
Wir kennen eine äußerst effektive Lehrerin für begabte Kinder, die eine ganz eigene Methode entwickelt hat, Streit zwischen Schülern zu schlichten. Sie läßt die Beteiligten sich um einen runden Tisch, den »Friedenstisch«, setzen. Dort sitzen sie alle als Gleichberechtigte, die gemeinsam das Problem lösen müssen. »Was haltet ihr beide für das Beste? Wie können wir in Zukunft eine solche Situation vermeiden? Das sind die Alternativen. Sprecht darüber und sagt mir, zu welchem Schluß ihr gekommen seid.«
»Sie vertiefen sich in diese Zusammenarbeit«, erzählte sie uns. »Nie hat jemand gemurrt, und am Ende finden sie immer eine

Lösung. Die Technik eignet sich phantastisch, um Disziplin zu lernen. Sie lernen neue Wege kennen, Dinge zu tun, und das auf eine positive und bestärkende Art. Es freut sie, wenn sie merken, daß sie mit ihren Frustrationen umgehen können. Wir achten immer darauf, unsere Kinder für alles Erreichte zu loben. Sie bekommen dann ein gutes Gefühl und wissen, daß sie es schaffen können.«

Robert Eberle, späterer Mitarbeiter der Creative Education Foundation, entwickelte die folgende Technik zum Gedächtnistraining, um Kindern zu helfen, sich die einzelnen Schritte in sprachlich flüssigen, flexiblen und wohlgeordneten Gedanken zu merken:

ERSETZEN — eine Person oder ein Gegenstand übernimmt die Rolle oder den Platz eines anderen: Wer oder was kommt noch in Frage? Welcher andere Ort? Welche andere Zeit?

KOMBINIEREN — die Dinge miteinander in Verbindung bringen: Hilft uns eine Mischung, eine Ansammlung weiter? Die Verbindung von Zielen oder Ideen?

ANPASSEN — sich auf eine gegebene Situation oder ein Ziel einstellen: Womit könnte man diese Situation vergleichen? Welche Ideen fallen einem noch dazu ein?

MODIFIZIEREN — Gestalt oder Wesen verändern, Bedeutung, Farbe, Bewegung, Geräusch, Geruch, Geschmack und Form

VERGRÖSSERN — in Gestalt oder Wesen vergrößern. Was könnte hinzugefügt werden? Vermehrte Häufigkeit? Stärker? Größer?

VERKLEINERN — kleiner, leichter, langsamer, weniger häufig: Was könnte man weglassen? Läßt es sich aufteilen, leichter oder langsamer machen? Was, wenn es seltener geschieht?

ANDERE VERWENDUNGSMÖGLICHKEITEN — was läßt sich noch

damit anstellen? Andere Verwendungsmöglichkeiten nach einer Veränderung?

ENTFERNEN — weg-, auslassen, das Weglassen eines Teils, einer Eigenschaft, einer Gesamtheit: Welche Teile können entfernt werden? Ohne die Funktion zu beeinträchtigen; zu verändern?

UMKEHREN — gegenüberstellen, ins Gegenteil verkehren, umdrehen: Welche Gegensätze entstehen, wenn man das Letzte an die erste Stelle setzt, etwas auf den Kopf stellt, innen und außen vertauscht?

NEUORDNEN — die Reihenfolge verändern oder anpassen; Plan, Zuordnung oder Anordnung verändern: Eine andere Reihenfolge? Das Tempo wechseln?

Häufig verwendet man zur Klassifizierung des kognitiven Bereichs die Methode von Professor Benjamin Bloom, unter anderem Professor für Pädagogik in Chicago, um zu demonstrieren, wie sich das Denkvermögen üben läßt und wie dies für Eltern von Kindern im Vorschulalter hilfreich sein kann. Angenommen, Sie präparieren zusammen mit Ihrer Tochter ein Stück des Gartens, das sie später selbst nutzen soll. Dabei spielen folgende Faktoren eine Rolle:

- Wissen: Alle Informationen über Pflanzen, die sie in Büchern findet, von ihren Eltern oder aus anderen Quellen erfährt.
- Einschätzung: Sie wählt die Pflanzen für ihre Ecke im Garten aus.
- Anwendung: Sie übernimmt die Verteilung der Pflanzen im Boden und versorgt sie.
- Analyse: Sie fertigt eine Übersicht des Gartens an, sammelt Pflanzen und Insekten, beobachtet die Wirkung eines Dün-

gers und führt über die Fortschritte ihrer Setzlinge auf einer Tafel oder in einem Kalender Buch.
- Synthese: Sie setzt ihren Garten zu anderen Aspekten pflanzlichen und tierischen Lebens in Verbindung, die sie aus Büchern kennt, in der Obst- und Gemüseabteilung des Supermarktes oder in öffentlichen Anlagen sieht.
- Auswertung: Sie benutzt die Erfahrungen dieses Jahres, um zu überlegen, ob und wie der Garten im nächsten Jahr weitergeführt werden soll, vielleicht sogar mit Samen aus der diesjährigen Ernte.

Die gleiche Klassifizierung wendet Margie Kitano in ihrem Artikel »Young Gifted Children: Strategies for Preschool Teachers« (Junge begabte Kinder: Taktiken für Vorschullehrer) an (veröffentlicht in *Young Children*, Mai 1980). Anhand eines Beispiels von Farberkennung führt sie folgenden hypothetischen Dialog an:
— Welche Farbe ist das? (Wissen)
— Wie bekommen wir die Farbe grün? (Einschätzung)
— Male ein Bild mit primären und sekundären Farben. (Anwendung)
— Welches Gefühl löst dieses Bild in dir aus? Welche Farben hat der Künstler verwendet, damit du dich so fühlst? (Analyse)
— Male ein Bild, das ein Gefühl von Ärger vermittelt. (Synthese)
— Wie gut wirken die verwendeten Farben in diesem Bild? (Auswertung)

Torrance gibt im folgenden zehn Empfehlungen, wie das Kreativitätswachstum bereits im Ansatz gefördert werden kann:

1. Stellen Sie Materialien zur Verfügung, die die Phantasie anregen, zum Beispiel Zeichnungen oder Geschichten mit offenem Ausgang.
2. Stellen Sie Materialien zur Verfügung, die die bildhafte Vorstellung anregen, zum Beispiel Märchen, Sagen, Fabeln, Bücher über die Natur.
3. Lassen Sie Zeit zum Nachdenken und Tagträumen. Wenn ein Kind äußerlich den Eindruck erweckt, es hätte nichts zu tun, heißt das noch lange nicht, daß es sich nicht mit seinen Gedanken beschäftigt.
4. Halten Sie Ihre Kinder dazu an, ihre Ideen in einem Notizbuch oder einem Hefter zu sammeln. Auch wenn Sie für Ihr Kind Sekretär spielen und sich seine Geschichten und Ideen diktieren lassen, kann dies ein Weg sein, ihm zu zeigen, daß seine Ideen wertvoll sind und daß Sie sich für seine Gedanken interessieren.
5. Ermuntern Sie Ihr Kind, die Dinge aus einem anderen Blickwinkel zu sehen. Man kann eine ganze Menge über die Welt erfahren, wenn man sich auf den Kopf stellt!
6. Lassen Sie Freiraum für wahre Individualität. Zeigen Sie Ihrem Kind anhand kleiner Einzelheiten in seinen Werken oder seinem Verhalten, daß Sie es für jemand ganz besonderen halten.
7. Seien Sie sehr vorsichtig mit Kritik an den Erzeugnissen ihres Kindes. Suchen Sie nach Wegen, ihm zu zeigen, wie wertvoll es ist, etwas geschaffen zu haben.
8. Ermuntern Sie Ihr Kind, mit Worten zu spielen. Benutzen Sie Wortspiele, Reime, Gegensatzpaare.
9. Lernen Sie einige der speziellen Denkvorgänge kennen, die bei der Kreativität eine Rolle spielen, und verstärken Sie diese.
10. Geben Sie Ihrem Kind Gelegenheit, Probleme zu spüren und mögliche Lösungen zu schaffen.

2. Gefühle und Kreativität

Ein Samenkorn kann nur unter bestimmten Bedingungen wachsen und gedeihen — es braucht Licht, Wasser, Erde, Nährstoffe. Fehlt auch nur ein Teil dieser Voraussetzung, ist das Ergebnis mangelhaft oder gleich Null. Dasselbe gilt für Kreativität. Ist das Umfeld nicht optimal, können zwar immer noch wunderbare Dinge geschehen, aber vermutlich sehr viel seltener.

Eine Umgebung, die für die Entwicklung kreativen Potentials förderlich sein soll, muß vor allem Sicherheit gewähren, damit das Kind Selbstvertrauen entwickeln kann, Grundvertrauen verspürt und sich zu Hause fühlt. Eltern und Lehrer können ein Kind leicht entmutigen, wenn sie es herabsetzen, über seine dummen Gedanken lachen, es immer wieder an seine Unzulänglichkeit erinnern, ihm jede Risikobereitschaft ausreden und ihm gleichzeitig zu verstehen geben, daß sie jederzeit präzise, logische und produktive Leistungen von ihm erwarten. Wenn Ihnen andererseits daran liegt, kreatives Denken zu fördern, dann befolgen Sie unseren Rat und ermuntern Sie zu Risikobereitschaft, lassen Sie auch Beinaherfolge gelten, fördern Sie seine Selbständigkeit, und *helfen Sie ihm, Versagen zu akzeptieren*, denn dazu wird es gelegentlich immer wieder kommen.

Die Neigung zum Perfektionismus kann bei einem begabten Kind leicht dazu führen, daß es vorzieht, auf Nummer Sicher zu gehen. Wer nichts riskiert, kann nichts verlieren. Außerdem kann das Etikett »begabt« das Kind doppelt vorsichtig machen, denn es möchte sich nicht der Lächerlichkeit preisgeben, sollte es die hohen Erwartungen der anderen nicht erfüllen. Mit Kommentaren wie »Ich denke, du bist so begabt, wieso kommst du dann mit diesem Problem nicht klar?«

können Lehrer leicht ihren Teil zu diesen Schwierigkeiten beitragen. Fallen solche Bemerkungen vor versammelter Klasse, wird das begabte Kind praktisch für vogelfrei erklärt, besonders, wenn es ohnehin schon unter den Hänseleien seiner Klassenkameraden zu leiden hatte. In diesen Augenblicken ist es für das begabte Kind von größter Wichtigkeit, über innere Reserven zu verfügen, die es in die Lage versetzen, selbstbestimmte Ziele zu verfolgen und zu ganz eigenen Ergebnissen zu kommen.

Wenn wir diese innere Sicherheit fördern wollen, müssen wir für eine Ausgewogenheit zwischen der Bequemlichkeit der Sicherheit und dem Wagnis einer Herausforderung sorgen. Selbst wenn wir selber kein Freund von Veränderungen sind: Unsere Kinder müssen lernen, sich darauf zu freuen. Wayne Dyer drängt in seinem hilfreichen Buch *Glück der positiven Erziehung* darauf, den Kindern das Gefühl zu geben, sie seien ganz Herr ihrer selbst. Ängste und übermäßige Vorsicht sollten sie als selbstauferlegte Beschränkungen begreifen.

Dyer fährt fort, ein Kind müsse lernen, wie man scheitert, das Scheitern als eine Herausforderung zu begreifen und es nicht mit einer persönlichen Niederlage zu verwechseln.

> Wir sollten unseren Kindern von Anfang an beibringen, daß Scheitern nicht nur akzeptabel, sondern sogar absolut unumgänglich ist, wenn sie Menschen mit unbegrenzten Möglichkeiten werden wollen...
> Junge Menschen, die Angst vor dem Scheitern haben, sind in der Regel von der Idee der Leistung besessen. Sie neigen dazu, ihren Erfolg und ihre persönliche Wertschätzung an äußerlichen Leistungen zu messen... innere Werte gelten als bedeutungslos. Statt dessen bedeuten ihnen Geld, Ruhm und ein Diplom etwas.

Dyer schreibt über Kreativität: »Ich bin der festen Überzeugung, daß alle Kinder kreativ sind und daß wir durch die Art unseres Verhältnisses zu Kindern diese natürliche Kreativität entweder fördern oder entmutigen.«
Er führt sieben Hauptpunkte einer kreativen Vorgehensweise bei der Erziehung von Kindern an (Anmerkungen dazu in Klammern):

1. ein Gefühl der Unabhängigkeit;
2. keine Etikettierung;
3. persönliche Integrität (Ehrlichkeit sich selbst gegenüber, das Gefühl, auch dann mit sich im reinen zu sein, wenn man Fehler macht, und man für die Wahrheit gelobt und nicht bestraft wird);
4. niemals Angst vor der eigenen Größe zu haben (Helden sollten nicht als bedeutender empfunden werden als man selbst, trotzdem können sie als Vorbilder dienen, um Kindern zu zeigen, was sie erreichen können);
5. Intensität des Bewußtseins (unterstützen Sie die Intensität der Anteilnahme Ihrer Kinder durch Spiele und Gedankenspiele. »Kinder sollten Ihnen Lob und Anerkennung für ihre eigenen Scherze und Spiele an den Augen ablesen können. Der Eifer, den sie für diese Dinge aufbringen, überträgt sich auf ganz natürliche Weise auf ihre späteren Leistungen.«);
6. Ausdauer (»Helfen Sie ihnen, niemals aufzugeben, wenn ihnen etwas wichtig ist. Das Wort «unmöglich» sollten sie nicht einmal denken, und sie sollten lernen, wie wertvoll es ist, bis zum Ende bei einer Sache zu bleiben.«);
7. gedankliche Unabhängigkeit (Ermutigen Sie das Stellen von Fragen; bringen Sie ihnen bei, Alltagsweisheiten zu hinterfragen und eigene Theorien zu entwickeln... seien Sie gedanklich für alles offen und nicht allzu kritisch).

Dyer führt auch die Eigenschaften des begabten Kindes an. Es
- spielt und erfindet gerne neue Spiele,
- fragt ständig »warum«,
- beschneidet sich nicht seine eigenen Ideen, sondern verschafft ihnen Gehör,
- ist bereit, sinnvolle Risiken einzugehen,
- arbeitet oder lernt gerne allein,
- sieht in allem möglichen ein »Spielzeug«,
- beschäftigt sich gerne mit Puzzles, Bauklötzen, Irrgärten und Spielzeug, durch das es ständig zu neuen Überlegungen herausgefordert wird,
- macht gerne Experimente, probiert gerne etwas Neues,
- läßt sich seine Gefühle deutlich im Gesicht anmerken,
- mag neue Situationen,
- hat keine Vorurteile und tritt keinen Cliquen bei,
- lernt sehr schnell aus seinen Fehlern,
- hat Sinn für Humor.

Vielleicht gefällt Ihnen die folgende, wenn auch möglicherweise nicht ganz wahre Geschichte über einen Reporter, der einem älteren Politiker das Geheimnis seines Erfolges entlocken soll. »Mein Geheimnis? Ein gutes Urteilsvermögen«, meinte der Politiker. Das war längst nicht genug für die 1.200 Worte, die der Reporter zu schreiben hatte. »Und wie kommt man zu einem guten Urteilsvermögen?« konterte er. »Erfahrung«, lautete die Antwort. So leicht wollte der Reporter nicht aufgeben. Also stellte er die Frage, die sich jetzt anbot: »Und wie bekommt man Erfahrung?« — »Durch schlechtes Urteilsvermögen.« Damit war das Interview beendet. Und ebenso die Lektion.

3. Talente und Kreativität

Phantasie ist ein Schlüsselelement kreativen Talents. Kreatives Talent geht weit über die Synthese hinaus, die sich auf das Verbinden bereits vorhandener Faktoren zu einer innovativen Kombination beschränkt. Es beginnt mit einem Standpunkt, einer Geistesverfassung, einem Zustand und erzeugt etwas Neues als Produkt einiger oder aller dieser Elemente.

Der kreative Mensch wird von einem Gefühl für innere Werte geleitet; öffentliche Anerkennung kann ihn über die eigene Enttäuschung über seine Leitung nicht hinwegtrösten. Umgekehrt kann Kritik einen von sich überzeugten Künstler nicht erschüttern. Hier liegt der Unterschied zwischen Kunst und Unterhaltung. Darüber hinaus betrachten kreative Menschen die Dinge von allen Seiten, sie experimentieren mit den zur Verfügung stehenden Mitteln, sie überschreiten die Grenzen ihres Auftrags; sie leben in widersprüchlichen Situationen anstatt sich von Konflikten einschüchtern zu lassen, und sie nehmen sich die Freiheit, entgegengesetzte, unorthodoxe oder ausgefallene Meinungen zu äußern. Durchaus vorstellbar, daß sie sich mit größtem Eifer in einer Auseinandersetzung für die eine oder andere Seite engagieren, um sich vielleicht schon am nächsten Tag mit der gleichen Überzeugungskraft für das Gegenteil einzusetzen.

Im Zusammenhang mit der Förderung des Talents Ihres Kindes verweisen wir auf eine von Benjamin Bloom und seinem Forschungsteam geschriebene wegweisende Studie *Developing Talent in Young People* (Talentförderung junger Menschen) über Ermutigung, Entschlossenheit, Herausforderung und Belohnung in der Kindheit, sowie die Auswirkungen elterlicher Erziehungsmethoden bei hundertzwanzig »äußerst talentierten« Personen auf dem Gebiet theoretischer, psychomotorischer und künstlerischer Fähigkeiten. Daraus geht eindeutig hervor, daß die häusliche Atmosphäre den entscheidenden Rahmen für die Entwicklung dieser Karrieren gebildet hat. Trotzdem will dieses Buch Ihnen nicht etwa vorschreiben, was Sie mit Ihren Kindern tun sollen. Es zeigt jedoch die Gemeinsamkeiten der befragten Familien auf, und dabei kommt Erstaunliches zutage.

Folgende Gemeinsamkeiten entdeckte Blooms Team: Die ersten Denkübungen, die gelernt wurden, machten Spaß und waren eher entspannend; die ersten Lehrer waren voller Lob, es mangelte ihnen aber an pädagogischen Techniken; das Zuhause bildete eine positive und anregende Umgebung; die Eltern waren hilfreich und unterstützten aufopferungsvoll die Entwicklung dieser Weltklassetalente, manchmal sogar zum Nachteil von Geschwistern und dem Wohlergehen der gesamten Familie.

4. Intuition und Kreativität

Möglicherweise ist ein Kind mit starker Intuition auch sonst weiter entwickelt als andere. Ermutigen Sie es zu Tagträumen, Phantasien und einfallsreichen Unternehmungen. Konfrontieren Sie es unter Zuhilfenahme von Büchern mit anderen Kulturen, Philosophien, Zeiten und anderen Gesichtspunkten. Hierbei können Sagen, Fabeln und Märchen hilfreich sein.

Alle kreativ begabten Kinder haben eines gemeinsam: Sie sehen über das Konkrete und Greifbare hinaus. Die Fähigkeit, Abstraktionen zu verstehen, ist nach Aussage von Eltern eines der ersten Anzeichen für Begabung. Ein sehr gutes Beispiel ist die Zeit, eine rein abstrakte, von Menschen erdachte Konvention, mit der eine abstrakte Idee erklärt wird. Ein Kind, das Ereignisse miteinander verbindet, Verbindungen zieht und sich mit Gedanken wie »noch acht Tage bis zu meinem Geburtstag«, »das, was vorgestern passiert ist« oder »was heißt es, wenn man viereinhalb Jahre alt ist« auseinandersetzt, ist seinen Altersgenossen auf dem Weg in eine noch kompliziertere Zukunft um einiges voraus.

Literatur eignet sich hervorragend zur Ausweitung von Gedanken, denn sie bewegt sich auf der Grenze zwischen dem Konkreten und dem Abstrakten. Mit ein wenig Phantasie kann ein Kind die kompliziertesten Theorien in kleinen, handlichen Stücken gedanklich verarbeiten.

Hierfür sind auch Hörspiele hervorragend geeignet; leider werden sie heute viel zu selten gesendet.

Glücklicherweise hat das Vorlesen von Büchern den gleichen Effekt, vor allem bei Kindern, die selbst noch keine geübten Leser sind. Wie wir schon im vorigen Kapitel betont haben, gibt es keinen Ersatz für die Zeit, in der man kleinen Kindern etwas vorliest. Nichts fördert die Kreativität Ihres Kindes mehr, als wenn es Ihnen beim Vorlesen zuhört.

Eine gute Einstiegsübung könnte Mary Poppins mit ihren metaphysischen Fähigkeiten sein, Bücher und Schallplatten über diese Figur sind überall erhältlich.

Kinder mögen es, wenn die wirkliche Welt sich mit Phantasiewelten vermischt. Gerade die unmöglichsten Dinge sind für wißbegierige Kinder von größtem Interesse. Madeleine L'Engle, eine bekannte amerikanische Kinderbuchautorin, erinnert sich in einer Radiosendung an diese Problematik:

> Als ich *Die Zeitfalte* schrieb, hatte ich keine besondere Altersgruppe im Sinn; ich schrieb einfach über Dinge, die mich faszinierten... Ich hielt es für ein tolles Buch. Daher war ich auch nicht auf monatelange Ablehnung vorberei-

tet. Das Buch ist sogar für manchen Erwachsenen nicht leicht. Die Verleger lasen es also, verstanden es nicht, und nahmen daher an, Kinder könnten es auch nicht verstehen. Als dann mein gegenwärtiger Verleger... es in die Hände bekam, nahm er an, Kinder könnten es frühestens ab der Mittelstufe verstehen. Es hieß: »Also, meine gute, wir glauben nicht, daß sich das Buch verkauft, wir verlegen es aus reiner Gutmütigkeit, seien Sie also nicht enttäuscht, wenn es nicht gut geht.« Und als es dann wie eine Bombe einschlug, waren alle aus dem Häuschen.
Meine Kinder waren sieben, zehn und zwölf Jahre alt, als ich es schrieb. Ich las es ihnen zur Schlafenszeit vor. Dann setzte ich mich wieder an meine Schreibmaschine. Ich wußte also, daß Kinder es verstehen konnten..., und meine Kinder hatten dabei überhaupt keine Schwierigkeiten. Erst einmal interessierten sie sich für die Geschichte, solange die Geschichte sie fesselte. Ein anderer Autor... sagte mir: »Ich las *Die Zeitfalte*, als ich ungefähr zehn war. Ich verstand es nicht, wußte aber, um was es ging.« Eine herrliche Art, es auszudrücken: Die Kinder wußten, um was es ging.

Zur Fähigkeit von Kindern, auch komplizierte Gedanken anzugehen, sagt L'Engle:
Erstens schreibe ich nie für Kinder, ich schreibe für mich selbst. Ich glaube nicht, daß man Bücher von vorneherein für eine bestimmte Altersgruppe schreiben sollte. Sie sind für Menschen gemacht, die gerne lesen. Und wenn sie von den menschlichen Nöten handeln — von dem, was die Menschen interessiert —, gibt es keine Altersgrenzen. Dickens hat für die Menschen geschrieben. Ich habe *David Copperfield* gelesen, als ich acht oder neun war.

Zum Glück sagt Vickys Mutter (eine Figur aus dem Buch *A Ring of Endless Light* — Ein Ring aus ewigem Licht) nicht, »das wirst du verstehen, wenn du alt genug bist«, denn erstens werden wir nie etwas wirklich verstehen; was wir brauchen, ist die Fähigkeit, immer neue Fragen zu stellen. Entscheidend ist, die richtigen Fragen zu stellen und sich nicht durch endgültige, unwiderruflich festgelegte, kleinkarierte Antworten einschränken zu lassen.

L'Engle befaßt sich häufig mit dem Konflikt zwischen der positiven und der dunklen Seite menschlichen Seins. Ihre Figuren sehen sich mit den komplizierten Dingen des täglichen Lebens konfrontiert, mit denen sie dann umgehen müssen. Wie die Autorin sind sie in einem festen Glauben verankert, der ihnen Kraft verleiht, und sie können Risiken eingehen, die auch die Möglichkeit des Scheiterns beinhalten — für Kinder ist dies ein wichtiges Vorbild, denn auch sie werden ähnliche Entscheidungen treffen müssen.

Das laute Vorlesen wird vielleicht zu gründlichem Nachdenken anregen. Es ist daher äußerst hilfreich, für Inseln der Ruhe im Leben Ihres Kindes zu sorgen. Selbst in großen Familien oder unter beengten Wohnverhältnissen sollte es Zeit zum Alleinsein und einen stillen Ort zum Nachdenken geben.

Kreatives Lernen fördern

Mittlerweile haben Sie sich vermutlich schon selbst ein halbes Dutzend Möglichkeiten überlegt, wie Sie die Kreativität Ihres Kindes im Alltagsleben Ihrer Familie fördern können. Fangen Sie umgehend damit an, und suchen Sie immer weiter nach neuen Ideen!

Im folgenden ein paar erste Vorschläge, aus denen Sie dann Ihre eigenen Ideen entwickeln können:

- Ermuntern Sie zum Geschichtenerzählen. Wechseln Sie sich beim Weitererzählen ab, benutzen Sie einen Küchenwecker, um zu signalisieren, wann der nächste an der Reihe ist. Im Auto können Sie statt dessen irgendeinen Orientierungspunkt oder den Tachometer verwenden.
- Unterbrechen Sie nie ein Kind, das gerade in eine kreative Tätigkeit vertieft ist. Geben Sie ihm einen Platz, an dem ein unfertiges Projekt trotz allen Durcheinanders liegenbleiben kann.
- Lassen Sie reichlich Spielraum in Ihrem Zeitplan. Für das Essen und das Schlafengehen sollte es feste Zeiten geben, seien Sie aber in allen anderen Belangen flexibel.
- Suchen Sie nach Möglichkeiten, bestimmte Themen einzubeziehen. Halten Sie Augen und Ohren offen für Verbindungen, Brücken, Parallelen, und stellen Sie gezielte Fragen, um Ihrem Kind zu helfen, diese Verbindungen nachzuvollziehen. (Klappt das nicht, überrumpeln Sie Ihr Kind damit.)
- Stellen Sie eine bunte Vielfalt an Arbeitsmaterialien zur Verfügung — das können auch Dinge sein, die Sie eigentlich schon wegwerfen wollten: Eierkartons, Plastikverpackungen, Pappschachteln, Bindfaden, Klebeband, leere Papprollen, Verschlüsse von Brotpackungen, Teppichbodenreste. Halten Sie Ausschau nach Firmen, die ihren Namen oder ihr Logo ändern, wo ein neuer Partner hinzukommt oder deren Adresse sich ändert. Manchmal wird dann tonnenweise bestes Schreibpapier weggeworfen — und ein Wasserzeichen macht sich bei Ihren Meisterwerken vielleicht ganz gut.

- Lassen Sie sich von Ihrem Kind bei der Reiseplanung helfen; seien Sie offen für Vorschläge, die die Fahrstrecke, Abstecher, Verpflegung und Etappen betreffen. Ermuntern Sie unterwegs weitschweifige Diskussionen. Dann vergehen die Stunden und die Kilometer wie im Nu.
- Egal, wie viele Kinder Sie haben oder wieviel Sie im Beruf arbeiten müssen, — es gibt keinen Ersatz für die Zeit, die Sie mit jedem Kind allein verbringen. Tun Sie es, so oft Sie können.
- Ermuntern Sie zu phantasievollem Spiel mit gewöhnlichen Haushaltsgegenständen. Eine begabte Vierjährige hielt während ihres allabendlichen Bades Unterrichtsstunden ab. Ihre Schüler waren leere Shampoo- und Spülmittelflaschen. Jeder aus der Klasse hatte einen eigenen Namen und eine eigene Persönlichkeit. (Am Ende mußte ihre Mutter die Klassengröße beschränken, da die Anzahl der Flaschen dreißig überschritten hatte und sie das gesamte Badezimmer einzunehmen drohten.)
- Unterstützen Sie alle Einfälle und Ideen; kritisieren Sie nicht, sondern bitten Sie Ihr Kind darum, Ihnen mehr darüber zu erzählen. Widmen Sie den Ideen Ihres Kindes Ihre ganze Aufmerksamkeit und helfen Sie ihm dabei.
- Lassen Sie Ihrem Kind so oft wie möglich freien Zugang zu Küche, Werkstatt, Garage oder anderen Orten, wo gerade gearbeitet wird.
- Gehen Sie häufig in die Stadtbücherei. Dort sollten Sie sich auskennen; machen Sie sich mit dem Personal bekannt. Achten Sie auf Neuerwerbungen, Drucke, Spiele, Kunstwerke und Software.
- Ermuntern Sie zu freiem Gestalten, zu »Müllskulpturen« aus irgendwo gefundenem Material. Das ist besser als vorgefertigtes Plastilin aus der Packung, bei dem übermäßig

viele Anleitungen jede Kreativität ersticken. (Bekommt Ihr Kind solches Spielzeug geschenkt, ermuntern Sie es wenigstens, es anzumalen oder sonstwie zu verzieren oder umzugestalten.)
- Bleiben Sie bei Ihren Vorhaben bescheiden, so daß sie sich mit einem guten Gefühl zu Ende bringen lassen — sie sollten eine Herausforderung darstellen, aber auch zu meistern sein.
- Vergleichen Sie nie die kreativen Arbeiten eines Kindes mit denen eines anderen.
- Ermuntern Sie Ihr Kind zu immer neuen Interessen, weiten Sie sie aus. Dabei sollten Sie auf Anzeichen der Ermüdung achten und gegebenenfalls sofort aufhören oder zu einem neuen Thema übergehen.
- Zeigen Sie Ihrem Kind, daß Sie darauf vertrauen, daß es vernünftig und verantwortlich handelt. Dieses Vertrauen ist immens wichtig, damit Ihr Kind lernen kann, Risiken einzugehen.

Zwei begabte Mädchen: Liz und Sarah

Als Vorbereitung auf die Beschäftigung mit den kreativen Seiten unserer eigenen Kinder lohnt es, sich die Kindheitsgeschichte zweier Mädchen genauer anzusehen. Leonora Cohen vom Institut für Talentierte und Begabte an der University of Oregon in Eugene schrieb einen Bericht mit dem Titel »Indianischer Sommer«, indem sie den vergangenen Sommer beschreibt, als die Geschichte und Kultur der nordamerikanischen Indianer die Gedanken ihrer Tochter Liz beherrschten. Anschließend beschreibt uns eine junge Frau namens

Sarah ihre phantasievollen Vorstellungen, die ihr noch bis in das Erwachsenenalter Halt geben, obwohl sie während ihrer Kindheit nicht immer unterstützt worden waren.

Die Mutter von Liz schreibt:

> Schon bevor Liz laufen konnte, fühlte sie sich draußen am wohlsten, wo sie Ameisen beobachten konnte und das Moos in den Sprüngen im Pflaster. Kurz nach ihrem dritten Geburtstag bat sie uns, sie allein im Wald zu lassen, damit sie die Wunder unter jedem Stein erforschen konnte. Mit vier Jahren erklärte sie: »Diese Pilze werden blau, wenn ich sie in Wasser und Schlamm lege.« Anschließend führte sie das Experiment durch.
>
> Der Sommer des Jahres 1986 war für Liz ein indianischer Sommer. Damals war sie sieben. Bücher über die Ureinwohner Amerikas hatten ihre Phantasie angeregt. Sie war der festen Überzeugung, die Seele eines Indianers zu haben, da sie solche Ehrfurcht vor der Natur hatte. Die Gebete der Irokesen vor dem Schlachten oder Töten eines Tieres faszinierten sie. Sie bestand darauf, unseren Stammbaum nach indianischem Blut zu durchforsten. Das war nicht ganz einfach, da wir russisch-brasilianischer und polnischer Abstammung sind. Aber mit Hilfe einer Landbrückentheorie gelang es uns, unsere kleine Tochter zufriedenzustellen.
>
> Dann wollte sie ein Indianerzelt, ein Tipi bauen. Ihr Vater half ihr beim Suchen, Abästen und Zusammenbinden von acht drei Meter langen Stangen, über die mit indianischen Symbolen verzierte Tücher gespannt wurden. Ganz allein fertigte sie eine Hütte im Wald an, indem sie Äste zwischen dicht zusammenstehenden Bäumen verflocht, Blattwerk darüber legte und das Ganze mit Blättern und Erdreich abdeckte. Dort hinein hängte sie Talismane, die auch für ei-

nen Indianer von Bedeutung gewesen wären — eine Vogelfeder, einen Maiskolben, einen toten Salamander, den sie auf der Straße aufgelesen hatte. Sie fand einen Mühlstein und einen flachen Stein mit einer Mulde und verbrachte ganze Tage damit, Popcorn zu Mehl und Schrot zu mahlen. Sie stellte Dörrfleisch aus Wild her, nachdem sie gelernt hatte, wie man Fleisch über dem Feuer räuchert — was mitten im Juli ein ziemlich schwieriges Unterfangen ist, denn die Jagdsaison beginnt erst im November. Voller Zuversicht ließ sie es volle 24 Stunden nicht aus den Augen.
Kinder brauchen die Freiheit, ihren Interessen nachgehen zu können. Manchmal muten wir ihnen vielleicht zuviel zu, halten vieles für Zeitverschwendung. Ich habe zwar überhaupt nichts gegen geplante Unternehmungen wie ein Zeltlager, Unterricht, Exkursionen in der jeweils richtigen Dosierung, trotzdem müssen wir lernen, auf die Bedürfnisse unserer Kinder zu achten und ihnen mehr Eigenverantwortung bei der Gestaltung ihrer Welt zuzugestehen. Wir können ihnen das Gerüst liefern, das ihre gesamte Entwicklung stützt.

Zum Schluß erzählt Sarah uns ihre Kindheitserlebnisse mit ihren eigenen Worten:

Alle Kinder lesen gerne, stimmt doch, oder? Falsch. Ich nicht. Als Zweijährige fand ich Kinderbücher langweilig. Nachdem ich ein paar Seiten aus reiner Höflichkeit über mich hatte ergehen lassen, kletterte ich vom Schoß meines Vorlesers, schnappte mir ein anderes Buch und erfand zu den Bildern, die ich sah, neue, andere Geschichten. Es war viel aufregender, in neue Welten aufzubrechen, wo wilde, exotische und unglaubliche Dinge mich erwarteten.
Als ich dann ins Kindergartenalter kam, verbrachte ich viele

Stunden damit, mit mir selbst zu sprechen, seltsame Kleider zu tragen, wildfremden Menschen Fragen zu stellen, mich in Nachbars Garage zu verstecken und meine Familie aus meinem Lieblingsbaumversteck aus heimlich zu beobachten. Ich war der festen Überzeugung, ich könnte jemandem bei einem gemeinen Verbrechen ertappen, das außer mir oben in meinem Baumversteck niemand sehen würde, oder ich könnte Mitglied einer heldenhaften Bande werden, die ein kreischendes Opfer aus den Klauen des grauenhaften Schicksals befreit. In meiner Phantasie hielt ich Predigten, unterrichtete in der Schule, arbeitete als Bibliothekarin, war ich Kapitän auf der *Queen Elizabeth II*, ein Fischer auf hoher See, eine Hexe, eine Vogelmutter im Park, ein Waisenkind, ein Feuerwehrmann und ein Eisenbahner. Mein Lieblingszeitvertreib war es, alte Frauen aus brennenden Häusern zu retten. Ich badete in ihrem Lob, wenn sie der Presse lang und tränenreich erzählten, wie ich durch das brennende Feuer gesprungen war, alle Laken zusammengeknotet hatte und unverletzt mit ihr mitten durch das Flammenmeer hinabgeklettert war. Ich war vier Jahre alt, und völlig damit zufrieden in einem Land zu leben, das mir allein gehörte, auch wenn es nicht leicht war. Um zu überleben, mußte ich meine Wildheit zügeln und mir ein etwas menschenwürdigeres Aussehen verleihen.

Dann zogen wir nach England, in eine kleine Industriestadt in Yorkshire, und plötzlich war ich von Situationen und Personen umgeben, die meine Phantasie erneut anregten. Schornsteinfeger, Fensterputzer und Bobbies wurden meine Freunde. Mrs. Evans, eine rundliche, immer gut gelaunte Frau aus Yorkshire, die nebenan wohnte, lud mich regelmäßig zu Tee und Gebäck ein.

Mein Freund Guy und ich liefen oft den Hügel zu den Ge-

leisen hinunter, auf denen die Züge vorbeihuschten, und schrieben uns ihre Nummern auf. Wenn jemand sie überfiel, wußten wir die Nummer und konnten sie der Polizei sagen. Wir bewahrten die Nummern auf Zetteln in einer kleinen Blechdose auf und zeigten sie niemandem!
Das traurigste Erlebnis aus dieser Zeit war vielleicht mein Hinauswurf aus der Schauspielklasse. Theaterspielen gehört in England zum ganz normalen Stundenplan. Für eine Stunde erklommen wir die Stufen der Phantasie, und ich freute mich jeden Tag aufs neue. Meine Mutter beschwerte sich jedoch, daß ich, seit ich in dieser Klasse war, bis nach Mitternacht aufblieb und (mehr als sonst) voller Haß mit mir selbst redete. Das waren aufregende Augenblicke, nachts alleine im Dunkeln.
Das Problem war, daß die Erwachsenen keine Ahnung hatten, womit ich es zu tun hatte. Ich fühlte mich wie ein kleines Schulmädchen, das einzuschlafen versuchte, während sich mein Zimmer mit Leuten geradezu füllte! Und diese Leute nahmen mich stark in Anspruch: Ich hatte zwei Familien, eine mit drei, eine mit zwei Kindern, einen älteren Mann, der nie seinen Namen preisgab, der aber ganz England mit einem Rucksack voller Dosensuppen durchwanderte (ein wirklich lustiger Bursche), einen Fabrikarbeiter namens Harvey, der sich nie die Schuhe zuband, und dazu noch verschiedene grüne und rubinrote Elfen aus Irland, die mich aber nur ein einziges Mal besuchten.
Meine Eltern sprachen sich also mit der Schule ab, und man kam darin überein, ich sei »überstimuliert« und sollte daher aus der Theaterklasse genommen werden. Ich war am Boden zerstört. Ich hatte das Gefühl, für meine Phantasie bestraft zu werden. Außerdem war es das einzige, auf das ich mich in der Schule und überhaupt jeden Tag freute.

Heute führe ich immer noch Selbstgespräche, aber jetzt habe ich mir die Erlaubnis dazu gegeben. Ich bin immer wieder überrascht, wie oft ich deswegen Schuldgefühle habe. Zum Glück behalte ich bei dieser Auseinandersetzung immer die Oberhand. In der Phantasie liegt der wahre Unterschied zwischen Hoffnung und Verzweiflung. Letzten Winter stapfte ich mit einer Freundin durch den Schnee. Sie beklagte sich über das Wetter, weil sie durch dieses fürchterliche Zeug stiefeln mußte, wie langweilig es im Zug war, und wie mühselig, jeden Tag darauf angewiesen zu sein. Ich sagte nur: »Mir macht das gar nichts aus, denn ich stelle mir einfach vor, ich sei monatelang in einem schrecklichen Arbeitslager in Sibirien gewesen, wo ich nichts als trockene Brotkrusten und fettige Brühe zu essen bekommen hatte, und jetzt hätte man mich freigelassen, und dies sei der letzte Zug, der von diesem Bahnhof in die Freiheit fährt, dorthin, wo es warm ist und es etwas Gutes zu essen gibt.«
»Du spinnst«, sagte sie.
Gut möglich. Aber ich bin glücklich dabei. Für Kinder bedeutet Phantasie Freiheit, und oft ist sie das erste, was sie in der Schule verlieren. Kinder reagieren mit Verzweiflung auf den Verlust ihrer Phantasie, die für sie lebensnotwendig ist. Sie brauchen weder Therapie noch Unterhaltung, weder Computerspiele noch Schokolade oder Videokameras. Sie brauchen ihre eigenen kreativen Vorstellungen, und wenn sie die verloren haben, müssen Eltern und Lehrer ihnen dabei helfen, sie wiederzufinden. Meine Phantasie ist meine Rettung, und daran werde ich festhalten, und wenn es das letzte ist, was ich tue. Es ist tatsächlich der letzte Zug, der aus diesem Bahnhof abfährt, aber ich werde drin sitzen.

6. KAPITEL

Vor- und Grundschule: Wann und welche

Früher oder später müssen Eltern einige grundlegende Entscheidungen bezüglich der Schule treffen. Dabei sind alle auf der Suche nach der richtigen Mischung aus Inhalten, dem Zeitpunkt und dem besten pädagogischen Konzept. Wir wissen, daß unsere Kinder Ermunterung brauchen, Anregungen und eine positive und liebevolle Umgebung, nur zu welchem Zeitpunkt brauchen sie dies, wie soll es aussehen, und wo läßt es sich finden?
Der verständliche Wunsch aller Eltern, nur das Beste für ihr Kind zu wollen, überträgt sich auf die Erziehung, manchmal jedoch aus den fragwürdigsten Gründen. In manchen Gegenden, wo jeder auf den Nachbarn schielt, bekommen Sie vielleicht zu hören, daß Sie Ihr Kind *unbedingt* auf diese oder jene Vorschule schicken müssen. Lassen Sie sich nichts einreden. Sollte diese Vorschule freitags die Pforten dichtmachen, würde sich Ihr Viertel dann am Montag in eine Geisterstadt verwandeln? Natürlich nicht. Das Leben ginge weiter. Eltern wird oft auch eingeredet, wenn sie ihr Kind nicht für ein halbes Dutzend Kurse anmelden, vernachlässigen sie sein Talent und behindern seine emotionale und geistige Entwicklung. Unsinn. Was für Ihr Kind richtig ist, hängt ab von seinem Lernstil, sei-

nen Stärken, seiner Entwicklung und der Mischung aus formellen und informellen Angeboten zur geistigen Anregung in Ihrer Gegend. Kein Buch kann Ihnen genaue Auskunft darüber geben, was für Ihr Kind in Ihrer Umgebung genau das richtige ist. Wir hoffen, Sie mit dem nötigen Rüstzeug zu versehen, so daß Sie genug über Ihr Kind und die Schulen in Ihrer Nähe herausfinden können, um eine wohlüberlegte Entscheidung zu treffen.

Die beiden ersten Entscheidungen, denen sich Eltern gegenüberstehen sind: Wann sollen sie mit der Vorschulausbildung beginnen (mit drei, vier oder fünf Jahren?), und für welchen Schultyp sollen sie sich entscheiden (eine öffentliche, kirchliche, private oder ganz eine andere?)

Zuerst ein paar Anmerkungen zur Vorschule. Die meisten Vorschulen leisten bei dem, was sie tun, gute Arbeit; wenn Sie wissen, was sie tun, werden Sie nicht enttäuscht werden. Ihr Besuch ist keine Pflicht. Sie brauchen auch keine Schuldgefühle zu bekommen, wenn Ihr Kind nicht auf die »beste« kommt. Sie brauchen sich nicht einmal zu rechtfertigen, wenn Sie das gar nicht erst versuchen. In einer Untersuchung über die frühe Kindheit vieler bekannter Persönlichkeiten aus dem öffentlichen Leben ist häufig die Rede von einem späten Schuleintritt, und ganz selten nur von Vorschulen. Sie brauchen nicht das Gefühl zu haben, Ihr Kind zu vernachlässigen, wenn Sie kein Vorschulprogramm entdecken können, das auf seine Bedürfnisse zugeschnitten ist.

Barbara Clark schreibt in der dritten Auflage von *Growing Up Gifted*:

> Je mehr Erfahrung ein Kind über drei Jahren mit schulischer Erziehung hat, desto besser entwickelt sich dieses Kind in intellektueller, sprachlicher, persönlicher und sozialer Hinsicht — deutlich besser als Kinder aus Program-

men, deren Hauptaugenmerk freies Spielen war. ...Denken Sie immer daran, das Wichtigste am Lernen in frühen Jahren ist nicht die vermittelte Information, sondern das Lernen von Vorgehensweisen und das Entwickeln von Einstellungen. Die intellektuellen Fähigkeiten von Kindern entwickeln bedeutet im Grunde nichts anderes, als sie bei ihrer körperlichen, emotionalen und sozialen Entwicklung zu unterstützen, ihnen zu helfen, ihre Erkenntnisfähigkeit und Intuition zu entwickeln.

Unserer Meinung nach bietet das Zuhause eine vollkommen angemessene Umgebung für diese »Erfahrung mit planmäßiger Erziehung«. Eltern, die ihren Kindern ein reichhaltiges Umfeld bieten können, wie wir es in den vorangegangenen Kapiteln behandelt haben, brauchen keine Angst zu haben, sie müßten das, was ohnehin bereits geschieht, durch zusätzliche Programme von außen ergänzen. Es gibt jedoch eine Reihe von Anzeichen für einen besonderen Bedarf, der von einer Vorschule abgedeckt werden könnte:

- Jüngere Geschwister, die die Eltern ablenken,
- Die Notwendigkeit der Interaktion mit anderen Kindern aus Gründen der Sozialisierung oder des Spracherwerbs,
- Eltern oder Hauptbezugspersonen brauchen Zeit für andere wichtige Dinge,
- Es kann kein Erziehungsumfeld geschaffen werden, in dem ein Kind sich unter Aufsicht und in einer anregenden Umgebung beschäftigen kann; außerdem ist die Versorgung nicht ausreichend gesichert.

Gelegentlich werden Untersuchungen vorgenommen, die zeigen sollen, welchen Vorsprung ein Vorschulabsolvent in der Grundschule hat. Demnach ziehen dabei Kinder aus benachteiligten Familien den größten Nutzen aus ihrer Zeit in der Vorschule. Kinder, die vor der Vorschule bereits zu Hause aktiv und sinnvoll angeregt wurden, wiesen nach den ersten Monaten in der Schule gegenüber ihren Altersgenossen keine Unterschiede auf.

Auch wenn sich herausstellt, daß ein Jahr in der Vorschule für Ihr Kind eine wunderbare Erfahrung ist, bedeutet das noch lange nicht, daß zwei Jahre noch besser wären. Viele Experten empfehlen für die meisten Kinder ein Jahr. Der Trend scheint zwar zu zweijährigen Vorschulprogrammen zu gehen, vergessen Sie trotzdem nie, daß niemand Ihr Kind so gut kennt, wie Sie selbst. Einige begabte Kinder sind schon mit drei Jahren soweit, daß sie die Welt in Angriff nehmen können. Andere brauchen die Geborgenheit und Nähe der Eltern, und finden vielleicht zu Hause genügend Anregungen.

Burton White bemerkt abschließend in seinem Buch *Educating The Infant and Toddler*:

Es gibt in der Tat keinerlei stichhaltige Beweise dafür, daß die Erfahrungen in der Vorschule in sozialer oder geistiger Hinsicht langfristig irgendwelche Vorteile böten. Ein Kind aus einer normalen, umsorgten Familie wird im geistigen und sozialen Klima seines Zuhauses in diesen Jahren ebensoviel lernen wie in einer guten Vorschule.

Viele Eltern bemühen sich, ihrem Kind so viele Anregungen zu bieten, wie es ihre Zeit und ihr Einfallsreichtum zulassen. Es gibt eine Vielzahl von Büchern voller Ideen, Anregungen für künstlerische Betätigungen und anderen Anreizen. Es gibt eine Menge von Möglichkeiten, wie sich Kinder im Vorschul-

alter beschäftigen können, man muß nur wissen, wo man suchen soll: Fragen Sie in der nächsten Volkshochschule nach, in der Stadtbücherei, bei Kirchen, der Stadtverwaltung, und hören Sie sich auf den Spielplätzen in Ihrer Gegend um. Spiel- und Krabbelgruppen kommen zur Zeit immer mehr in Mode; in einigen bemüht man sich tatsächlich ernsthaft um eine Erfahrung mit Gruppen gleichaltriger Kinder; andere haben jedoch nicht viel mehr zu bieten als ein umschichtiges Babysitten, das sich hinter einer wohlklingenden Formulierung verbirgt. Halten Sie Augen und Ohren offen, tauschen Sie sich mit anderen Eltern aus, um in Erfahrung zu bringen, was in Ihrer Gegend geboten wird.
Die Stadtbücherei bietet natürlich eine Menge an Informationen. Im letzten Jahrzehnt sind Hunderte von Büchereien über Lernprogramme für Kinder geschrieben worden, über Basteln, über die Entwicklung ihrer Fähigkeiten und über Lernspiele. Einige davon beschäftigen sich direkt mit Begabung. Sehen Sie sich um. In einigen Büchereien sind diese Bücher in einer speziellen Abteilung gleich neben der Spielecke für Kleinkinder untergebracht, damit Eltern sich dort umsehen können, ohne ihre Kinder aus den Augen lassen zu müssen.

Sollten Sie sich jedoch zu irgendeiner Form der Vorschule entscheiden wollen, empfehlen wir Ihnen, sie sorgfältig mit anderen zu vergleichen. Es folgt eine Liste der Dinge, auf die Sie achten sollten:

Die Lehrer
— Wie interagieren sie mit den Kindern?
— Mögen sie die Kinder wirklich?
— Sind sie glaubwürdig oder sprechen Sie mit gekünstelter Stimme in herablassendem Ton?

— Stellen sie Wissensfragen oder offene Fragen?
— Hören sie zu, wenn Kinder antworten?

Das Umfeld
— Ist es attraktiv, interessant, anregend, farbig?
— Ist es wandelbar?

Aktivitäten und Veranstaltungen
— Gibt es eine Vielzahl verschiedener Aktivitäten unterschiedlicher Schwierigkeitsgrade, so daß alle Kinder angemessen gefördert werden?
— Beziehen diese alle vier Bereiche integrativer Erziehung ein (Denken, Emotionalität, Intuition, physische Reize)?

Es gibt nichts, was den Besuch einer Unterrichtsstunde ersetzen könnte. Gehen Sie nicht nur am Elternabend hin. Sehen Sie sich eine ganz normale Unterrichtsstunde an. Achten sie auf den Austausch zwischen Erwachsenen und Kindern. Wie behandeln sich die Kinder gegenseitig? Welchen Eindruck bekommt man in den Gängen? Welchen Eindruck machen die Kinder, wenn sie morgens zum ersten Mal das Klassenzimmer betreten? Und wenn sie wieder gehen?
Vergessen Sie dabei auch nicht, daß es um ein ganz bestimmtes Kind geht. Eine Situation, in der Ihr älteres Kind aufgeblüht ist, könnte für seinen Bruder eine Katastrophe werden. Ein Lehrer, der mit 95 Prozent der Kinder hervorragend zurechtkommt, nützt Ihnen nichts, wenn Ihr Kind zu den anderen 5 Prozent gehört.
Achten Sie besonders auf die Selbstdarstellung der Schule. Ist sie nur leeres Gerede, oder bemüht man sich, sie in die Tat umzusetzen?
Auch abgesehen von den formulierten Zielen und bunten Bro-

schüren sollte man die Personen einer genauen Betrachtung unterziehen, von denen das Wohl der Kinder abhängt. Im folgenden werden einige Eigenschaften aufgelistet, auf die man bei Lehrern für begabte Kinder achten sollte:

1. Hohe Intelligenz.
2. Ausgeprägtes Engagement im Umgang mit begabten Kindern und Lehrprogrammen.
3. Ausgeprägtes Selbstverständnis, emotionale Stabilität.
4. Kenntnis der gegebenen Möglichkeiten sowie die Fähigkeit sie zu nutzen.
5. Die Fähigkeit zu guter Zusammenarbeit mit den Eltern.

Es gibt eine Reihe von Unterrichtstechniken, die bei begabten Kindern nicht gut funktionieren. Bedient sich die Schule, die Sie ins Auge gefaßt haben, dieser Methoden, sollten Sie weitersuchen.
Folgende Fehler sollten vermieden werden:

1. Häufiger Gebrauch von Arbeitspapieren (hierbei sind nur die einfachsten Fähigkeiten gefragt, komplexeres Nachdenken wird vernachlässigt).
2. Häufiger Gebrauch von Wiederholungen (frühzeitig begabte Kinder lernen leichter und schneller als ihre Altersgenossen, Wiederholungen führen schnell zu Langeweile).
3. Diskussionen werden nur vom Lehrer geleitet.
4. Zwang zu Gruppenarbeiten.
5. Negative oder kritische Äußerungen über die Leistungen eines Kindes.
6. Materialien werden unter Verschluß gehalten.
7. Alles spielt sich nur am Tisch ab.

8. Kahle Wände, sterile »Ausstellungsflächen«.
9. Besuch in der Klasse ist nicht gerne gesehen.
10. Kinder dürfen sich gegenseitig kritisieren.
11. Selbständige, phantasievolle Versuche der Kinder werden nicht gefördert.

Eine Schule, die Ihnen gefallen könnte, sollte dagegen eine Reihe der folgenden Merkmale aufweisen, die mit den Bedürfnissen begabter Kinder und ihrer Art zu lernen im Einklang stehen:

1. Es wird eine Vielzahl von Gelegenheiten geboten, in der viele Antworten und Möglichkeiten akzeptabel sind.
2. Neue Ideen werden eingebracht; Materialien und Vorschläge werden außerhalb des Klassenzimmers eingeführt.
3. Alle werden zur Mitarbeit ermuntert (aber niemand gezwungen). Selbst ganz kleine Kinder brauchen Zeit zum Pausieren und Nachdenken, um einen Gedankengang zu Ende zu bringen, bevor sie mit dem nächsten beginnen können.
4. Die Möglichkeit zu eigenständigem Lernen wird geboten, individuelle Lernstile werden zugelassen, und dem einzelnen werden spezielle Möglichkeiten geboten.
5. Das Klima ist positiv bestärkend, offen und tolerant.
6. Papier und Schreibutensilien stehen *Jederzeit* zur Verfügung.
7. Man ist zu Zugeständnissen bereit, wenn es bei Gruppenarbeiten etwas lauter wird.
8. Aktivitäten werden in den unterschiedlichsten Umgebungen angeboten — auf Tischen, in Bücherregalen, in Lern- oder Informationszentren, draußen.

9. Es gibt genügend Orte, an denen die Kinder nach eigenem Ermessen ihre Arbeiten ausstellen können.
10. Man sieht es dort gerne, wenn ältere Mitbürger, Eltern, Großeltern und andere Ratgeber zu Besuch kommen und helfen.
11. Gleichaltrige werden zu gegenseitigem Lob und positiver Interaktion ermuntert.
12. Kreativer Ausdruck, Phantasie, Vorstellungsvermögen, originelle Kunstwerke, Geschichten und andere Arbeiten werden gefördert.

Es wäre auch wichtig zu wissen, ob der Lehrer Ihres Kindes in der Lage ist, die Begabung Ihres Kindes zu erkennen, ob er die entsprechenden Anforderungen kennt, flexibel genug ist, die Begabung zu fördern, und Spaß daran hätte, zu sehen, wie sie in Ihrem Kind entwickelt wird. Hierbei empfiehlt sich eine vorsichtige Vorgehensweise. Fallen Sie nicht mit der Tür ins Haus. Sehen Sie sich nach einer anderen Schule um, wenn der Lehrer auf Ihre Fragen ein erstauntes Gesicht macht oder anfängt, sich zu rechtfertigen. Das gleiche gilt, wenn er Ihnen erklärt, Begabung zeigt sich erst im Alter von acht Jahren.
Achten Sie auch darauf, ob die Kinder sich frei im Klassenzimmer bewegen können, um sich selbst eine Beschäftigung zu suchen. Von einer solchen Umgebung profitieren alle Kinder. Dadurch, daß sie selber wählen können, lernen sie, Eigeninitiative zu entwickeln und unabhängig zu werden. Läßt man einem Kind die Möglichkeit, sich selbst Herausforderungen zu suchen, wird es tiefer in die Materie eindringen, sein eigenes Tempo entwickeln und außerdem soziale und demokratische Verhaltensweisen lernen, wie zum Beispiel das Teilen oder Abwechseln. »Indem man eine Vielzahl verschiedener Aktivitäten unterschiedlichen Schwierigkeitsgrades anbietet und

dazu Projekte, die sowohl einfache als auch komplizierte Aspekte aufweisen, ermöglicht man hochbegabten Kindern, sich selbst die passende Beschäftigung auszusuchen.«

Eine Mutter, deren begabte Kinder verschiedene Schularten durchlaufen haben, meint zu diesem Auswahlvorgang:

> Bleiben Sie bei Ihrer Entscheidung, wenn Sie Ihnen richtig vorkommt. Ziehen Sie keine vorschnellen Schlüsse. Bewerten Sie die Situation immer wieder neu. Eine einzige Sache, die Ihnen stark widerstrebt, macht noch nicht das komplette Programm schlecht, es sei denn, es steckt voller unangenehmer Begleiterscheinungen.

Wenn Sie sich die Schule ansehen, sollten Sie immer daran denken, was ein Lehrer für begabte Kinder zu diesem Punkt anmerkt, »ganz gleich, wie phantastisch die Ausrüstung oder die Räumlichkeiten oder die Sportanlagen auch sein mögen, Ihr Kind sieht das möglicherweise ganz anders. Was Eltern aufregend finden, weckt bei Kindern oft ganz andere Gefühle«. Die Wahl wird größtenteils intuitiv getroffen, dazu gehört ein Gespür dafür, ob die Schule bemüht ist, die Bedürfnisse eines jeden Kindes zu erkennen und für Ausgewogenheit zwischen der kognitiven und der emotionalen Entwicklung zu sorgen. Schon aus der Zielsetzung sollte hervorgehen, daß die Lehrer den individuellen Wert eines jeden Kindes erkennen und sich nicht nur für das erlernte Wissen interessieren; sie sollten den Kindern als gutes Beispiel dienen können. Kinder brauchen vor allem Respekt und ein gutes Selbstwertgefühl. Respekt ist untrennbar verbunden mit einer Unterrichtsmethode, bei der besonderer Wert auf höheres Denkvermögen gelegt wird. Eltern begabter Kinder gaben uns immer wieder zu verstehen, das wichtigste an einer Schule seien die ganz einfachen menschlichen Eigenschaften wie Fürsorge, Anteilnahme, Kreativität und Respekt. Das sind die schulischen Aspekte, die Kindern im Gedächtnis haften bleiben und die ihnen im späteren Leben nützen werden, lange nachdem ein spezieller Unterrichtsstoff vergessen ist.

Die richtige Grundschule

Bestimmt ebenso wichtig wie das richtige Vorschulprogramm für Ihr Kind ist die erste »richtige« Schule — also für die Zeit bis zur vierten Klasse. Wenn Ihr Kind die vierte Klasse verläßt, wird es dort fast die Hälfte seines jungen Lebens verbracht haben. Während dieser vier wichtigen Jahre entwickeln die Kinder außerdem ihr Gefühl für die Schule und das Bild, das sie von sich als Schüler haben.
Bei der Auswahl des Schulbezirks verhält es sich in etwa so, als wollten Sie sich Ihre Großeltern aussuchen: Im großen und ganzen ist alles vorher festgelegt. Ihre Kinder werden die Schule besuchen, die Ihrem Zuhause am nächsten liegt. Das ist meistens so. Dennoch haben Sie es in der Hand, wo dieses Zuhause liegt.
Die meisten Menschen ziehen im Leben nur einmal um und bleiben dann dort, wo sie sind. Einige rechnen damit, ein paarmal umzuziehen, je nachdem, ob es die Größe der Familie, ihr Einkommen oder der Beruf erlaubt oder erforderlich macht. Viele benutzen diese Gelegenheit, die »richtige« Gegend auszuwählen, und in den meisten Fällen spielen Schulen in diesem Zusammenhang eine Rolle.
In vielen Fällen empfiehlt es sich, vor der Wahl der Wohngegend erst das Angebot der Schulen zu überprüfen. Werfen Sie

einen Blick in den Lehrplan. Welche Möglichkeiten werden geboten? Wie wird die Schule eingestuft/bewertet?
Bei der Suche nach einer Schule für Ihr begabtes Kind sollten Sie auf folgende Eigenschaften und Zielsetzungen achten:

- Individuelles Tempo: Können Kinder bei einem Unterrichtsgegenstand schneller voranschreiten als ihre Altersgenossen? Ist man bei der Einteilung nach Klassen und Altersstufen flexibel oder wird diese Einstufung ausschließlich vom Geburtstag des Kindes bestimmt?
- Werden besonders begabte Kinder zu speziellen Unterrichtsgruppen zusammengefaßt? Gibt es Gruppierungen, die aus verschiedenen Altersstufen bestehen?
- Wie sieht es mit der Qualität des Lehrkörpers in den nachfolgenden Klassen aus? Mit dem Fachwissen? Sind sie bereit und in der Lage, die Gruppen je nach Aufgabe und Beschäftigung umzubilden? Lassen sie sich von besonders begabten Schülern aus der Ruhe bringen?
- Bewertet die Schule die Ausbildung der Individualität ebenso hoch oder höher als die Sozialisation?
- Existiert ein schriftlicher Kommentar zum Lehrplan, und welche praktische Bedeutung hat er?
- Gibt es entsprechend ausgebildete Lehrkräfte für die besondere Förderung begabter oder solcher Schüler, die eine besondere Erziehung brauchen?
- Ist die Schulverwaltung so flexibel, daß sie gegebenenfalls einen Lehrer oder ein einmal festgelegtes Programm für einen Schüler auswechseln kann?
- Wird wissenschaftliches Talent ebenso gefördert wie sportliches oder musikalisches?

Unserer Meinung nach verdienen Atmosphäre, Zielsetzung und Professionalismus einer Schule eine genaue Betrachtung. Ist die Atmosphäre im Klassenzimmer positiv, lebendig, liebevoll und dem Kind förderlich? Hat sich die Schule die moralische Erziehung und die charakterliche Entwicklung zur Aufgabe gemacht? Wird sowohl die Entwicklung der individuellen Kreativität eines Schülers gefördert, als auch seine intellektuelle und gesellschaftliche Reife? Werden die Eltern aktiv an diesen Prozessen beteiligt?

Kontrollliste für Schüler und Lehrer

Bei der Wahl der richtigen Grundschule für jedes Ihrer Kinder sollten Sie so viele Informationen wie möglich berücksichtigen. Daher haben wir Erzieher und Eltern begabter Kinder gebeten, all das aufzulisten, was sie in den ersten Klassen für ihre Kinder zu finden hofften. Es folgt eine Liste dieser Faktoren:

- Die Entwicklung von Begabungen sollte zu den wesentlichen Zielsetzungen der Schule gehören.
- Die Betonung sollte darauf liegen, Kindern das Denken beizubringen und nicht die Vermittlung von Wissen.
- Ein kontinuierlich aufbauender Lehrplan, der begabte Kinder von der ersten Klasse an bis in die Oberstufe begleitet, und in dem Themenauswahl und -behandlung auf jeder Stufe koordiniert ist.
- Wenn erforderlich, sollte beim Wechsel auf eine andere Schule, zu einem anderen Programm, Hilfe angeboten werden.

- Die Schule sollte so organisiert sein, daß das Selbstwertgefühl und die Individualität der Kinder gefördert werden; die Atmosphäre sollte freundlich, der Lehrkörper verantwortungsbewußt sein. Die Schule sollte ein gesichertes Umfeld bieten sowie eine Klassenzimmerkultur, die die Phantasie anregt.
- Speziell ausgebildete Lehrer, die in der Lage sind, das spielerische Lernen der Kinder zu steuern; Lehrer, die Inhalte und Gedanken umgestalten können und so spontanes Auffassen ermöglichen.
- Laufende Weiterbildung für den Lehrkörper.
- Ein an Aktivitäten orientierter Lehrplan und Lehrer, die helfend eingreifen, um unabhängiges Denken zu fördern.
- Ein Lehrplan, der das Lernen durch Spüren, Fühlen und spontanes Erfassen ebenso vorsieht wie durch Vermittlung von Wissen.
- Ein flexibler Lehrplan, der individuelle Betreuung vorsieht. Die Kinder sollten ihrem Entwicklungs- und Wissensstand entsprechend gefördert werden.
- Individuelles Augenmerk sowohl auf die Auffassungsgabe als auf die kreativen Fähigkeiten der Kinder; die Möglichkeit zu individuellem Lernen; Befreiung von den normalen Hausaufgaben, wenn eine der besonderen Begabungen entsprechende Arbeit geleistet wird.
- Gleichgewicht zwischen Begabtenförderung und dem Zusammenlernen mit normalen Schülern. Wenn es sich nicht um eine Schule speziell für Begabte handelt, sollte zumindest mehr als ein begabtes Kind pro Klasse vorgesehen und möglich sein; zwischen dem Klassenlehrer und den Lehrern für Begabte sollte ein reger Austausch stattfinden.
- Kleinere Klassen und eine gute finanzielle Ausstattung. Um einen vernünftigen, individuell orientierten Unter-

richt zu ermöglichen, sollten in einer Vorschule nicht mehr als zwanzig Fünf- oder fünfzehn Vierjährige in einer Gruppe mit einem hauptberuflichen Erzieher und einem Assistenten zusammengefaßt sein, und es sollte reichlich Unterrichtsmaterial geben. Ähnliche Größenverhältnisse sind auch für die Grundschulen ideal.

- Die Möglichkeiten zum ständigen Gedankenaustausch zwischen Lehrkörper und Eltern; schon vor Schuleintritt sollte die Möglichkeit des Informationsaustauschs zwischen Eltern, Schulleiter und Lehrern bestehen, damit bei der Ausrichtung des Lehrplanes auf den Entwicklungsstand des Kindes keine Zeit verloren geht.
- Die Bewertung der Kinder durch Beobachtung. Benotung, Kontrollisten und Tests sollten nicht der Einstufung dienen.
- Die Möglichkeit, den Schulunterricht durch Privatunterricht zu ergänzen.
- Ein Unterricht, der auf die Entschlußfreudigkeit und die Entwicklung komplexeren Denkvermögens der Schüler abzielt und ihnen nicht durch ständiges Testen und Benoten das Selbstvertrauen nimmt.
- Ausgewogenheit zwischen Gruppenunterricht und Einzelbetreuung, um den unterschiedlichen Stufen gesellschaftlicher Reife gerecht zu werden.
- Charakterbildung und Förderung des Gemeinsinns sollten Teil des Lehrplans sein; deutliche Grenzen zur Förderung der Selbstdisziplin; Fürsorge und Unterstützung zur Förderung des Selbstvertrauens.

All dies führt zu einer weiteren Entscheidung, der Eltern sich gegenübersehen.

Vorschule: Wann sollte man damit beginnen?

Der gesamte Bereich der frühen Kindererziehung unterliegt einem ständigen Wandel, daher wird der Vorschule in Amerika auch besondere Aufmerksamkeit gewidmet. Sollen die Kinder den ganzen Tag dort verbringen? Sollen sie dort lesen lernen? Sollte man das Eintrittsalter heraufsetzen?
Die ursprüngliche Idee der Vorschule geht auf ein deutsches Modell aus dem 19. Jahrhundert zurück. Seit den sechziger Jahren dieses Jahrhunderts wird zunehmend darauf verwiesen, daß Vorschulen eine gute Grundlage für spätere akademische Erfolge bieten, und seit den achtziger Jahren haben sich Ganztagsvorschulen durchgesetzt. Berufstätige Eltern ziehen Ganztagseinrichtungen vor, und manche Erzieher meinen, mit der Bildung sollte so früh wie möglich begonnen werden. All dies hat zu einer ständigen Debatte geführt zwischen den Anhängern des »klassischen« Kindergartens zur Förderung der allgemeinen Entwicklung der Kinder und jenen Erziehern, denen es um Bildung im weitesten Sinne geht.

Das ständige Hin und Her um das Eintrittsalter für Vor- und Grundschule hat in Amerika bei den Eltern einige Verwirrung ausgelöst. Durch unterschiedliche Stichtage zur Bestimmung des Einschulungsalters ist Ihr Kind bei einem Umzug über eine Landesgrenze möglicherweise plötzlich seinen Altersgenossen um ein Jahr voraus oder umgekehrt.
All dies macht es natürlich nicht gerade leichter, Ihrem Kind die optimale Erziehung angedeihen zu lassen. Zum Beispiel sollte man dem Eintritt in die Vorschule mehr Beachtung schenken. Die Gesetze sehen als einziges Kriterium zum Eintritt das Geburtsdatum des Kindes vor. Am ersten Tag ihres schulischen Werdeganges treffen Kinder aufeinander, deren

geistiges Alter von 3 bis 7 Jahren reicht. Darunter sind vielleicht sogar Kinder, die bereits seit ihrem 4. Lebensjahr lesen können.
Das Geburtsdatum ist unserer Meinung nach ein äußerst fragwürdiges und unzuverlässiges Kriterium. Möglicherweise hat es für den Durchschnittsschüler seine Berechtigung, aber wenn man sich die gerade geschilderte Spannbreite vergegenwärtigt, wäre durchaus folgende Situation denkbar: Zwei Kinder, die im Abstand von einer Woche geboren wurden, stehen kurz vor ihrem 5. Geburtstag. Das eine ist emotional noch unreif, wurde aber eine Woche vor dem Stichtag geboren und wird daher noch in diesem Jahr in die Vorschule aufgenommen. Das andere Kind kann bereits sechzig Worte lesen und nimmt auch sonst bereits sehr viel von seiner Umwelt auf. Bei einem entsprechenden Test würde sich herausstellen, daß es durchaus geeignet wäre, jeden Tag zur Schule zu gehen. Aber der Stichtag fällt genau zwischen die Geburtstage der beiden, also wird das früher geborene Mädchen, das eigentlich noch gar nicht soweit ist, in die Vorschule geschickt, während ihre um eine Woche jüngere Nachbarin, die eigentlich reif dafür wäre, gezwungenermaßen noch ein weiteres Jahr auf ihren Start in das Schulleben warten muß.
Passiert so etwas wirklich? Ja, und zwar jeden Sommer. Eine Schule verriet uns, daß sie in zehn Jahren nur zwei Ausnahmen gemacht hatten: »In dem einen Fall hat es funktioniert, in dem anderen nicht.« Ein vorzeitiger Eintritt in die Vorschule (vorausgesetzt, er geht auf eine entsprechende Untersuchung zurück und dient nicht nur der Bequemlichkeit der Eltern) ist im Grunde nichts weiter als ein simpler Akt individualisierter Erziehung. In Neuseeland zum Beispiel werden Kinder sofort nach ihrem 5. Geburtstag eingeschult und bewegen sich vollkommen frei in einer ersten Klasse voller Schüler der unter-

schiedlichsten Entwicklungsstufen, bis sie soweit sind, versetzt zu werden, *wann immer das sein mag.*
Und tatsächlich gibt es eine Reihe von Eltern, die die Einschulung ihrer Kinder um ein Jahr hinauszögern, damit ihre Kinder bei Eintritt ein Jahr älter sind. Die Idee ist im Grunde nicht schlecht, und wenn sie funktioniert, sogar ausgezeichnet. Die entscheidende Frage dabei muß lauten: Ist der Tagesablauf einer Vorschule nicht zu simpel und enthält er nicht zu viele Wiederholungen für ein aufgewecktes sechsjähriges Kind? Wird es sich mit dem Wiedererkennen von Formen beschäftigen wollen, um so die erste Bekanntschaft mit dem Alphabet zu machen, wenn es zu dieser Zeit schon allein Kinderbücher anhand der Bilder liest? Verlassen Sie sich bei Ihrer Entscheidung auf Ihre persönlichen Beobachtungen.
Ein Forschungsteam an der Columbia University veröffentlichte 1980 ein Buch mit dem Titel *Gifted Young Children* (Begabte junge Kinder), das sich in einem Abschnitt mit dem vorzeitigen Schuleintritt beschäftigt:

> Der vorzeitige Schuleintritt stellt für geistig überdurchschnittlich weit entwickelte Kinder im Vorschulalter eine ausgezeichnete Alternative in der Erziehung dar. Durch den frühen Schuleintritt können solche Kinder mit einem ihrem Entwicklungsstand angemessenen Lernstoff konfrontiert werden, gleichzeitig erfährt ihre Entwicklung eine Beschleunigung, ohne daß sie Sprünge in ihrer Erziehung durchmachen müßten. Für einige Kinder ist es wahrscheinlich viel günstiger, früh eingeschult zu werden, und sich zusammen mit ihren Altersgenossen zu entwickeln, als später eingeschult zu werden und sich möglicherweise zu langweilen, weil der Lehrplan für sie keine Herausforderung darstellt, um dann im weiteren Verlauf ih-

rer schulischen Erziehung ein oder zwei Klassen zu überspringen.

Im weiteren werden dort einige Einzelstudien von Kindern beschrieben, die vor den gesetzlich vorgeschriebenen Stichtagen eingeschult wurden, und zwar »alle mit im allgemeinen positiven Ergebnissen.« Zwei Studien
werteten das Fortschreiten von geistig weiterentwickelten Kindern aus, die man vorzeitig eingeschult hatte, und verglichen sie mit einer zufällig zusammengestellten Gruppe durchschnittlicher Kinder sowie mit einer Gruppe von Kindern, die einen ähnlichen IQ wie die vorzeitig eingeschulten Kinder aufwiesen, aber etwa ein Jahr älter waren. Das Ergebnis wies keine entscheidenden Unterschiede auf zwischen der Gruppe der vorzeitig Eingeschulten oder einer der beiden anderen Gruppen, weder bei Leistungstests noch beim allgemeinen Abschneiden, der Motivation oder dem Arbeitsverhalten in den Klassen 1, 3 oder 7. In der 5. Klasse erwies sich die Gruppe der frühzeitig Eingeschulten als motivierter als die anderen beiden.

Daran anschließend zitieren die Autoren eine Reihe anderer Forschungsprojekte, die alle weitgehend darin übereinstimmen, daß eine frühzeitige Einschulung den untersuchten Kindern keinerlei spezielle Nachteile gebracht hat (hierzu muß angemerkt werden, daß die Kinder, bei denen das Risiko des Scheiterns am größten war, die Aufnahmeprüfung erst gar nicht bestanden hatten).
Einen abschließenden Beweis liefert uns David Elkind, damals Präsident der National Association for the Education of Young Children, Herausgeber der Zeitschrift *Young Children* und Autor von *Das gehetzte Kind*, dessen Streitschrift gegen die

übermäßige Eile bei der Erziehung von Kindern viele Eltern veranlaßt hat, von allzu ehrgeizigen Programmen Abstand zu nehmen, um ihre Kinder nicht zu überfordern. 1988 schrieb er in einem Leitartikel für *Young Children*:

> Die Förderung und vorzeitige Versetzung intellektuell begabter Kinder ist einfach nur eine Methode, den Lehrplan den Fähigkeiten des Kindes anzupassen; das hat nichts mit Überforderung zu tun.
> Für intellektuell begabte Kinder bedeutet dieses Vorgehen lediglich, daß man für eine bessere Übereinstimmung von Lehrplan und ihrem persönlichen Entwicklungsstand sorgt.

In eben dieser »besseren Übereinstimmung« liegt das Ziel einer frühzeitigen Einschulung. Bleibt nur die Frage, was in diesem Stadium der Entwicklung für Ihr Kind das Beste ist. Wägen Sie sorgfältig die Alternativen ab:

— Ein (zusätzliches) Jahr im Kindergarten (unter 5)
— Fortführen des informellen Lernens zu Hause, eventuell in Verbindung mit einigen sorgfältig ausgewählten Zusatzprogrammen (Schwimmstunden, Musikstunden, Museumsbesuche, etc.)
— Eine private Vorschule
— Öffentliche Vorschule
— Umzug in einen anderen Schulbezirk
— Unterricht zu Hause mit Hilfe eines speziellen Lehrplans für Vorschulen

Eine extreme Alternative: Privatunterricht

Aus einer Vielzahl von Gründen kann manchmal die beste Schule Ihrem Kind nicht jene individuelle Aufmerksamkeit zuteil werden lassen, die es benötigt. Manche Kinder brauchen die Anregungen, die gewisse Lehrpläne zu bieten haben, lange bevor sie emotional reif genug sind, sie in der Umgebung einer Schulklasse zu verkraften. Man kann dies sicher nicht den Schulen anlasten. In diesem Fall sollten Sie sich mit einer radikalen und dennoch vernünftigen Alternative befassen, des privaten Unterrichts. Sie waren der erste Lehrer Ihres Kindes. Kinder lernen am besten bei jemandem, den sie lieben; die häusliche Umgebung kann für den sich entwickelnden Verstand eine wunderbare Atmosphäre bieten. Es ist nicht zwangsläufig, daß Sie ab einem bestimmten Alter Ihres Kindes jemand anderem die Zügel überlassen.

Denken Sie daran, daß die erste Akademie sich unter einem Baum befand. Bevor es Schulen gab, haben die meisten Menschen zu Hause gelernt, genau wie die meisten Menschen zu Hause geboren wurden, bevor es Krankenhäuser gab. Ein Mentor oder Privatlehrer kann die effektivste Form des Unterrichts bieten: im persönlichen Zwiegespräch, das genauso schnell voranschreitet, wie der Schüler das Material verarbeiten kann.

Privatunterricht ist eine extreme Maßnahme, die ein beträchtliches Maß an Engagement verlangt. Und ebenso wie in den öffentlichen, privaten oder kirchlichen Schulen, die diese Unterrichtsform ersetzen soll, funktioniert es in einigen Fällen besser als in anderen. Natürlich haben Sie kein Physiklabor in Ihrem Keller und auch keine Bibliothek mit dreißigtausend Bänden; wenn Sie jedoch eine gute Beziehung zu Ihrem Kind haben und wissen, wie Sie es zum Lernen motivieren können,

ist dies ein guter Anfang. Sie haben Ihre Rolle als ein erster Lehrer bereits übernommen. Sie sind es gewohnt, eine dem Lernen dienliche Situation zu schaffen, und Ihr Kind ist daran gewöhnt, sich an Sie zu wenden, wenn es etwas wissen will.
Als erstes müssen Sie sich über die gesetzlichen Bestimmungen informieren, denn davon allein hängt letztlich die Entscheidung ab. Ansprechpartner in dieser Angelegenheit sind das zuständige Schulamt, die entsprechende Abteilung beim Regierungspräsidenten Ihres Regierungsbezirks und/oder der Kultusminister Ihres Bundeslandes.
Dabei kommen zwei Prinzipien zum Tragen: erstens der Bildungsauftrag des Staates, der diesen verpflichtet, allen Kindern eine angemessene Schulbildung zukommen zu lassen, und zweitens das »vermutete Wohl des Schülers«. Der erste Punkt besagt, daß der Staat jedem Kind die Möglichkeit zu einer angemessenen Schulbildung zur Verfügung stellen muß; auf den zweiten Punkt können Sie sich berufen, wenn Sie an einer Entbindung von der allgemeinen Schulpflicht interessiert sind.
Für besonders begabte und talentierte Kinder besteht die Möglichkeit des privaten Unterrichts, sei es in einem Internat, sei es durch Unterricht zu Hause. Außerdem können Kinder auch von bestimmten Fächern in der Schule freigestellt werden, damit ihre Begabung in diesen Fächern entsprechend gefördert werden kann. Sie müssen allerdings wissen, daß sämtliche Schulabschlüsse, Prüfungen und Examen staatlicherseits abgenommen werden; die Freistellung bezieht sich also nur auf die Vorbereitung.
Die Eltern eines äußerst begabten Kindes, dessen kreatives und musikalisches Talent von Anfang an deutlich zu erkennen war, sorgten sich um Anpassungsschwierigkeiten in der Vorschule. Die intellektuellen Fähigkeiten dieses Kindes überschritten bei weitem seine emotionale Reife, und alles wurde nur noch

schlimmer, als es darum ging, die Fähigkeiten des Mädchens zu fördern, und Lehrer und Behörden keinerlei Einigung erzielen konnten. Das Mädchen »begann, sich zurückzuentwickeln«, wie sich die Eltern erinnern. »Wir glaubten, sie zu Hause bestimmt nicht schlechter unterrichten zu können, also wollten wir es einfach versuchen.« Kind und Eltern waren von dem Ergebnis sehr angetan, und so wurde das Mädchen drei Jahre lang zu Hause unterrichtet. Inzwischen nimmt auch ihr jüngerer Bruder an diesem Unterricht teil. Der triftigste Grund, die Kinder zu Hause und nicht in der Schule zu unterrichten, lag nach Ansicht der Eltern darin, daß sie über Möglichkeiten verfügten, die ihnen die Schule nicht bieten konnte: Sie konnten ihren Kindern das Vertrauen in die Fähigkeit vermitteln, ihr eigenes Lernen zu gestalten. In öffentlichen Schulen wird Kreativität manchmal erstickt.
Diese Eltern berichten auch, daß Unterricht zu Hause weniger Zeit in Anspruch nimmt, als viele glauben. Nirgendwo braucht man anzustehen, man spart sich den Schulweg und braucht nicht abzuwarten, bis zwanzig Kinder begreifen, was ein begabtes Kind vielleicht schon beim ersten Hören verstanden hat. In vielerlei Hinsicht diktierte das Alltagsleben den Lehrplan; Naturwissenschaften und Rechnen waren oft bei der Zubereitung von Mahlzeiten hilfreich. Einen Teil der Zeit konnte ihre Tochter völlig selbständig arbeiten. Dann blieb sie ständig mit ihrer Mutter in Verbindung, während sie an einer strukturierten Aufgabe arbeitete.
Wenn Ihnen der Gedanke an diese Form des Unterrichts für eines oder mehrere Ihrer Kinder Angst macht, sollten Sie daran denken, daß vor Jahren viele Kinder Einklassenschulen auf dem Land besuchten, in denen ein einziger Lehrer vielleicht zwanzig Schüler unterschiedlichen Alters und mit unterschiedlichen Fähigkeiten zu unterrichten hatte. Er mußte entschei-

den, wie weit die einzelnen Kinder waren, und sie je nach Fähigkeiten und Interesse in Gruppen einteilen. Alle Kinder arbeiteten so an einem bestimmten Thema auf eine ihrer Entwicklung angemessenen Weise, bis sie für ein neues Thema umgruppiert wurden. Ebenso wie dieser Lehrer können Sie Ihre Kinder zusammen auf einen Ausflug mitnehmen oder ihnen Klassiker oder andere Geschichten vorlesen und ihnen im Anschluß daran ihrem Entwicklungsstand angemessene Fragen stellen.

Wenn Sie Ihr Kind zu Hause unterrichten, anstatt es in die Schule zu schicken, werden alle Quellen, die Sie benutzt haben, als es noch im Vorschulalter war — ein Ausdruck, der in diesem Zusammenhang eher irreführend wirkt —, weiterhin Bestandteil seiner Umgebung bleiben. Die Menschen, mit denen es in Kontakt kam, die Orte, die es auf dem Weg in den Supermarkt sieht, die Bücher, die es gelesen hat, all dies wird ihm auch weiterhin von Nutzen sein, ganz gleich, ob es in eine öffentliche Schule geht oder zu Hause bleibt.

Welche Entscheidung Sie auch für Ihr Kind treffen — Kindergarten, Vorschule, Spielgruppe, einen früher oder eher späten Eintritt, eine private, kirchliche oder öffentliche Schule oder den Unterricht zu Hause — von der Geburt Ihres Kindes an bleiben Sie sein erster Lehrer. Mit etwas Glück werden Sie auch weiterhin zu den Menschen gehören, die sein Leben mitgestalten. In jedem Stadium sind Sie sein Ratgeber und Fürsprecher. Wenn es darum geht, seinen Lebensweg zu gestalten, behalten Sie die Vergangenheit im Auge, seien Sie sich der Gegenwart bewußt und entwickeln Sie eine Vision für die Zukunft.

7. KAPITEL

Intelligenztests

Schade, daß Einstein, Euklid, Leonardo da Vinci und Newton den Höhepunkt ihres Ruhmes erreichten, bevor der Intelligenzquotient erfunden war. Jetzt werden wir nie erfahren, wie klug sie in Wirklichkeit waren. Natürlich gab es gewisse Anzeichen. Wahrscheinlich wußten ihre Mütter, daß etwas ganz Besonderes an ihnen war...
Trotz aller Mängel, die der IQ-Test aufweist, weil er quantifiziert, was längst als fließender Prozeß bekannt ist, greifen wir fast immer zuerst auf ihn zurück, wenn es darum geht, die Begabung eines Kindes zu diagnostizieren oder zu beschreiben. Darin liegt vielleicht das größte Paradox in der Erziehung, insbesondere bei begabten Kindern.
Benutzt man den IQ-Test, um den Bereich der Begabung eines Kindes zu messen, ist das etwa so sinnvoll wie eine Blutdruckmessung bei einem Schwerverletzten im Zustand des Schocks. Natürlich stellt er ein wichtiges Hilfsmittel dar, und er gehört auch zu den ersten Dingen, die man für eine »Diagnose« wissen muß. Nur wird er Ihnen wenig darüber verraten, warum das Opfer eine Behandlung braucht. Mit Ihren Sinnen nehmen Sie andere Dinge auf, die vielleicht schwerer zu messen, aber deshalb nicht weniger offensichtlich sind. Begabung hat viele

Facetten, die sich durch einen IQ-Test nicht messen lassen, daher werden viele hochbegabte Kinder bei einen IQ-Test auch mit vollkommen unbeeindruckenden Ergebnissen aufwarten.
Der IQ ist eine vergleichende Messung. Sein ursprünglicher Zweck bestand in der Gegenüberstellung von tatsächlichem und sogenannten geistigen Alter. Ein Achtjähriger, der Fragen beantwortet, die eigentlich für Zwölfjährige gedacht sind, bekäme demzufolge einen IQ von 150. Die ursprüngliche Gleichung geistiges durch tatsächliches Alter mal 100 gilt in dieser einfachen Form nicht mehr, da Kinder heute nur noch mit Gleichaltrigen verglichen werden. Der Begriff des geistigen Alters wird inoffiziell jedoch immer noch verwendet. Er läßt sich aus dem IQ ableiten und hilft bei der Auswahl der Erziehungsmittel.
Der IQ Ihres Kindes sagt möglicherweise etwas über seine zukünftigen Leistungen in der Schule aus. (Über den allgemeinen Erfolg im Leben allerdings gar nichts, denn dabei spielen noch eine Reihe völlig unkalkulierbarer äußerer Faktoren eine Rolle.) Die mittleren 50 Prozent der Bevölkerung haben einen IQ zwischen 90 und 110. 2 Prozent erreichen bei dem Stanford-Binet-Test ein Ergebnis über 132, und weitere 2 Prozent ein Ergebnis unter 68.

Die höheren IQ-Werte in der Verteilung über die Bevölkerung:

    3 von 100 haben einen IQ von 130
    1 von 1000 hat einen IQ von 150
    1 von 10 000 hat einen IQ von 160
    1 von 1 000 000 hat einen IQ von 180

Als Verantwortlicher in der Schulverwaltung würden Sie es vielleicht bereits als Erfolg bezeichnen, wenn es Ihnen gelänge, die Bedürfnisse jener 90 Prozent der Bevölkerung zu befriedigen, die einen IQ zwischen 70 und 130 haben. Aber was wird aus den 5 bis 10 Prozent am oberen beziehungsweise unteren Ende der Skala? Damit auch diese beiden Gruppen ihr gesamtes Potential in den Dienst der Allgemeinheit stellen können, verdienen sie besondere Aufmerksamkeit.

Von Anfang an war der IQ also mehr als nur eine neutrale Zahl, ein Meßwert wie die Körpertemperatur von 37 Grad Celsius oder der Dow-Jones-Index. Dennoch erweisen sich solche Meßwerte immer wieder als sehr praktisch, ganz gleich, ob es um die Börse geht, die Körpertemperatur oder die Klassenstärke im dritten Schuljahr. Der IQ stellt sich erstmal jedoch nur als Zahl dar. Schließlich hat Moses ihn nicht in Stein gehauen von der Bergspitze herabgetragen. Er wurde häufig Gegenstand von Kritik. 1987 wurde eine Untersuchung veröffentlicht, in der 661 Personen mit beruflicher Erfahrung bei Intelligenz- und Eignungstests ihre Kritik äußerten:

— 88 Prozent kritisierten, daß man mit dem IQ Kreativität nicht messen könne,
— 73 Prozent beklagten, es gäbe keinen Meßwert für die »Anpassung an die Umgebung«, einem weiteren Kriterium für Intelligenz,
— 42 Prozent wiesen darauf hin, daß man mit Tests nicht die Fähigkeit einer Person messen könne, sich Wissen anzueignen.

Die Tests weisen eine Reihe von Unzulänglichkeiten auf, durch die die Testergebnisse verfälscht werden können. Darunter sind Faktoren, die mit Intelligenz nichts zu tun haben: Nervosität, Motivation, die Sprache oder das Verhalten des Untersuchenden. Auch entstammt die Sprache dieser Tests weitgehend der wohlhabenden Mittelschicht, so daß jeder aus dieser Schicht stammende benachteiligt werden könnte. Darüber hinaus entstammen einige der Fragen nicht mehr dem Erfahrungsbereich der Kinder (»Woher stammt das Terpentin?«; »Schnee ist weiß, dann ist Kohle...?« Diese Fragen sind möglicherweise nicht mehr zeitgemäß.) Es folgt eine Reihe von Faktoren, die Ihren Kindern zu einem überdurchschnittlichen Ergebnis bei einzelnen Tests verhelfen können (zitiert nach Jane M. Healy: *Your Child's Growing Mind* — Der wachsende Verstand Ihres Kindes):

- Ein großer Vorrat an praktischem Wissen und Lebenserfahrung; ältere Kinder, die viel lesen, haben Vorteile bei Worttests.
- Ein großer Wortschatz; wer die Bedeutung vieler Worte kennt, ist in der Lage, gute Umschreibungen zu liefern.
- Die Fähigkeit, ein Problem schnell zu erfassen.
- Ein gutes Kurzzeitgedächtnis sowie ein schnelles Erfassen von mündlich formulierten Anweisungen, Sätzen und Zahlenkombinationen.
- Die Fähigkeit, Beziehungen zu erkennen und sie zu beschreiben (worin gleichen/unterscheiden sich die Dinge?).
- Freude an der Herausforderung sowie die Bereitschaft, sich an etwas »Schwieriges« heranzuwagen.
- Risikobereitschaft; der Mut zu intelligentem Raten.
- Ausdauer; die Fähigkeit, verschiedene Lösungsmöglichkeiten durchzuprobieren.
- Die Bereitschaft, sich ein Scheitern einzugestehen und mit der nächsten Aufgabe weiterzumachen.
- Kein impulsives Vorgehen; die Fähigkeit, auch unter Zeitdruck in aller Ruhe ein Problem durchdenken und Zwischenergebnisse überprüfen zu können.

Hilfe ist unterwegs

Zwei herausragende Forscher arbeiten unabhängig voneinander an neuen Instrumenten und Methoden zur Messung von Intelligenz. Howard Gardner (von der Harvard University's Graduate School und Autor von *Dem Denken auf der Spur* schlägt sieben umfassende Kategorien der Intelligenz vor. Neben den bekannten — sprachlich, mathematisch und räumlich — führt er folgende an: Musikalität, körperliches Geschick, Gewandtheit im Umgang mit anderen und Selbsterkenntnis.
Zur Rettung des Begriffs »Intelligenz« führt Gardner an, daß jede dieser Fähigkeiten durch einen entsprechenden Hirnschaden gestört werden kann, jede sich in stark ausgeprägter Form bei besonders talentierten Menschen oder »Idiots savants« finden läßt, und daß jede dieser Fähigkeiten auf eine ganz bestimmte Art der Wahrnehmung angewiesen ist.
Der Psychologe Robert Sternberg (von der Yale Universität und Autor von *Beyond IQ — Jenseits des IQ*) stellt eine »triarchische Theorie« der Intelligenz auf. Sie enthält folgende Elemente:

— Erkennen von Bestandteilen (analytisches Denken),
— Nutzen von Erfahrungen (kreatives Begreifen/Erfassen),
— Erfassen des Kontextes (die Fähigkeit, sein Umfeld zum eigenen Nutzen zu verändern).

Sternberg schreibt dazu: »Meiner Meinung nach besteht bei Eignungstests heute der größte Bedarf in der Entwicklung von Messungen, die auf wirklichkeitsnahe Arten von Intelligenz ansprechen.« Von den drei Komponenten in seinem Modell beschäftigt sich ein IQ-Test nur mit dem ersten, dem Erkennen von Bestandteilen.

Bezüglich Begabung merkt Sternberg an, daß die Verwendung einer eindimensionalen Skala wie die des IQ zu der Annahme verleitet, Begabung und Zurückgebliebenheit seien die entgegengesetzten Enden derselben Skala. Aber Begabung und Zurückgebliebenheit lassen sich nicht unbedingt anhand der gleichen Merkmale beschreiben. Er meint dazu, »der Schlüssel zur psychologischen Grundlage intellektueller Begabung liegt in dem Bereich, den man mit «Fähigkeit zum Begreifen» beschreiben könnte«. Andere Aspekte von Begabung betreffen allgemein die Souveränität im Umgang mit neuen Aufgaben und Situationen sowie das Geschick, die geistigen Fähigkeiten auf Aufgaben oder Situationen zu konzentrieren, in der sich diese Begabung zeigt.

Über IQ-Tests schreibt Sternberg:

> Die Tests können durchaus von Nutzen sein, wenn sie mit Umsicht angewendet und sämtliche zur Verfügung stehenden Informationen berücksichtigt werden. Bei falscher oder übertriebener Anwendung sind sie schlimmer als gar nichts. Wir dürfen nicht vergessen, daß auch ein (scheinbar) akkurates Meßergebnis keine unbedingte Gültigkeit hat.

Und weiter:

> Unsere gesamte Gesellschaft durchzieht die Annahme, »schnell« sei »gleich gescheit«. Wenn wir jemandem seine Schnelligkeit zugute halten, dann schreiben wir ihm eine der grundlegenden Eigenschaften eines intelligenten Menschen zu.
> Die Annahme, daß intelligentere Menschen schnelle Datenverarbeiter sind, liegt auch der überwältigenden Mehr-

heit von Tests zugrunde, mit der Begabung, Kreativität und auch Intelligenz festgestellt werden soll... Ich möchte behaupten, diese Annahme stellt eine übertriebene Verallgemeinerung dar. Sie trifft auf einige Menschen und einige Vorgänge im Gehirn zu, aber nicht auf alle. Entscheidend ist nicht Geschwindigkeit an sich, sondern eine bewußte Entscheidung darüber, welche Geschwindigkeit einer Aufgabe oder Situation angemessen ist.

Gardner und Steinberg arbeiten beide an einem Intelligenztest, der die Gesichtspunkte dieses Modells besser wiedergibt.

Die Anwendung von IQ-Tests

Unter welchen Umständen sollten also Eltern ihr Kind im Vorschulalter angesichts dieser Unzulänglichkeiten einen IQ-Test machen lassen?
Zum einen brauchen Sie vielleicht ein unabhängiges Bewertungshilfsmittel, um eine Entscheidung bezüglich der Ausbildung Ihres Kindes treffen zu können. Vielleicht sind Sie der Ansicht, es wäre besser für Ihr Kind, in die Vorschule gehen zu können, doch leider liegt sein Geburtstag eine Woche vor dem Stichtag. Hätte Ihr Kind mehr davon, ein weiteres Jahr zu warten oder sollten Sie versuchen, eine Ausnahme zu erwirken? In einer solchen Situation bietet sich möglicherweise ein Test an. Wenn der Tester Ihre Beweggründe versteht, sollte das Ergebnis nicht nur den IQ umfassen, sondern auch eine Auswertung des psychologischen Klimas der Testsituation — war Ihr Kind in der Lage, die Materialien und Situationen zu bewältigen oder wirkte es eher frustriert? Sobald Sie die Ergebnisse in der Hand haben, können Sie entscheiden, ob Sie einen entspre-

chenden Antrag stellen wollen. Wenn ja, benutzen Sie das Testergebnis lediglich zur Unterstützung Ihres Standpunktes und nicht als Auftrag an die Schule, der zudem noch von einem Außenstehenden kommt. Geben Sie der Schule nur dann eine Kopie des Testergebnisses, wenn es ausdrücklich verlangt wird. Treten Sie zurückhaltend, aber überzeugend auf.
Manchmal entscheiden sich Eltern für einen privaten Test, wenn sie der Ansicht sind, ihr Kind werde willkürlich an der Teilnahme an einem Begabtenförderungsprogramm gehindert. Hier die Erfahrungen einer Familie:

> Im September wurde unser Sohn, der in die zweite Klasse geht, von dem Begabtenförderungsprogramm der Schule ausgeschlossen. Völlig zu Recht, wie man dort meinte; sein Ergebnis bei einem Gruppentest ergab einen IQ von unter 125, dem Mindestwert für dieses Programm. Daraufhin baten wir einen privaten Kinderpsychologen, bei ihm einen Wechsler-IQ-Test zu machen; das Ergebnis lautete 147. Die Schule nahm unseren Jungen in ihr Programm auf.
> Als später seine Schwester in die zweite Klasse kam, fragten wir, wieso sie nicht für das Programm ausgewählt worden war. Wie sich herausstellte, hatte sie am Tag des Aufnahmetests eine Grippe; außerdem teilte man uns mit, die nächsten Tests würden erst wieder im September des nächsten Jahres durchgeführt. Derselbe Trick funktionierte erneut: Wir kehrten mit einem Testergebnis von 149 zurück, und sie wurde in das Programm aufgenommen.
> Als einer ihrer Lehrerinnen eine Schwäche in der Wortbildung auffiel (beim Aufteilen in die Bestandteile, beim Heraushören oder Einfügen in einen Zusammenhang), schlug sie eine Überprüfung durch den Schulpsychologen vor. Das Ergebnis war das gleiche, diesmal lag ihr IQ bei 144.

Ein Jahr darauf suchte ein Student nach Freiwilligen für den Stanford-Binet-Test, die er für seine Examensarbeit brauchte. Unsere Tochter brachte es auf einen IQ von 153. Mittlerweile lagen uns drei verschiedene Testergebnisse von drei verschiedenen Testern vor, und wenn man von den üblichen Abweichungen einmal absieht, kommen sie alle mehr oder weniger zu dem gleichen Ergebnis.
All das änderte sich jedoch, als sie in einem anderen Schulbezirk in die fünfte Klasse kam. Die Ergebnisse ihrer Leistungstests waren schwach, sie ging äußerst ungern zur Schule und wollte nach den Sommerferien gar nicht mehr zurück. Zur Klärung der Situation ließ die Schule sie von einem ihrer Psychologen gründlich untersuchen, der sie — wie konnte es anders sein — auch einem IQ Test unterzog. Das Ergebnis? 130. Wir fragten, wie es dazu kommen konnte, da uns doch übereinstimmende Ergebnisse von drei verschiedenen Tests vorlagen. Seine Antwort darauf lautete, daß sie sich im Gegensatz zu ihm alle geirrt hatten... unsere Tochter war nun doch nicht begabt. Er äußerte sich geradezu geringschätzig über sie, vor allem, weil sie nicht gewußt hatte, daß Peru in Südamerika liegt. Sie meinte, es läge in Afrika. Seiner Ansicht nach konnte dies nur bedeuten, daß sie nicht sonderlich begabt war.

Bei der Geschichte dieser Familie fallen einem sofort einige Punkte auf. Zum einen sind IQ-Tests so angelegt, daß sie akkurate positive und falsche negative Ergebnisse liefern. Wenn Ihr IQ-Test also ein Ergebnis von 140 ergibt, liegen Ihre Fähigkeiten in Wahrheit vielleicht noch höher, niemals aber darunter. Und wenn Ihre Intelligenz Ihrem Alter entspricht, erhalten Sie einen IQ von 100; weder durch Pfuschen oder besondere Tricks können Sie auf 120 kommen. Das gleiche gilt übrigens für Schwangerschaftstests; sie sind so ausgelegt, daß nur negative Ergebnisse falsch sein können, niemals aber positive. Zweitens vergrößert sich die Fehlerspanne entsprechend der Entfernung vom Mittelwert 100. Elizabeth Hagen, die an der Entwicklung der Stanford-Binet-Intelligenzskala mitgearbeitet hat, erklärte dazu:

> Bei den meisten häufig verwendeten Tests liegt die übliche Fehlerspanne bei höheren Ergebnissen über der bei durchschnittlichen Ergebnissen, weil die Bewertungsgrundlage bei höheren Testergebnissen verhältnismäßig schmaler ist als bei durchschnittlichen. In den oberen Ergebnisbereichen können bereits zwei richtig gegebene Antworten das Ergebnis erkennbar verändern, während eine Abweichung dieser Größenordnung im mittleren Bereich keine oder nur geringfügige Auswirkungen auf das Testergebnis hat.

Drittens sind Gruppenintelligenztests zwar weniger kostspielig und müssen auch nicht von ausgebildeten Psychologen durchgeführt werden, dafür sind sie aber auch weit weniger zuverlässig als individuelle Tests. Schneidet Ihr Kind bei einem Gruppentest mit einem IQ von 120 ab, so kann es bei einem individuellen Test möglicherweise auf einen IQ von 140 kommen, wie eine Untersuchung bei Schülern der unteren Klassen im Sekundenbereich ergab. Aus diesem Grund sprechen sich die meisten Experten auch dagegen aus, einem Kind nur wegen einer fragwürdigen Bewertungsgrenze die Aufnahme in ein Förderprogramm zu verweigern. Barbara Clark schlägt einen Grenzwert von nicht mehr als 115 vor, wenn zur Sichtung talentierter Kinder für ein Förderprogramm auf einen Gruppentest zurückgegriffen werden muß. Selbst bei dieser Größenordnung wird man noch 8 Prozent der Schüler ausschließen, die bei einem individuellen Test auf einen IQ von 135 kommen könnten. Entscheidet sich die Schule hingegen, nur solche Schüler zuzulassen, die im Gruppentest auf ein Ergebnis über 120 kommen, würden unfairerweise 20 Prozent derjenigen Schüler ausgeschlossen, die bei einem individuellen Test auf einen IQ von 136 und mehr kämen.

Es gibt eine Reihe von Faktoren, die die Antworten begabter Kinder bei einem Gruppenintelligenztest beeinflussen können. Zum Beispiel könnte ein fortgeschrittenes Kind sich übermäßig beeilen und dadurch Einzelheiten der Fragestellung verpassen, um sich anschließend müde zu warten, bis es sich einer neuen Aufgabe widmen kann. Ein kreatives Kind geht vielleicht allen Aspekten einer Multiple-Choice-Frage gewissenhaft nach, übersieht dabei möglicherweise die offensichtlich richtige Antwort und verbraucht dabei die gesamte zur Verfügung stehende Zeit, während ein Perfektionist Zeit genug hat, all seine Antworten noch einmal durchzugehen, zu überdenken und statt der richtigen Lösung eine falsche anzukreuzen.

IQ-Tests als Mittel zur Auslese

Joseph und Sheila C. Perino, Psychologen und Fachleute auf dem Gebiet der Begabtenförderung, geben in ihrem Buch *Parenting The Child, Developing the Promise* (Das Kind führen, die Begabung fördern) zu bedenken,

> daß Gruppenintelligenztests nur dann als grobes Hilfsmittel zur Auslese geeignet sind, wenn 1. die untere Grenze (das schlechteste akzeptable Ergebnis) nicht allzu eng gezogen wird; 2. über einzelne Ausnahmen von Fall zu Fall entschieden wird, und 3. mit allen Kindern vor ihrer endgül-

tigen Aufnahme in ein Förderprogramm ein individueller Test durchgeführt wird.

Jane Healy von der Cleveland State University meint dazu in ihrem Buch *Your Child's Growing Mind* (Der wachsende Verstand Ihres Kindes):

> Eltern sollten niemals zulassen, daß eine wichtige Entscheidung über die Erziehung ihrer Kinder auf Grund eines Gruppenintelligenztests gefällt wird. Eine individuelle Testreihe ergibt ein vollständigeres und genaueres Bild, trotzdem sollte man auch darin nur einen Teil einer vollständigen Bewertung der Fähigkeiten sehen.

Die meisten Intelligenztests bestehen aus einer Reihe von Teiltests zu bestimmten Fähigkeiten. Viele Experten sind der Ansicht, alle diese Ergebnisse sollten für sich in Betracht gezogen und nicht zu einem Gesamturteil zusammengefaßt werden. Dadurch könnten Stärken und Schwächen mit größter Klarheit erkannt werden. Darüber hinaus können zwei Kinder mit dem gleichen Gesamt-IQ durchaus zwei stark voneinander abweichende Profile aufweisen. Unterschiedliche Ergebnisse in den verschiedenen Testteilen machen einen jeweils anderen Unterricht notwendig, um die Fähigkeiten der Kinder zu optimieren. Eine Schulverwaltung, die sich eines Begabtenförderungsprogramms rühmt und gleichzeitig Schüler mit den unterschiedlichsten Begabungen in einen Mathematikleistungskurs oder den einzigen Literaturkurs steckt, hat nicht begriffen, um was es wirklich geht. Genau wie ein Zimmermann, der auch mehr als ein Werkzeug mit zu seinem Arbeitsplatz nimmt, muß eine Schule eine Auswahl von Werkzeugen einsetzen, um die Kinder einem Förderungsprogramm zuzuteilen.

Barbara Clark schlägt eine Reihe von Qualifikationsmerkmalen vor, darunter:

- Vorschlagslisten — von Lehrern, Schuldirektoren, Psychologen und anderen;
- Lehrerberichte über das Verhalten von Schülern — in geistiger, körperlicher, sozialer und emotionaler Hinsicht; über das Lernverhalten und die Motivation;
- Familiengeschichte und Herkunft eines Schülers (von den Eltern), darunter Daten über die Familie und die Entwicklung des Schülers, Gesundheitszeugnisse des Schülers und der Familie, Ausbildung und Berufe der Eltern, Beschreibung des Familienlebens, Anekdoten über bestimmte Begebenheiten, die als Beleg für seine besonderen Fähigkeiten und frühzeitige Entwicklung dienen können, Interessen und Freizeitgestaltung der Familie sowie die Interessen und Freizeitgestaltung des Kindes außerhalb der Schule;
- Vergleich/Identifikation mit Gleichaltrigen;
- eine Auflistung des Schülers — über sich selbst, seine Wertvorstellungen, Interessen, sein Verhältnis zur Schule und zu den Dingen, für die er sich außerhalb der Schule interessiert;
- die Leistungen und Arbeiten des Schülers;
- mehrdimensionale/vielschichtige Auslesetests.

David Elkind, Autor des Buches *Das gehetzte Kind* und ein ausgesprochener Gegner vorzeitiger Entwicklungsförderung, gibt folgendes zu bedenken:

Nur durch sorgfältige Beobachtung durch eine geeignete Person, die das Kind gut kennt, vorzugsweise Eltern und Lehrer, kann man zu einer vernünftigen Entscheidung über die Eingliederung und die Ausbildung eines Kindes kommen. Man sollte sich bei der Entscheidung über die Einschulung nicht auf ein einziges Testergebnis verlassen.

Der am Anfang dieses Kapitels von Howard Gardner skizzierte Prozeß ist ermutigend und vielversprechend. Im Folgenden werden die wichtigsten Punkte umrissen:

Intelligenz wird nicht mehr als eine einzige, unveränderliche Größe betrachtet, die sich in Zahlen fassen läßt. Wir haben jetzt eine weitere und umfassende Vorstellung von Intelligenz. Die Bewertung sollte kein isolierter Prozeß mehr sein, sondern sich eher aus einem Gesamtkontext ergeben. Wenn sich diese Beurteilung über das ganze Schulhalbjahr ausdehnt, können wir nicht nur die allgemeine Entwicklung erfassen, sondern auch die Fortschritte in bestimmten Bereichen.
Im Rahmen dieses Projekts gehen die Kinder ihrem ganz normalen Alltag in der Vorschule nach, sie bekommen es, wie im Lehrplan vorgesehen, mit einfachen, angereicherten, nicht allzu technischen Materialien zu tun — darunter auch eine Menge interessanter Spiele. Es gibt keine zeitlich begrenzten Tests mit »richtigen« Antworten, keine unvertrauten Umgebungen oder unbekannte Erwachsene.
Der Lehrer beobachtet die Kinder unmittelbar, führt mit einer genauen, täglich zu ergänzenden Kontrolliste über seine Beobachtungen Buch. Er arbeitet mit den Eltern zusammen, die als Hauptinformationsquelle betrachtet werden. »Kinder verhalten sich in verschiedenen Umgebungen unterschiedlich. Besonders ihr Arbeitsstil in der Schule kann von dem zu Hause abweichen.«
Der Lehrer legt nicht nur die Prüfungsaufgaben für die Be-

wertung vor, er muß die aus ihnen resultierenden Informationen auch interpretieren. Dabei sollte er eine klare Sprache ohne Fachausdrücke verwenden, die nicht nur den Eltern, sondern auch anderen Erziehern verständlich ist, die die Unterlagen eines Kindes einsehen. Diese Informationen sollten es allen Beteiligten ermöglichen, dem Kind zu helfen und eine wohlüberlegte und sinnvolle Entscheidung für alle Kinder zu treffen.

Bis eine solche umsichtige Vorgehensweise die Regel ist, sollte man jedoch nicht die Hoffnung verlieren. »Gegenwärtig«, schreibt Barbara Clark in *Growing Up Gifted*,
> gibt es nur wenige frühe Lernprogramme mit abgerundeten und ausgewogenen Inhalten, und noch weniger, die für junge begabte Kinder geeignet sind. Unter den gegebenen Voraussetzungen bin ich eher dafür, alle Kinder ihren individuellen Fähigkeiten nach zu fördern und so für eine gleichmäßige Entwicklung und reichhaltige Erfahrungen zu sorgen, als die Kinder formell in Gruppen einzuteilen. Angemessene und anregende Erfahrungen sind die besten Hilfsmittel zur Förderung von Begabung.

Eine Möglichkeit, sich um alle Kinder gleichermaßen zu kümmern, scheint das Renzulli-»Drehtürenmodell« zu bieten. Siehe Sally M. Reis und Joseph S. Renzulli. »A Case for a Broadened Conception in Giftedness«, in *Phi Delta Kappa*, May 1982. Angesichts der Ungenauigkeit von Tests schlägt Rezullis Modell aus dem Jahr 1981 eine flexible Vorgehensweise vor, mit der die Gruppe der Talentierten von etwa 20 Prozent in jeder Klasse festgestellt werden kann. Die Lehrer nahmen vertiefende Aktivitäten im Stundenplan auf,
> um bereits vorhandene Interessen zu nutzen, neue und wei-

terreichende Interessen anzuregen und so eine breite Vielfalt von Denkprozessen und Fragestellungen zu entwickeln. Im sogenannten Kernunterricht wurde der im Lehrplan vorgesehene Stoff den individuellen Lehrgeschwindigkeiten angepaßt. Schüler mit einer raschen Auffassungsgabe konnten daher Zeit für weiterreichende Fragestellungen und vertiefende Erfahrungen sammeln.

Aktiver Gedankenaustausch — dynamische Interaktionen, die immer dann stattfinden, wenn ein Schüler durch ein bestimmtes Thema, Ereignis oder eine Form kreativer Äußerungen inspiriert wird — löst eine neue Ebene der Anteilnahme aus: »Diese Kinder konnten für eine bestimmte Zeit und unter der Beobachtung eines Lehrers ihren ganz eigenen Interessen nachgehen. Das taten sie solange, bis sie ihre Vorhaben abgeschlossen hatten.«

Die Teilnehmer des Rezulli-Programms gehörten zu den oberen 5 Prozent, die bei einheitlichen Leistungs- und Intelligenztests am besten abschnitten, zumindest aber wiesen sie immer deutlich überdurchschnittliche Fähigkeiten auf. Dennoch nahmen beide Gruppen gleichermaßen an allen Abschnitten des Programms teil, und die anschließende Auswertung ergab, daß beide Gruppen gleichermaßen davon profitiert hatten, *vorausgesetzt, die Schüler zeigten Kreativität und Engagement.* Die Lehrer zogen mit überwältigender Mehrheit dieses »Drehtürenprinzip« den traditionellen Testmethoden vor.
Der entscheidende Vorteil des Renzulli-Programms liegt vielleicht in seiner Entdeckung, daß weit mehr als die obersten 5 Prozent aller Schüler von einer Aufteilung in Projektgruppen zu besonderer Anregung, Förderung ihrer Entwicklung, Flexibilität und bestimmter Interessen profitieren kann. Ganz si-

cher aber ist dieses Prinzip weniger anfällig für elitäres Denken, außerdem dürften geeignete Schüler wohl kaum aussortiert werden.

Eine Schulpsychologin berichtete, wie sie ein Mädchen in der dritten Klasse von dem Begabtenförderungsprogramm abbringen mußte. Die Eltern hatten ihre Tochter aufgrund ihrer hervorragenden Sprachbegabung angemeldet, obwohl sie sonst einige Lernschwierigkeiten hatte. Auch die Psychologin fand, das Mädchen sei sprachbegabt, in den anderen Fächern jedoch kam sie nur eben gerade mit. Es war also unwahrscheinlich, daß sie die Leichtigkeit und Flüssigkeit entwickeln könnte, die für die Teilnahme an diesem anspruchsvollen Programm Voraussetzung war. Sie fürchtete, durch das rasche Voranschreiten der anderen Schüler könnte das Mädchen Minderwertigkeitsgefühle bekommen, daher entschied sie gegen die Aufnahme des Mädchens in dieses Programm. Ausschlaggebend für diese Entscheidung war das Selbstverständnis des Mädchens. Das Renzulli-Programm hätte ihr eine solche Entscheidung erspart. All dies soll nicht heißen, daß individuelle Tests völlig ihren Wert verloren hätten, wir die Hände in den Schoß legen und auf weitere Revolutionen auf diesem Gebiet warten sollten. Wir können es uns gar nicht erlauben, untätig zu sein, schließlich stehen wir Jahr für Jahr unablässig vor denselben Problemen — und anderen Kindern. Bis die heute entwickelten Tests einmal vereinheitlicht sind, beschäftigen Sie sich womöglich schon mit den Abiturproblemen Ihrer Enkel. Bis sich wirklich einmal etwas geändert hat, können wir also nur dafür sorgen, daß die gebräuchlichen Tests sinnvoll angewandt und im Kontext bewertet werden.

Linda Silvermann betont in ihrem Artikel in *Roeper Review* vom Februar 1986 noch einmal ausdrücklich, daß durch Tests mögliche Kandidaten für Begabtenförderprogramme ermittelt werden können; wird ein eigentlich qualifiziertes Kind jedoch nicht aufgenommen, liegt es an uns, die Initiative zu ergreifen. Ein schwaches Testergebnis sollte keinem Kind die Teilnahme unmöglich machen, das ansonsten alle Anzeichen von Begabung aufweist.

Wie sinnvoll ein Test zur Erkennung von Begabung ist, hängt davon ab, wie man Begabung definiert und mit welchem Alter man es zu tun hat. Bei jüngeren Kindern sind die Unterschiede in der Entwicklung größer und durch Tests leichter zu identifizieren. Sobald Kinder in die Mittelstufe kommen, »werden ihre allgemeinen Fähigkeiten auf bestimmte Bereiche gelenkt. Dann sind Eignungstests besser als Intelligenztests geeignet, bestimmte Fähigkeiten zu erkennen«.

Soll ein Test zur Aufnahme in ein bestimmtes Programm berechtigen, muß man sich immer wieder dieses Programm vor Augen halten. Liegen die Schwerpunkte des Förderprogramms in den Bereichen Kreativität, Musik, Kunst und dergleichen, sind sicherlich andere Indikatoren als IQ-Werte für die Auswahl der Teilnehmer gefragt.

Es folgt eine Kurzbeschreibung der beiden im Text erwähnten Tests:

1. Wechsler-Intelligenzskala für die Vor- und Grundschule Alter: 3 bis 6 Jahre

Sprachlicher Teil: Information, Wortschatz, Rechnen, Ähnlichkeiten, Verstehen, ganze Sätze.

Nichtsprachlicher Teil: Haus der Tiere, Bildergänzung, Irrgärten, flächiges und dreidimensionales Zeichnen.

Dauer: Etwa eine Stunde.

Wegen der unzureichenden Obergrenze für begabte Kinder nicht sonderlich sinnvoll; begabte Vorschüler, die ein Ergebnis oberhalb der Grenze für Sechseinhalbjährige erzielen, bilden bereits die Obergrenze. Wird Ihr fünfjähriges Kind, das bereits Aufgaben für Achtjährige lösen kann, allein aufgrund dieses Tests bewertet, kann es bestenfalls als 6 1/2 + eingestuft werden.

2. Wechsler-Intelligenzskala für Kinder
Alter: 6 bis 16 Jahre
Der meistempfohlene Test für Kinder über 6 Jahre.
Zielt genauer auf eine bestimmte Altersgruppe ab als der Stanford-Binet-Test. Die Aufgliederung in den sprachlichen und den nichtsprachlichen Teil erlaubt angeblich einen besseren Gesamtüberblick über die Fähigkeiten eines Kindes.
Sprachlicher Teil: Information, Ähnlichkeiten, Rechnen, Wortschatz, Verstehen (meist ohne Zeitbegrenzung).
Nichtsprachlicher Teil: Bildergänzung, Bildaufteilung, dreidimensionales Zeichnen. Anordnen von Gegenständen, Kodieren, Irrgärten (Zeitbegrenzung).
Dauer: Etwa eine Stunde.
Ergebnis: Drei Wertungen — sprachlich, nichtsprachlich, gesamt.

3. Stanford-Binet
Alter: ab 2 Jahre
Ergebnis: Ein einziger IQ-Wert — geistiges Alter.
Dauer: Etwa eine Stunde.
Deutliche Betonung des Sprachvermögens.

Der meistempfohlene Test für begabte Vorschulkinder (höhere Bewertung möglich als bei Nr. 1), besonders von Psychologen geschätzt. Gelegentlich wird auch die überarbeitete Version verwendet; einige Tester zweifeln an einem sinnvollen Verhältnis von Aufwand und Nutzen bei begabten Kindern, die unter Umständen mehr als zwei Stunden diesen Test über sich ergehen lassen müssen.

Die Antwortvorgaben lassen nur wenig Spielraum für abweichendes Denken. Sobald eine Antwort nicht fast wörtlich mit dem gewünschten Ergebnis übereinstimmt, braucht ein Tester sie nicht anzuerkennen. Eine abweichende, im Zusammenhang aber richtige Antwort kann durchaus vollständiger sein, als der Test es verlangt. Sehr viel hängt von dem Geschick und der Erfahrung des Testers ab, der mit größter Sorgfalt ausgewählt werden sollte. Bei Vorschulkindern sollten Sie einen Tester wählen, der Erfahrung mit dieser Altersgruppe hat.

Sowohl Test Nr. 2 als auch Test Nr. 3 haben eine obere Bewertungsgrenze von 160, höhere Testergebnisse müssen also geschätzt werden. Beiden Tests sagt man Nachteile für Kinder aus anderen Kulturkreisen nach.

8. KAPITEL

Wer hat hier das Sagen?

Wer ist dafür verantwortlich, daß Kinder eine umfassende zweckmäßige und sinnvolle Ausbildung erhalten?

— Das Schulamt?
— Der Kultusminister?
— Der Staat?
— Die Eltern?

Wenn Sie alle der oben angegebenen Möglichkeiten angekreuzt haben, liegen Sie vermutlich im großen und ganzen richtig. Vor Hunderten von Jahren erhielten nur die wenigen Privilegierten eine Ausbildung, die sogar nach heutigen Maßstäben ihrer Zeit um einiges voraus waren. Aber der gesellschaftliche Fortschritt brachte uns die Reformation und in der Folge eine Reihe unveräußerlicher Rechte, darunter auch das auf eine vom Staat garantierte und öffentlich geförderte Schulbildung. Seitdem haben wir gewaltige Fortschritte gemacht, dabei aber gleichzeitig zum Teil unsere Fähigkeiten verloren, dem außergewöhnlich schnell lernenden Schüler sein eigenes Lerntempo zuzugestehen, damit er seine ganz eigenen Ziele verfolgen kann.

Um es auf einen einfachen Nenner zu bringen: Das Schulsystem funktioniert für den weitaus größten Teil seiner Klienten, nämlich für all die ganz normalen Kinder, für die es gedacht ist. Für Minoritäten ist es weniger gut geeignet: Damit sind körperlich oder geistig Behinderte gemeint, Kinder mit Lernschwierigkeiten, Ausländerkinder und die Begabten. Viele dieser Gruppen haben sich in den letzten Jahren zunehmend Gehör verschafft und die Schulen gezwungen, auf ihre besonderen Belange in Form von Lehrplanänderungen, Zusatzprogrammen und besonderen Einrichtungen Rücksicht zu nehmen. Die Fürsprecher der Begabten tun sich dabei aber immer noch schwer. Allen anderen Bemühungen zum Trotz haben wahrscheinlich Sie allein nach wie vor den größten Einfluß auf die Individuation Ihres Kindes in der Schule.

Hinzu kommt, daß gerade das Alter zwischen vier und sieben für die Förderung der Begabung Ihres Kindes besonders kritisch ist, denn dabei handelt es sich um einen Vorgang, der mit äußerster Behutsamkeit behandelt werden will und daher nur allzu leicht vernachlässigt oder gestört werden kann. Viele Untersuchungen haben gezeigt, wie anfällig Begabung sein kann. Ein Zeuge:

- Geistig fortgeschrittene Kinder entwickeln sich nicht unter allen Voraussetzungen gleich (dies trifft insbesondere für die außergewöhnlich Begabten zu), daher sind Früherkennung und spezielle Programme für sie besonders wichtig.
- Eine in *Young Children* (November 1987) besprochene Untersuchungen ergab, daß besonders die Erzieher für kleine Kinder nur selten deren Begabung erkennen.
- Es gibt eine Reihe von Hinweisen dafür, daß wirklich begabte Kinder, denen von ihren Lehrern nur eine durch-

schnittliche Intelligenz bescheinigt wird, gegenüber solchen Kindern, deren Intelligenz von den Lehrern erkannt wird, bei Intelligenz- oder Leistungstests vergleichsweise schlechter abschneiden.
- Gerade in den ersten Schuljahren wirkt sich eine besondere Förderung auch zeitlich positiv für begabte Kinder aus.

Da man nur in den seltensten Fällen vor der vierten Klasse nach Begabung Ausschau hält, wird jede Initiative bis zu diesem Zeitpunkt von Ihnen selbst ausgehen müssen. Im folgenden geht es uns darum, was Eltern tun können, um auf der Schule ihrer Wahl die bestmögliche Förderung ihrer Kinder sicherzustellen. Zahlenmäßige Stärke ist immer gut, daher kann es durchaus hilfreich sein, sich mit anderen Eltern zusammenzutun.

Beim Eintritt in die Welt schulischer Erziehung sehen wir drei Möglichkeiten, wie Sie sich für die Belange Ihres Kindes einsetzen können: *Vorbeugen, Einschreiten sowie die Zusammenarbeit mit anderen.* Durch Vorbeugen sorgen Sie für den richtigen Start und vermeiden Probleme, bevor Sie überhaupt entstehen können. Rechtzeitiges Einschreiten sichert einen störungsfreien Ablauf, und durch das Zusammenarbeiten mit anderen werden allgemeine Interessen gebündelt, um sicherzustellen, daß die Anforderungen begabter Kinder auf Ihren Schulen auch dann noch erfüllt werden, wenn Ihre Kinder längst ihren Abschluß gemacht haben.

Vorbeugen

Wollen Sie die Schuljahre Ihres Kindes mit möglichst wenig Unstimmigkeiten, Mißverständnissen und Auseinandersetzungen überstehen, sollten Sie versuchen, Schwierigkeiten vorauszusehen und ihnen frühzeitig begegnen.
Wahrscheinlich könnten viele Probleme im Leben vermieden werden, wenn wir uns mit den Menschen in unserer Umgebung besser austauschen würden. Die Schule ist nur ein Ort, auf den dies zutrifft, und das Jahr kann einem sehr lang vorkommen, wenn man auf der Stelle tritt, vor allem, wenn Sie noch ein oder zwei Kinder haben, die bereits nachrücken. Es empfiehlt sich also, mit der Schule und den Lehrern zusammenzuarbeiten, zum Partner der Schule zu werden, wenn es darum geht, das Beste aus Ihrem Kind zu machen. Für viele mag das wie eine Selbstverständlichkeit klingen; andere wiederum wissen nicht, wie sie sich verhalten sollen, wodurch leicht ein falscher Eindruck von ihnen entstehen kann.
Wie erreicht man am besten ein gutes Verhältnis zu den Lehrern seines Kindes?
Erstens: Machen Sie mit, melden Sie sich freiwillig zu irgendwelchen Aufgaben. Erklären Sie sich bereit, in der Schule zu helfen — im Klassenzimmer, auf Ausflügen, als Quelle für Unterrichtsmaterial, erzählen Sie offen von Ihren Reisen oder Interessen. Nähen Sie Kostüme für das Schultheater, bereiten Sie etwas Besonderes für das Schulfest vor, verkaufen Sie T-Shirts, um das Geld für einen neuen Videorecorder zu beschaffen. Es ist ein offenes Geheimnis, daß man mit einer derartigen Einstellung im Falle einer Bitte oder eines Problems eher auf offene Ohren stößt. Nutzen Sie den Tag der offenen Tür; dort bietet sich eine willkommene Gelegenheit zum Gedankenaustausch.

Zweitens: Informieren Sie die Schule über die Persönlichkeit Ihres Kindes, über seine Fähigkeiten und Talente, wenn die Versetzung in die nächste Klasse oder gar an eine andere Schule ansteht. Sicher ist man seitens der Schule gerne bereit, für ein produktives Arbeitsverhältnis zwischen Schüler und Lehrer zu sorgen, vorausgesetzt, man hat die Möglichkeit. Dazu muß man aber die Schüler kennen, sonst reichen die Informationen nicht, um Fehlplanungen zu vermeiden. Viele vorausschauende Schulen befragen die Eltern nach den Stärken und Schwächen ihrer Kinder. Es ist viel einfacher, durch rechtzeitige Informationen die Auswahl des Lehrers zu beeinflussen, als ein Kind später einem anderen Lehrer zuzuteilen.

Einschreiten

Früher oder später kann es zu einer Situation an der Schule kommen, die besondere Beachtung verdient und vielleicht Ihr Einschreiten nötig macht.
Lesen Sie dazu die Aussagen von Eltern, mit denen wir gesprochen haben — nichts davon ist erfunden:

> Die Lehrerin eines Drittkläßlers an einer öffentlichen Schule schlug die Hände über dem Kopf zusammen und meinte, er wisse mehr über das Fach, als sie je unterrichten könne. Sie bat ihn, sich still zu verhalten und ihr bis zu den Zeugnissen keinen Ärger zu machen. Er half ihr beim Durchsehen der Klassenarbeiten. Mittlerweile besucht er eine Privatschule, wo er prächtig vorankommt.

> Unsere Fünfjährige war bereits soweit, daß sie mit dem Lesen anfangen konnte, und das, obwohl sie sich bis dahin alles

selbst beigebracht hatte. Wir erkundigten uns, wann die ersten Lesematerialien eingesetzt werden sollten. So etwas war nicht einmal geplant. Wir baten um ein Gespräch mit dem Direktor und jemandem von der Schulbehörde. Man teilte uns voller Geduld mit, daß Fünfjährige nicht lesen können. Im Januar durfte unsere Tochter bereits Bilder und Materialien verteilen — weil sie die Namen ihrer Klassenkameraden lesen konnte.
Dieselbe Lehrerin verteilte gezeichnete Irrgärten, aber unsere Tochter weigerte sich, mitzumachen. Warum? Die Lehrerin hielt sie hoch und zeigte allen den richtigen Weg durch den Irrgarten, damit sie ihn mit dem Bleistift nachzeichnen konnten. Unsere Tochter wollte aber allein dahinterkommen. Wir fragten die Lehrerin, warum sie den Kindern die Antwort sagte. Darauf antwortete sie, sie wollte nicht, daß jemand frustriert ist, weil er in einer Sackgasse landet. Wir bekamen das Gefühl, selbst dort gelandet zu sein, und zogen um.

Die Mutter eines äußerst begabten Vorschulkindes bat um ein Treffen mit dem Direktor und dem Lehrer, um über das geeignete Förderprogramm zu sprechen. Ausgeschlossen, hieß es, erst müsse das »seelische Problem« gelöst werden — was darin bestand, daß der Kleine bei jeder Enttäuschung in Tränen ausbrach (was in dieser Umgebung recht häufig der Fall war). Lehrer und Direktor schickten sie zum Schulpsychologen, was das Mädchen noch mehr von seinen Klassenkameraden entfernte. Ihre Leistungen beim Lesen ließen nach, und ihre Mutter bekam den Eindruck, die Klassenkameraden seien alles andere als nett zu ihr. Schließlich entwickelte sich ihr Lernen insgesamt zurück. Das Jahr endete mit großem Wehklagen, und im nächsten Jahr unterrichtete ihre Mutter sie zu Hause.

Wie stellen sie fest, ob in der Klasse Ihres Kindes alles zum besten steht? Manchmal bekommen Sie alle grauenerregenden Einzelheiten von Ihrem Kind erzählt, manchmal nur wenig. Bei anderen Gelegenheiten erfahren sie von Ihrem Kind nur ein sehr unvollständiges Bild dessen, was geschehen ist. Entweder es vermittelt Ihnen einen sehr einseitigen Eindruck von den Geschehnissen, oder es erzählt überhaupt nichts. Vielleicht will es einem bestimmten Problem aus dem Weg gehen oder weiß nicht, wie es sich ausdrücken soll. Achten Sie auf streßbeladene Situationen, sie sind meist ein Warnzeichen.
Es folgt eine Liste mit Anzeichen im Verhalten Ihres Kindes, die auf möglicherweise problematische Situationen hinweisen können. Sobald Sie folgende Beobachtungen machen, sollten Sie besonders auf der Hut sein:

- Jede Veränderung der Schlafgewohnheiten, darunter Schlaflosigkeit, schlechte Träume oder ständige Müdigkeit.
- Jede Veränderung der Eßgewohnheiten.
- Jede Veränderungen in den Toilettengewohnheiten, möglicherweise gepaart mit einer Rückkehr zu längst abgelegtem Kleinkindverhalten.
- »Perfektes« Betragen in der Schule, jedoch vollkommen sprunghaftes, launisches Verhalten zu Hause. Manche Kinder stauen sämtliche Frustrationen ihres Tages auf, um sie in der sicheren Umgebung herauszulassen.
- Deutliche Tendenz, allem aus dem Weg zu gehen — häufig begleitet von Beschwerden über unspezifische Krankheitsbilder.
- Allgemeine Reizbarkeit, häufiges Weinen, Verlust der Fähigkeit, Rückschläge einzustecken.
- Das Kind sieht sich oft negativ.
- Völliger Interessenverlust bei Dingen, die zuvor immer

Spaß gemacht haben; nicht einfach nur ein Wechsel der Interessen.

Ohne Zweifel gibt es noch viele andere Symptome, vielleicht sogar ebenso viele wie Kinder auf der Schule. Letzten Endes wissen nur Sie allein, was sich im Verhalten Ihres Kindes verändert. Ist erst einmal die Wurzel des Übels erkannt, haben Sie einen ersten Ansatzpunkt.
Wenn ein Problem entsteht, ist es im allgemeinen das vernünftigste, sich von unten in der Hierarchie des Erziehungswesens emporzuarbeiten. Suchen Sie zuerst den Lehrer auf und teilen Sie ihm freundlich und ohne Aggressionen mit, Sie hätten Spannungen im Verhältnis von Schüler und Lehrer bemerkt und würden gerne seine Meinung darüber hören.
Dabei sollten Sie auf Körpersprache, Augenkontakt und andere nonverbale Zeichen achten. Lassen Sie sich nicht zu Vorwürfen hinreißen, hören Sie sich erst an, was er zu sagen hat. Seien Sie Partner und nicht Gegner. Schließlich wollen Sie beide das Beste für Ihr Kind. Zusammen sollten Sie in der Lage sein, einen Kompromiß zu finden. Einigen Sie sich auf einen Versuch, vereinbaren Sie ein weiteres Treffen, um erneut über die Sachlage zu sprechen.
Vergessen Sie im Umgang mit Lehrern nicht, daß Schulen begabten Schülern nur zum Teil gerecht werden können. Unser Eintreten zielt auf eine bessere Eingliederung ab, eine weitgehendere Individualisation. Alles weitere bieten das Zuhause und die Familie. Machen Sie im Umgang mit der Schule deutlich, daß es Ihnen um einen Informationsaustausch geht, Sie möchten wissen, wie der Lehrer die Dinge sieht, welche Schlüsse er zieht, was er empfiehlt oder plant, und Sie sollten bereit sein, alle hilfreichen Beobachtungen mitzuteilen.
Versetzen Sie sich in die Lage des Lehrers; respektieren Sie ihn,

auch wenn Sie anderer Meinung sind; vielleicht vereinfacht das, was Sie zu sagen haben, seine Arbeit. Beginnen Sie das Gespräch auf einer gemeinsamen Basis. Überprüfen Sie gelegentlich, ob die Ansichten des Lehrers mit Ihren eigenen übereinstimmen. Drohen Sie nicht, greifen Sie keine Zeugnisse an und beharren Sie nicht auf Dingen, die ohnehin jedem klar sind. Berufen Sie sich auf die Beobachtungen anderer oder sonstige bewiesene Tatsachen und nicht einfach nur auf Ihre persönliche Meinung. Fragen Sie den Lehrer nach seinen Plänen, schlagen Sie Alternativen vor, ohne jedoch unbedingt darauf zu bestehen; warten Sie die Ergebnisse ab. Bitten Sie andere Fachleute aus demselben Bereich um Unterstützung oder Vermittlung.
Ein Ehepaar nahm an dem halbjährlich stattfindenden Elternabend eines besonderen Sprachkursus teil und bemerkte der Lehrerin gegenüber, sie hätten den Eindruck, ihre Kinder machten keine Fortschritte; anscheinend hätten die Kinder keine Hausaufgaben von einer Woche auf die nächste zu erledigen, außerdem sprachen sie nie darüber, was in der Klasse gerade gemacht wurde. Die Lehrerin schien erleichtert, daß die Eltern gefragt hatten. Sie berichtete, die Kinder hätten ihre Hausaufgaben nicht gemacht und wären im Unterricht häufig aufsässig und würden stören. Als die Kinder, die bereits vorher Französischunterricht gehabt hatten, später selbst gefragt wurden, sagten sie, in der Klasse säßen Anfänger, die ewig brauchten, bis sie die einfachsten Dinge begriffen hatten. Das Ergebnis waren einige Veränderungen, und durch Teamarbeit gelang es allen in der Klasse, besser zu werden. Hätten sich die Eltern nicht zu Wort gemeldet, hätte die komplizierte Situation noch lange ohne Korrektur weiterlaufen können. Um es noch einmal zu betonen: Fragen Sie in einer solchen Situation nach, und fallen Sie nicht mit Vorwürfen über die Verantwortlichen her.

Wir fragten eine Schulleiterin, die für ihre guten persönlichen Beziehungen zu den Eltern ihrer Schüler bekannt war, welche Vorgehensweise für alle Beteiligten den meisten Erfolg versprach. Hier ihre Empfehlungen:

Funktioniert die Verständigung mit Ihrem Lehrer nicht, bitten Sie die Schulleiterin um ein Gespräch. Wenn sie nicht vollkommen neu auf ihrem Posten ist, wird dies nicht die erste Anfrage dieser Art sein. Vielleicht stellt sich Ihnen dieses Problem zum ersten Mal, die Schulleiterin hingegen hat bestimmt schon von ähnlichen Fällen gehört. Vielleicht weiß sie sogar schon einen Lösungsansatz.
Wenn Sie ihr den Fall schildern, sollten Sie einige spezielle Unterlagen oder Beweismittel mitbringen. Geht es um einen Konflikt, erklären Sie, wie Ihr Kind sich dabei fühlt. Denken Sie immer daran, daß alles, was Sie hier vorbringen, auf reines Hörensagen von Ihrem Kind zurückgeht. Der Lehrer ist Augenzeuge und sieht die Sache möglicherweise etwas anders. Stellen Sie die Tatsachen so dar, wie Sie sie kennen, und hören Sie bereitwillig zu.
Sagen Sie, daß Sie innerhalb der nächsten dreißig Tage eine bestimmte Verbesserung erhoffen. Geht es schneller, rufen Sie die Schulleiterin kurz an, um sie über die vielversprechende Entwicklung zu informieren.
Vereinbaren Sie nach der Versuchszeit ein weiteres Treffen, um die Angelegenheit weiterzuverfolgen. Stellt sich keine Verbesserung ein oder ist der Fortschritt nicht zufriedenstellend und Sie bekommen das Gefühl, gegen Mauern anzurennen, ist es an der Zeit, den verantwortlichen Schulinspektor aufzusuchen. Aber drohen Sie nicht. Geben Sie dem Schulleiter Gelegenheit, seine Bemühungen zu verdoppeln, bevor Sie sich an die nächsthöhere Stelle wenden.

Fallstudie: Ein Vater suchte den Schulleiter auf, um ihm mitzuteilen, daß sein Sohn anscheinend Schwierigkeiten beim Lernen mit gedruckten Medien hatte und wollte wissen, ob die Möglichkeit besteht, den Stoff auch über andere Medien zu vermitteln. Man vereinbarte ein Treffen zwischen dem Spezialisten für Lernstörungen, dem Klassenlehrer des Schülers, dem Schulleiter und dem Direktor des Bildungszentrums. Nach einem Gespräch kam man überein, den Schüler selbständig lernen zu lassen, und zwar zuerst auf seinem Hauptinteressengebiet, Natur. Man ließ ihn den Videorecorder des Bildungszentrums benutzen und besorgte sämtliche erhältliche Videos zu diesem Thema. Der Junge machte sich Notizen und berichtete über die wesentlichen Punkte seiner selbständigen Arbeit vor der Klasse. Er schrieb originelle Geschichten und Berichte auf dem Computer des Lernzentrums. Ergebnis: Ein zufriedener, erfolgreicher Schüler. Sein Vater hatte sich auf effektivste Weise für seinen Sohn eingesetzt.

Vor allem sollten Sie sich immer eine wichtige Grundregel vor Augen halten: »Setzt mir jemand zu, neige ich wahrscheinlich dazu, ihm ebenfalls zuzusetzen. Werde ich angeschrien, schreie ich zurück. Ist jemand nett zu mir, bin ich vermutlich geneigt, auch nett zu ihm zu sein.«
Die meisten Menschen sind sich einig, daß folgendes nicht funktioniert: Forderungen, Drohungen, ungerechtfertigte Ansprüche, Geschrei, wenn man Fachleuten vorschreibt, was sie wie zu tun haben, das Infragestellen von fachlicher Kompetenz. Funktionieren dagegen könnte folgendes: Ein Bemühen um Tatsachen, Komplimente, Kompromisse, Vertrauen, ein Informationsaustausch, der Ihr Gegenüber auf dem laufenden hält, und möglicherweise seine Arbeit vereinfacht.

Möchten Sie, daß man die Begabung Ihres Kindes offiziell anerkennt, sollten Sie alle erdenklichen Beweismittel beibringen. Beurteilungen von anderen Lehrern, Kontrollisten (aus diesem Buch oder aus einem anderen), Ihre eigenen Beobachtungen, auf jeden Fall aber Fotokopien aller Tagebücher und Aufzeichnungen, die Sie selber angefertigt haben. Bedenken Sie, daß alles, was Sie dabei hinterlassen, in die Unterlagen Ihres Kindes aufgenommen werden kann und mit ihm von Schule zu Schule wandert. Vergessen Sie nicht, daß Sie das Recht haben, diese Aufzeichnungen von Zeit zu Zeit einzusehen, und daß Sie auf Ihren ausdrücklichen Wunsch ihre Richtigkeit überprüfen und gegen die aus ihnen zu ziehenden Schlüsse vorgehen können.

Es folgen einige typische Formulierungsvorschläge, wie man um die Aufnahme von Kindern in ein Begabtenförderprogramm ersuchen kann (und wie man es besser nicht macht):

Nicht: »Gibt es an dieser Schule ein Begabtenförderprogramm?«, sondern: »Wie trägt man an dieser Schule den Bedürfnissen begabter Kinder Rechnung?«

Nicht: »Warum wurde mein Kind nicht in das Begabtenförderprogramm aufgenommen?«, sondern: »Wie verfährt man mit Schülern, die auf einer vorigen Schule an einem solchen Programm teilgenommen haben?«

Nicht: »Warum ist das Begabtenförderprogramm auf einen Tag pro Woche beschränkt«, sondern: »Inwiefern wird der normale Unterricht für Schüler, die einmal pro Woche an dem Begabtenförderprogramm teilnehmen, geändert?«

Nicht: »Warum gibt es ein solches Programm erst ab der 4. Klasse?«, sondern: »Welche Pläne haben Sie, das Programm auch auf weitere Altersstufen auszuweiten, und was können Sie vorschlagen, um unseren Kindern sofort zu helfen?«

Nicht: »Wäre es nicht sinnvoller, mein Kind auf eine private

Schule für Begabte zu schicken?«, sondern: »Welche Sonderprogramme bieten Sie zur Förderung begabter Kinder an?«
Machen Sie eine Bestandsaufnahme, sobald eine Situation in der Klasse sich ungünstig auf Ihr Kind auszuwirken scheint. Wirkt sie sich tatsächlich negativ auf seine Selbstachtung oder sein Gefühl der Schule gegenüber aus, ist es an der Zeit, einzuschreiten. Ziel Ihrer Analyse sollte es sein, die Situation zu entschärfen. Ganz sicher können Sie dazu beitragen, Spannungen abzubauen, Enttäuschungen erträglicher zu machen, Kommunikation und Koordination zu fördern. Angenommen, das Problem besteht darin, daß ein Vorschullehrer die begabten Kinder in seiner viel zu vollen Klasse nicht erkennt, dann könnten Sie und andere Eltern anbieten, ihm zu helfen — entweder indem Sie zusätzliche Materialien für die begabten Kinder bereitstellen oder indem Sie dem Lehrer eine andere Aufgabe abnehmen, so daß er dem einzelnen Schüler mehr Zeit widmen kann. Lernen Sie das Verhalten von begabten Kindern untereinander kennen; sprechen Sie mit Ihrem Kind; suchen Sie nach kreativen Lösungen bei Problemen wie zum Beispiel der Langeweile. Suchen Sie nach sinnvollen Ergänzungen des Unterrichts für die Zeit nach der Schule oder an Wochenenden.
Ein Mädchen in der dritten Klasse fühlte sich nicht wohl, weil ihr der Lehrer vorwarf, während seines Unterrichts zu träumen. Sie gestand ihrer Mutter, seine Erklärungen schon beim ersten Durchgang zu verstehen, er allerdings halte es für erforderlich, sie für ihre Klassenkameraden in aller Ausführlichkeit zu wiederholen. Sie könnte nicht anders, ihre Gedanken fingen einfach an zu wandern, sobald sie etwas begriff und abgespeichert hatte.
Hier war eindeutig eine kreative Lösung gefragt. Nach einer Phase des Analysierens, der Problemfindung, des Brainstor-

ming und dem Versuch, neue Wege zu finden, kamen das Mädchen und ihre Mutter zu einem Ergebnis. Das Mädchen sollte die Sprache des Lehrers analysieren und dabei über die von ihm am häufigsten verwendeten Worte Buch führen. Für den Lehrer sah es dann so aus, als sei sie äußerst aufmerksam, was sie im Grunde auch war. Und durch ihre Zusatzaufgabe, das Wortezählen, machte es auch wieder Spaß, dem Lehrer zuzuhören. Die Lösung war für alle ein Gewinn!
Auch in den späteren Klassen werden solche Lösungen immer wieder gefragt sein. Lassen Sie Ihre Kinder eigene Lösungen finden. Drängen Sie darauf, daß dabei das Prinzip des abweichenden Denkens nicht aus den Augen verloren wird. Mit unserer Hilfe können Kinder dabei sehr viel Phantasie entwickeln und ihre ganz eigenen Wege finden.

Es kann natürlich auch der Tag kommen, an dem ein Problem auftaucht, das aus den unterschiedlichsten Gründen Ihre Kräfte überfordert, allein gegen das Schulsystem anzugehen. Bei einer größeren Sache ist es dann an der Zeit, sich mit den Eltern anderer begabter Kinder zusammenzutun und sich zu organisieren.

Gründung einer Elterngruppe

Wollen Sie, daß in Ihrem Bezirk ein Begabtenförderprogramm eingesetzt oder ein vorhandenes ausgeweitet wird, ist es an der Zeit, sich zu organisieren. Wirklicher Fortschritt oder gar ein erfolgreiches Programm ist fast nie das Ergebnis des persönlichen Engagements eines Einzelnen. Eine äußerst wortgewandte Mutter mit einem klugen Kind können einem vielleicht auf die Nerven gehen, sechzig wortgewandte Eltern mit vierzig klugen Kindern jedoch stellen bereits eine nicht zu vernachlässigende Minderheit dar.

Wir wollen uns mit der völligen Neugründung einer Gruppe an einer Schule beschäftigen, an der es überhaupt noch kein Begabtenförderprogramm gibt. Als erstes müssen Sie feststellen, wie viele Menschen bereit sind, Ihre Position zu unterstützen. Selbst wenn Sie neu in der Gegend sind, Ihre Kinder haben oft ein Gespür dafür, wer sonst aus ihrer Klasse ähnlich begabt ist. Vielleicht hilft Ihnen auch ein sympathisierender Lehrer weiter. Sobald Sie einen harten Kern von zwei oder drei engagierten Elternpaaren zusammen haben, sollten Sie ein Sondierungstreffen anberaumen. Laden Sie Lehrer, Eltern, Leute von der örtlichen Schulbehörde und alle anderen ein, die persönlich von der Sache betroffen sind. Das Treffen sollte unter einem speziellem Motto stehen — das kann ein Autor liefern, ein Pädagoge für begabte Kinder von der nächsten Universität, ein Kinderpsychologe, der vielfältige Erfahrung mit begabten Kinder hat. Kündigen Sie Ihr Treffen im Lokalteil an, auf Handzetteln, beim Lokalsender im Radio und überall dort, wo Sie Eltern erreichen können. Geben Sie immer eine Telefonnummer an, so daß interessierte Eltern sich näher informieren können. Versuchen Sie etwas über die Leute in Erfahrung zu bringen, die anrufen. Entsprechen deren Schulen den Wünschen und Anforderungen? Welche Lehrer sind dafür bekannt, daß sie gut mit begabten Kindern umgehen können? Rufen Sie alle nur denkbaren Leute an und laden Sie sie persönlich ein; bitten Sie jeden um den Namen anderer Eltern begabter Kinder. Sammeln Sie alle Namen und Telefonnummern, die Sie bekommen können, denn diese Menschen bilden Ihren Rückhalt, auch wenn Sie an dem Treffen nicht teilnehmen sollten.

Lassen Sie auf dem ersten Treffen eine Adressenliste herumgehen, damit Sie alle mit neuen Informationen und Nachrichten auf dem laufenden halten können. Bitten Sie um Informationen über sämtliche Probleme, Mängel oder Unzulänglichkeiten (aber bleiben Sie auf dem Teppich, Sie können das Schulsystem nicht über Nacht völlig umkrempeln). Das Vorstandskomitee wird dann die Mängel an Ihrer Schule festhalten, einen Plan entwerfen, eine Satzung beschließen und eventuell einen Etat aufstellen. Diese Gruppe kann auch das Programm für ein zweites Treffen beschließen. Versuchen Sie die Eltern zu finden, die bereit sind, bei Programmen, der Korrespondenz und wo immer sonst Unterstützung gebraucht wird, zu helfen.

Das beste wäre ein Rundschreiben, um alle Beteiligten bis zum nächsten Treffen auf dem laufenden zu halten. Dort sollte der nächste Termin zu finden sein, das geplante Programm, Quellenhinweise, Büchertips, das Neueste über Begabtenklassen und deren Unternehmungen; Namen und Adressen von Kontaktpersonen sowie alles über die entsprechende Gesetzgebung.

Weil vor allem im Bereich der Erziehung nichts über Nacht geschieht, ist es sinnvoll, die Eltern neuer Schüler aus der Nachbarschaft einzuspannen. Es kann durchaus drei Jahre dauern, bis in der Schule alles zum besten läuft. In dieser Zeit haben über die Hälfte aller Schüler die Schule längst verlassen oder sind umgezogen. Die von Ihnen geleistete Arbeit sollte Sie überdauern, was nur dann gewährleistet ist, wenn Sie die Verantwortung an andere Familien weitergeben können. Einige der von Ihnen angeregten Programme laufen vielleicht erst an, wenn Ihre Kinder zu alt sind, um davon profitieren zu können, andererseits werden Ihre Kinder dankbar sein, daß Sie versucht haben, sich für sie einzusetzen.

Einer Untersuchung zufolge dürften etwa 20 bis 30 Mark pro

Jahr und Familie reichen, die Kosten für Druck, Porto und Sonstiges abzudecken. Man kann davon ausgehen, daß ungefähr die Hälfte der Familien, die Sie unterstützen, Beiträge zahlt und im Schnitt jedes zweite Treffen besucht. Etwa ein Viertel der in Frage kommenden Eltern bilden den harten Kern, auf den Sie sich in jeder Hinsicht verlassen können. Die restlichen drei Viertel interessieren sich nur vorübergehend oder von Zeit zu Zeit, vielleicht auch für spezielle Programme, ohne jedoch Schritt für Schritt mitzuarbeiten. Ein Rat: Beteiligen Sie die Väter an allen Aspekten des Programms und der Organisation; bestreiten Sie die Hälfte des Programms mit Schülern; ersuchen Sie um Zuschüsse von Ihrer Gemeinde; sorgen Sie für eine relative Bekanntheit als Ansprechpartner für Eltern von Begabten; engagieren Sie sich auch sonst in Ihrem Bezirk und bemühen sie sich um Erfahrungsaustausch mit anderen, auch überregionalen Gruppen.

Es folgen einige praktische Ratschläge von Gina Ginsberg Riggs (veröffentlicht in *Gifted Child Quarterly*, Sommer 1984):

1. *Macht*. Eine Elternorganisation verschickte Fragebogen an alle Schulverwaltungen des Bezirks, in denen sie um Information zu Begabtenförderprogramme bat, wohl wissend, daß es keine gab. Die Organisation geriet durch diese Aktion in Verruf, und es brauchte mehrere Jahre relativen Wohlverhaltens, bis sie von den Pädagogen wieder akzeptiert wurde.
   Moral: Gegen die Bürokratie kommen Sie nicht an. Arbeiten Sie dort mit und versuchen Sie, Veränderungen von innen heraus zu bewirken. Achten Sie vor allem immer darauf, daß Ihre Partner bei jeder sich bietenden Gelegenheit einen guten Eindruck hinterlassen.
2. *Ziele*. Definieren Sie gleich am Anfang Ihre Ziele und Ab-

sichten und arbeiten Sie stetig darauf hin. Eine Gruppe ohne klar umrissene Ziele ist zum Scheitern verurteilt.
3. *Satzung.* Sobald Meinungsdifferenzen auftauchen, es zu Machtkämpfen und persönlichen Auseinandersetzungen kommt und einzelne ihren eigenen Weg beschreiben wollen, wird eine Satzung die Gruppe an ihre Ziele erinnern. Lassen Sie sich dabei von einem Anwalt aus der Gruppe oder Ihrem Bekanntenkreis helfen oder lassen Sie sich entsprechend beraten.
4. *Leitung.* Nur jemand mit positiver Ausstrahlung, verbunden mit persönlicher Stärke und der Fähigkeit, der Gruppe eine bestimmte Richtung zu geben, kann sie auch zu ihren Zielen führen. Die Führungspositionen sollten nur aufgrund dieser Fähigkeiten besetzt werden und nicht, weil jemand vielleicht Freunde in der Verwaltung hat.
5. *Bewertung.* Zählen Sie Ihre Ziele auf und werten Sie Ihre Fortschritte aus. Bitten Sie alle Beteiligten anhand eines Fragebogens, ein bestimmtes Programm zu beurteilen. Bringen Sie den Vorstand dazu, jedes Vorhaben schrittweise auszuwerten. Von Zeit zu Zeit sollte das gesamte Vorhaben einer neuen Bewertung unterzogen werden.
6. *Stärken.* Stellen Sie eine Liste zusammen, auf der die Mitglieder Ihrer Organisation ankreuzen sollen, wobei sie helfen können. Bitten Sie alle Mitglieder, ihren Beruf und ihre Hobbys anzugeben, so daß der Projektleiter weiß, an wen er sich wenden kann, wenn etwas Bestimmtes getan werden muß. Die Mitglieder werden gerne bereit sein zu helfen, schließlich wissen Sie, daß es letztlich um das Wohl ihrer Kinder geht.
7. *Belohnungen.* Freiwillige verdienen eine gute Entlohnung; sie sollte aus Anerkennung und Lob bestehen.
8. *Information.* Effektives Eintreten für ein bestimmtes Ziel

kann oft auf einen einzigen Nenner gebracht werden: Genaue Informationen müssen von einer großen Anzahl von Personen sinnvoll verwendet werden können. Arbeiten Sie eng mit anderen Organisationen zusammen.
9. *Geld*. Bitten Sie Mitglieder mit Erfahrung auf diesem Gebiet um die Verwaltung Ihrer Mittel. Veröffentlichen Sie einen zielorientierten Etat, so daß jeder weiß, wofür seine Beiträge verwendet werden. Machen Sie sich die Erfahrungen und das Wissen anderer Mitglieder zunutze, um Ihre Mittel optimal einsetzen zu können.
10. *Wachstum*. Gehen Sie mit der Zeit. Organisationen müssen sich verändern; entweder sie wachsen und gedeihen, oder sie gehen allmählich unter.
11. *Produktive Versammlungen*. Sind sie an einer regen Teilnahme an Ihren Versammlungen interessiert, sollten Sie dafür sorgen, daß sie erträglich sind. Fangen Sie pünktlich an, fahren Sie mit der Tagesordnung fort und hören Sie frühzeitig auf. Binden Sie Teilnehmer persönlich ein und gehen Sie höflich aber bestimmt gegen langatmige Redner vor. Zeit für etwas Spaß sollte auch sein, schließlich wollen Sie, daß alle wiederkommen.

Vier Gründe führen laut Patricia Bruce Mitchell oft zu einem Scheitern solcher Bemühungen: Der erste wäre ein Auftreten im Stil einer Minderheit, was mittlerweile nicht mehr effektiv ist; der zweite Fehler wäre die Annahme, die Beamten der Verwaltung seien nicht sonderlich intelligent, was destruktiv ist, der dritte ist Ungeduld, und der vierte schließlich Egoismus:

Das Scheitern vieler dieser Bemühungen ... kann direkt oder indirekt auf ein typisches, menschliches Übel zurückgeführt werden: den Egoismus. Sobald Sie sich zum Fürsprecher der Begabten und Talentierten machen, ist Ihr größtes Problem wahrscheinlich nicht Ihre Aussage vor einem Komitee, das über Ihr Anliegen entscheiden soll, sondern wie Sie es schaffen können, eine Gruppe von Gleichgesinnten zur Zusammenarbeit zu bewegen. Es wird Sie große Mühe und viel Selbstlosigkeit kosten, diese Gruppe so zusammenzubringen, daß niemand seine Stimme über die des anderen erhebt.

Wie alle anderen Menschen auch neigen Lehrer, Schulleiter und Beamte dazu, lieber etwas für ihre Freunde zu tun als für jemanden, den sie nicht kennen. Freunde sind gute Zuhörer und verständige Stützen; sie greifen ein und helfen, abseits zu stehen und Kritik zu üben. Und wenn es wirklich einmal darum geht, auf einem speziellen Gebiet einen entscheidenden Schritt nach vorn zu tun, wird Ihnen ein Freund immer sagen, wie Sie das bewerkstelligen können und Ihnen dabei unter die Arme greifen.

Jetzt können die Begabten unter Ihnen sich die kreative Denkarbeit aus Kapitel 5 zunutze machen. Legen Sie fest, wie Sie vorgehen wollen, beschreiben Sie Ihr Problem (oder den Mangel); finden Sie mögliche Lösungen; einigen Sie sich auf einen Plan und führen Sie ihn durch. Zu jedem dieser Schritte werden Sie eine Menge an Informationen brauchen, außerdem sollten alle aktiven Mitglieder Ihrer Gruppe an jedem einzelnen Schritt mitarbeiten. Solange die Mehrheit sich an der Meinungsbildung beteiligt, brauchen Sie sich über Splittergruppen, Cliquen oder Fraktionen, denen andere Ziele oder auch nur ein bunter Regenbogen vorschweben, keine Sorgen zu machen.

Haben Sie einen Plan ausgearbeitet, der finanzierbar, durchführbar und flexibel genug ist, können Sie seitens der Schule und der Verwaltung auf ein gewisses Wohlwollen rechnen. Setzen Sie sich realistische Ziele. Es ist viel leichter, einen Flohmarkt zur Finanzierung eines neuen Computers auf die Beine zu stellen als durch Börsenspekulationen den Bau einer neuen Bibliothek.

Über den Umgang mit der Schulbehörde

Ideal wäre eine ununterbrochene Zusammenarbeit mit unseren Schulämtern. Ein Schulsystem funktioniert schließlich nicht wie eine Sparkasse, wo wir unsere Fünfjährigen abgeben, um sie dreizehn Jahre später samt Zinsen wieder abzuholen.

Die Leute, die in den Schulämtern arbeiten, sind im Grunde Menschen wie Sie: Ihre Kinder besuchen eine öffentliche Schule, sie sind interessiert, daß alle in ihrem Bezirk eine gute Schulbildung bekommen, und sie haben einen Blick dafür, wie die Steuergelder am besten verwendet werden sollten. Es wäre ein Fehler, sie als gesichts- und namenlose Gruppe zu sehen. Bereits jetzt machen wir den Schulämtern genug Schwierigkeiten. Wir legen bei ihnen einen doppelten Maßstab an, gegen den wir uns im umgekehrten Fall mit Händen und Füßen wehren würden. Einige Beispiele:

- Am liebsten sähen wir auf jedem Posten jemanden mit Universitätsabschluß, Phantasie und Weitsicht, aber wenn die planmäßigen Heizkosten nach einem langen, kalten Winter überzogen werden, fangen wir an zu schreien.
- Wir verlangen von ihr, daß sie die besten, jungen Lehrer einstellt, beschweren uns aber gleichzeitig über jede Gehaltserhöhung; wenn die besten und engagiertesten Lehrer sich

dann woanders einen lukrativen Job suchen, werfen wir ihr mangelnde Weitsicht vor.
- Wir beschweren uns über zu große Klassen; sobald aber die Schülerzahl zurückgeht, drängen wir die Verwaltung, die Schulen zu schließen und die leerstehenden Gebäude zu verkaufen. Steigt die Schülerzahl dann wieder, bemängeln wir den fehlenden Vorausblick der Verantwortlichen.

Es folgen einige Vorschläge, wie Eltern sich verhalten sollen, die ihren Fall dem Schulamt vortragen wollen:

- Machen Sie sich mit der Bildungspolitik, ihren Zielen und Richtlinien vertraut. Vergessen Sie nicht, daß die dort arbeitenden Beamten ebenso betroffene Eltern sind wie Sie, und daß sie ihre Kraft und Zeit dieser Aufgabe widmen.
- Suchen Sie nach Gelegenheiten, die Mitarbeiter des Schulamtes persönlich kennenzulernen; versuchen Sie herauszufinden, wer Freund und wer Feind ist, und wen Sie im Zweifelsfall noch überzeugen müssen. Dann wissen Sie auch, wieviel Stimmen Sie für eine Mehrheit noch auf Ihre Seite bringen müssen.
- Bringen Sie ein Anliegen immer schriftlich und von einer Gruppe von Eltern unterzeichnet vor. Lassen Sie den Sachbearbeitern genügend Zeit, sich in den Fall einzuarbeiten.
- Ein guter Rat zum Schluß: Sie können alles erreichen, die Voraussetzung ist ein unbeugsamer Wille, harte Arbeit und ein klein wenig Geduld — aber nicht zu viel!

Bewertung des Begabtenförderungsprogramms Ihrer Schule

Gelegentlich sollten Sie überprüfen, ob das Begabtenförderungsprogramm Ihrer Schule den Anforderungen der Schüler gerecht wird. Die Begabung eines Kindes entwickelt sich in einem Prozeß, und dieser Entwicklungsprozeß sollte sich in dem Schulsystem widerspiegeln. Mit der Zeit ändern sich auch die Bedürfnisse der Schüler. Ein Programm, das noch vor fünf Jahren Wunder gewirkt hat, ist für die jüngeren Geschwister dieser Schüler vielleicht längst nicht mehr zeitgemäß.
Gehen Sie zusammen mit anderen Eltern die folgende Kontrolliste durch:

- Gibt es klare Aussagen darüber, welche Arten von Begabung mit dem Programm gefördert werden sollen?
- Werden die in Frage kommenden Neuzugänge sorgfältig auf mögliche Teilnehmer an dem Programm untersucht? Sind die dabei verwendeten Methoden angemessen?
- Gibt es Qualifikationsmerkmale, die über einen simplen IQ hinausgehen?
- Werden die Eltern sowohl über das Programm als auch über die Art des Ausleseverfahrens informiert? Werden sie über die Anzeichen für Begabung befragt, die sie möglicherweise bei ihren Kindern bemerkt haben?
- Sind die Durchführenden der Ausleseverfahren darauf trainiert, auch Bereiche von Begabungen zu erkennen, die nicht vom Ausleseverfahren erfaßt werden?
- Existiert ein genau formulierter Kriterienkatalog, der über Aufnahme bzw. Nichtaufnahme in das Programm entscheidet? Ist die Aufnahme während des ganzen Jahres möglich? Können Eltern oder Schüler auf eigenen Wunsch aus einem laufenden Programm ausscheiden?

- Wie viele Teilnehmer hat das Programm (in Prozent)?
- Werden die Schüler je nach ihren Stärken auf bestimmten Gebieten in bestimmte Gruppen zusammengefaßt?
- Nehmen die Teilnehmer des Programms jeden Tag für eine gewisse Zeit an dem normalen Unterricht teil?
- Ist die Zeit für das Programm ausreichend bemessen? (Wenigstens 150 Minuten pro Woche?)
- Schöpft es alle Angebote aus der Umgebung aus?
- Wird das Lehrpersonal sorgfältig ausgewählt? Hat es eine gute Ausbildung?
- Wie viele Schüler kommen auf einen Lehrer?
- Wird den Schülern die Möglichkeit geboten, die Richtung des Programms zu beeinflussen?
- Erhalten die Schüler die Möglichkeit, sich selbst zu bewerten?
- Ist das Programm finanziell gut ausgestattet? Wird Geld unnütz ausgegeben?
- Wird das Denken auf einer höheren Abstraktionsebene gefördert?
- Dienen Tests der (hierarchischen) Einstufung oder der individuellen Beurteilung?
- Werden Kreativität und abweichendes Denken gefördert?
- Wird das kreative Herangehen an Probleme geübt und praktiziert?
- Sind Ausstellungen interdisziplinär?
- Kann sich ein Student einem bestimmten Fach widmen, ohne an Grenzen zu stoßen?
- Wird das Programm inhaltlich zusammenhängend über die Jahre fortgeführt?
- Werden die erzielten Leistungen bis zum Schulabschluß weitergegeben?
- Können die Schüler eigene Vorstellungen bei der Planung des Programms einbringen?

- Wird das Programm anderen Schülern und der Gemeinde als Ehre und positive Erfahrung dargestellt?

Es steht Ihnen frei, Ihrer persönlichen Kontrolliste weitere Punkte hinzuzufügen.
Läuft ein solches Programm erst einmal, müssen bestimmte verwaltungstechnische Aspekte in Betracht gezogen werden:
- Ist ausreichend Geld vorhanden, um Unterrichtsmaterial auch aus den nicht bereits vorhandenen Quellen zu beziehen?
- Ist ausreichend Geld vorhanden für die Weiterbildung des Lehrpersonals in Ferien- oder Abendkursen?
- Können sich die Lehrer mit voller Energie dem Unterricht einer Klasse von 25 bis 40 Schülern widmen und außerdem den Lernbehinderten oder besonders Begabten?
- Wäre für den Unterricht bei begabten Kindern eine besondere Ausbildung wünschenswert?
- Sollten alle Lehrer während ihrer Ausbildung entsprechende Kurse belegen?
- Sollen die Begabten zusammen mit den anderen Schülern unterrichtet werden oder nur für sich, und sollen sie dann auf verschiedene Gruppen verteilt werden?
- Wie sollte der Lehrplan aussehen? Soll das Hauptgewicht auf Denken und gedanklicher Verarbeitung liegen oder auf Lernen und Wissen?

Eltern von in das Programm aufgenommenen Schülern sollten darauf drängen, daß alle diese Punkte sorgfältig durchdacht werden.
Die Ausbildung Ihres Kindes basiert vom ersten Schultag an bis zur Abschlußfeier zwölf, sechzehn oder noch mehr Jahre später ausschließlich auf partnerschaftlicher Zusammenarbeit.

Sie und die Schule Ihrer Kinder sind Partner und keine Gegner. Keiner kann diese Aufgabe ganz ohne den anderen erfüllen; die Situation verlangt nach Kompromissen, nicht nach Streit. Ganz zu Anfang ist Ihr Kind noch Juniorpartner in diesem Projekt, aber letztendlich hängt der Erfolg ebenso von seiner Beteiligung ab wie von Ihren oder der Ihrer Schule. Vielleicht gibt es keine andere Partnerschaft, die unser aller Anstrengung und Zusammenarbeit so sehr verdient wie diese.

9. KAPITEL

Ergänzungen zur schulischen Erziehung?

Die Bereicherung der Umgebung Ihres Kindes gleicht in mancher Hinsicht der Planung des Speiseplanes für die nächste Woche. Die meisten Dinge dafür finden wir in ein oder zwei Supermärkten, und wenn wir etwas dort nicht entdecken können, bitten wir darum, es in das Sortiment aufzunehmen. Frischgemüse und Obst kaufen wir an Straßenständen je nach Saison; manchmal fahren wir sogar quer durch die Stadt, um etwas ganz Besonderes zu kaufen, was es in unserer Gegend nicht gibt. Gelegentlich bekommen wir beim Metzger ein besonders gutes Stück, und wenn die Voraussetzungen gegeben sind, bauen wir sogar selbst ein wenig an. Bei der Planung der Mahlzeiten achten wir auf Ausgewogenheit und Vielfalt, ohne jedoch persönliche Vorlieben oder Diätvorschriften zu vergessen.
Ebenso verlassen wir uns bei der Erziehung unserer Kinder auf das tägliche Angebot der Schule in unserer Nähe. Bietet sie ein bestimmtes Programm nicht an, das wir gerne hätten, bitten wir sie, es in ihren Lehrplan aufzunehmen. Für eine Ergänzung fahren wir quer durch die Stadt, hin und wieder sind wir sogar bereit, für etwas ganz besonderes eine Menge Geld auszugeben, und so manches gedeiht auch bei uns zu Hause. Wir

suchen in der Kirche nach geistiger Nahrung, im Theater, in den Medien und im Kino. Wir achten auf Vielfalt und persönliche Vorlieben und Bedürfnisse. Manchmal fühlen wir uns ausgehungert oder übersättigt; und gelegentlich täte etwas mehr Würze gut.

Welche Art der Ergänzung für Sie in Frage kommt, hängt natürlich davon ab, was Ihrem Kind bereits auf der Schule geboten wird. Das kann sich sogar von Jahr zu Jahr verändern, je nach Interesse oder Altersstufe. Möglicherweise bietet Ihre Schule einen ausgezeichneten Mathematik- oder Physikunterricht, hat aber einem literarisch Interessierten herzlich wenig zu bieten. Auf einer anderen Schule wird im Bereich der bildenden Künste hervorragende Arbeit geleistet, aber Ihr Kind erzählt Ihnen, daß es schon nach den ersten paar Monaten dort in der Abteilung für Mathematik nichts Interessantes mehr findet. Oder Ihrer Tochter stehen ganze Stapel von Büchern zur Verfügung, um ihr Mathematikverständnis auszuweiten, leider ist sie die einzige auf der Schule mit einem IQ von 150 und würde sich gerne mal mit jemandem ihres Alters unterhalten, der den anderen ebenso weit voraus ist wie sie. Vielleicht wünscht sich Ihr Sohn auch nur, er könnte das Wort »Held« in den Mund nehmen, ohne daß sein Gegenüber gleich und ausschließlich an Batman denkt.
Wenn Ihnen das alles ein wenig vertraut vorkommt, sollten sie schnellstens nach einem Zusatzprogramm für Ihr Kind Ausschau halten, oder sich mit anderen Eltern begabter Kinder zusammentun und selbst eines in die Wege leiten.
Viele der Begabtenförderungsprogramme zielen entweder auf Allgemeinbildung oder auf Kreativität ab. Für beides besteht sicher ein Bedarf. Die allgemeinbildenden Programme haben sich auf eine Bereicherung in den klassischen Disziplinen spe-

zialisiert: Mathematik, Naturwissenschaften, Fremdsprachen, Geschichte. Die kreativen Programme bieten so unterschiedliche Dinge an wie Kochen, Zukunftsforschung, Langzeitpläne zur Lösung gesellschaftlicher Probleme, Geschichtenerzählen und Theater, um Denkfähigkeit und Kreativität zu fördern.
Begabte Kinder zeigen ein besonderes Interesse an eigener Forschungsarbeit und eigenen Problemlösungen im Bereich der Gesellschafts- und Naturwissenschaften sowie am kreativen Ausdruck in der Kunst. Ein Lehrplan, der sich zu sehr auf das Erlernen des Grundwissens beim Schreiben, Lesen und Rechnen konzentriert und dabei viel mit Wiederholungen arbeitet, kann begabte Kinder schnell abschrecken. Für eine solche Situation sind Zusatzprogramme gedacht, die die Lücken füllen und die Ausbildung Ihres Kindes abrunden können.
In den letzten Jahren ist das Eintrittsalter für diese Programme immer niedriger geworden, teils bis hinunter in das Grund- oder gar Vorschulalter. Das verdient eine genauere Betrachtung. Um zu lernen, wie die Menschen mit Sprache umgingen, bevor es ein geschriebenes Alphabet gab, fertigten vier- bis fünfjährige Kinder Malereien nach der Art der Höhlenmenschen an. Die Kinder waren ganz begeistert davon, daß sie tatsächlich die Entwicklungsgeschichte der Sprache sehen konnten. Als eines der Kinder ein Foto mit derartigen Malereien aus Europa sah, sagte es: »Genauso habe ich gemalt, als ich drei Jahre alt war!« Er stellte eine ganz eigene Verbindung her zwischen der allgemeinen Sprachevolution und seiner eigenen. Durch solche Erfahrungen macht Kindern Lernen Spaß — und Lehrern natürlich auch.
In einem unserer Zusatzprogramme für Begabte trafen wir auch mehrere Kinder, die die Vorschule verlassen hatten, weil sie sich doch nicht recht wohl gefühlt hatten. Sie kannten jedoch nichts anderes und nahmen an, alle Schulen seien so, bis

sie eines unserer Programme ausprobieren konnten. Sie schienen sagen zu wollen: »Also gut, ich weiß jetzt in- und auswendig, wie ich mich verhalten muß, jetzt brauche ich endlich etwas, über das ich nachdenken kann.«
Besonders kluge Kinder sind gerne mit anderen begabten Kindern zusammen und schließen oft Freundschaften untereinander. Kleingruppenarbeiten und Teamprojekte sorgen für eine Lenkung der Sozialisation. In einigen Sommer- und Wochenendprogrammen sollen zum Beispiel Vorschulkinder zu zweit eine Geschichte erfinden, die sie dann vor den anderen erzählen; oder sie bauen vielleicht eine Phantasiemaschine oder arbeiten zusammen in einem Mathematik- oder Kunstprojekt.
In diesen Programmen bewegen sich die Kinder zwischen den von ihnen gewählten Kursen wie in der Sekundarstufe von einer Klasse zur anderen. Man verwendet Farbkodierungen auf den Stundenplänen und Namensschildern, so daß sie immer wissen, zu welcher Klasse und zu welcher Gruppe sie gehören. Der Schlüssel zum Erfolg dieser Programme, in denen bis zu hundert Vier- bis Fünfjährige betreut werden, liegt in der guten und ausreichenden Aufsicht durch die Erwachsenen, die von einigen Kindern noch unterstützt werden, und einem »Kumpel«system. Jeder Lehrer hat maximal zwölf Kinder zu betreuen, so daß eine Reihe individueller Projekte und Kleingruppenarbeit möglich ist, die man in normalen Vorschulen nur selten findet.
Der Lehrplan ist erweitert und bietet Fächer an wie Mathematik und Naturwissenschaften, die man in den Lehrplänen normaler Vorschulen entweder gar nicht oder nur übermäßig vereinfacht findet. Es folgen einige Kurse, die von den Kindern besonders gerne und häufig ausgewählt werden: Chemie in der Küche; ganz klein und riesengroß. Für Schüler in der ersten bis sechsten Klasse gibt es dann: Geometrie mit Faden, Strick und Seil; integrative Mathematik: Logik, Muster und Kon-

struktionen; Mikrobiologie; Geologie; Reise zum Mittelpunkt der Erde; Chemie: Luft, Wasser und Feuer; Licht: Ein Spektrum für Kreativität und Wissenschaft.
Die Kurse legen besonderen Wert auf das Denkvermögen: Eine Klasse lernt zum Beispiel beim »Zeitung«-Spielen alles Mögliche über das Zeitungswesen. In einer anderen wurde ein 24-Stunden-Eßlokal nachgebaut, in dem dann Rollenspiele von Nachtarbeitern durchgeführt wurden: Krankenschwestern, Polizisten, Pförtner, Bauarbeiter, Bäcker und Reporter. Die Kinder unterhielten sich über die frühen Morgenstunden und daß die Welt niemals richtig zum Stillstand kommt, auch wenn die meisten Menschen zu gewissen Zeiten schlafen. Sie schrieben gemeinsam ein Buch und ein Gedicht und backten Pfannkuchen für die »Nachtarbeiter«.
Zu den weiteren Spielen und Unternehmungen im Fach kreative Wissenschaft gehörten für die Vorschulkinder

- der gemeinsame Bau einer über 4 Meter hohen Giraffe;
- das Einordnen von Insekten nach Arten; Rollenspiele zum Verständnis einiger dieser Tiere;
- der Versuch, anhand von fossilen Knochen festzustellen, wie ein Urtier ausgesehen haben mag; Gespräche über Ausgrabungen; das Ausdenken von eigenen Namen für den Dinosaurier;
- der Vergleich von »Geräuschlandschaften« einer Wiese auf dem Land und mitten aus einer Stadt

Jeder dieser Einfälle zeugt von Originalität und Phantasie, und aus jedem entstehen neue Ideen, die ein weitergehendes Verstehen ermöglichen. Dabei geht es nicht nur darum, einen Dinosaurier oder eine Giraffe nachzubauen oder zu zeichnen, sondern es werden neue Sichtweisen der Welt erzeugt. Die Kinder

gewöhnen sich daran, immer wieder neue Dinge zu schaffen und sich neue Lernspiele auszudenken.
Im Idealfall beinhaltet das von Ihnen für Ihr Kind ausgewählte Zusatzprogramm während der Vorschul- oder Grundschulzeit folgende Konzepte:

- Eine breite Vielfalt auf den einzelnen zugeschnittener, greifbarer Aktivitäten, insbesondere in den Fächern Naturwissenschaften und Mathematik, sowie das Lösen von Problemen anhand logischer Überlegungen und dem Denken in Hypothesen.
- Schreibklassen, in denen mehr Wert gelegt wird auf individuellen Ausdruck und Gebrauch von lebendiger und anspruchsvoller Sprache als in den üblichen Vorschulkursen in diesen Fächern.
- Unterrichtsthemen, die Spaß machen und die Phantasie anregen, zum Beispiel eine Unterrichtsreihe über die Pyramiden im alten Ägypten. Vielleicht dauert es noch einige Jahre, bevor die Kinder sich ernsthaft mit diesen Themen beschäftigen können, aber diese frühen Erfahrungen geben ihnen etwas zum Nachdenken, zum Trainieren ihrer Denkfähigkeit.

Ziehen Sie nur solche Programme in Betracht, die Ihren Kindern genug Zeit zum Spielen mit Gleichaltrigen lassen; es geht nicht in erster Linie darum, mit aller Gewalt den Unterrichtsstoff durchzupauken. Programme, die einem die Wahl zwischen vielen unterschiedlichen Möglichkeiten lassen, helfen Ihrem Kind bei der Persönlichkeitsfindung. Vielleicht hält Ihr begeisterter Mathematiker den Musiktheaterkurs für eine willkommene Abwechslung; und vielleicht möchte Ihr Bücherwurm und leidenschaftlicher Schriftsteller auch gerne mal etwas im Chemiesaal zusammenbrauen.

Der Schlüsselbegriff ist wieder einmal Ausgewogenheit. Ein übervoller Stundenplan kann ebenso schädlich sein wie zuviel ungenutzte Zeit. Dennoch können Bereicherungsprogramme von großem Nutzen sein, denn normalerweise können Vier- bis Fünfjährige sich solche anregenden organisierten Lernspiele und Aktivitäten über einen längeren Zeitraum noch nicht selbst ausdenken. Sorgen Sie für eine bereichernde Umgebung, aber lassen Sie den Kindern Platz zum Luftholen.

Bevor Sie Ihr Kind für ein Programm anmelden, sollten Sie versuchen, etwas über die Zielvorstellungen der Personen herauszubekommen, die es durchführen: Welche Ausgewogenheit zwischen Bildung und Kreativität wird angestrebt? Ist man wirklich um die Kinder bemüht, mag man sie? Sind die Kinder die ganze Zeit über an ihren Stuhl gefesselt? Wird hauptsächlich mit Bleistift und Papier gearbeitet? Erwartet man von den Kindern, daß sie schreiben und lesen können?

Eine zu große Betonung der Bildung ist möglicherweise ein Anzeichen für eine zu große Intensität; hüten Sie sich vor Versprechungen wie: »Ihr Kind wird in der Lage sein, eine Klasse zu überspringen« oder »hier wird Ihr Kind auf einen bestimmten Test vorbereitet«.

Das letzte Wort über die Teilnahme Ihres Kindes hat vielleicht dessen eigene Körpersprache. Kommt es erschöpft oder vergnügt nach Hause? Brennt es darauf, Ihnen zu erzählen, was es alles gemacht hat? Macht es ihm Spaß oder ist es nur anstrengend? Sind die Zeiten zu lang oder zu kurz?

In einigen Sommerprogrammen werden die Kinder den ganzen Tag über betreut; vormittags werden Lernspiele angeboten, und wer will, kann nachmittags an dem Unterricht im Freien teilnehmen. Dort wird dann ein Naturkurs angeboten, oder man macht einen Ausflug in ein Museum oder zu einem

Konzert, man spielt gemeinsam ein Spiel, kocht, malt oder gärtnert in der freien Natur.
Die Programme können von den verschiedensten Trägern organisiert werden, natürlich auch von privaten Elterngemeinschaften.
Die im vorigen Kapitel vorgestellte Elterngruppe führte versuchsweise ein Programm für die Zeit nach der Schule durch, um zu sehen, wie groß das Interesse in der Gemeinde war. Es wurde sofort zu einem Erfolg und lief mehrere Jahre hintereinander. Einer der Organisatoren erinnert sich:

Wir boten eine Reihe von Kursen in Kunst, Naturwissenschaft, kreativem Schreiben und Geschichtenerzählen an, die in erster Linie Spaß machen sollten und die Lehrer und Eltern für sinnvoll hielten. Man stellte uns kostenlos einen Raum in der Schule zur Verfügung. Dann verteilten wir Handzettel, auf denen wir eine Auswahl von sechs Nachmittagskursen zu jeweils 20 Mark pro Teilnehmer anboten. Das Programm wurde ein voller Erfolg. In der besten Zeit hatten wir fünfundzwanzig volle Klassen in jeweils drei Perioden pro Schuljahr. Und jedesmal, wenn wir die neuen Anmeldungen ausgaben, liefen uns die Leute die Tür ein, um den Kurs ihrer Wahl zu ergattern. In fünf Tagen war alles ausgebucht. Jedes Kind war willkommen, nur mußten die Eltern für einen Kostenbeitrag von 20 Mark pro Jahr Mitglied bei uns werden. Wir verlangten keine Tests, wir verließen uns auf die Meinung der Eltern und die Begeisterung der Kinder. Außerdem waren wir auch keine Kindertagesstätte.
Es hat die ganze Zeit über ungemein viel Freude gemacht. Die Kleinen hatten jede Menge Spaß. Als Mitarbeiter hatten wir verschiedene Künstler und einen Puppenspieler.

Lehrer boten uns ihre Zusammenarbeit an. Im Kurs über Naturwissenschaften ging es um Raketentechnik, und im Mathekurs wurden die Flugbahnen berechnet.
Ich kann es noch immer nicht fassen, wie viele Menschen uns unterstützt haben. Die Eltern hätten kaum netter sein können. Sobald wir etwas brauchten, versprach jemand, es uns zu besorgen. Alle waren unheimlich dankbar. Nach dem Unterricht waren wir immer bester Laune. In all den Jahren gab es nicht eine einzige Beschwerde.

Um gut zu sein, muß ein Programm natürlich nicht ausschließlich für begabte Kinder gedacht sein. In Ihrer Gemeinde oder Gegend bieten sich vielleicht noch Hunderte anderer Möglichkeiten. Unterricht in den verschiedenen Künsten — Tanzen, Musik, Malerei — verhelfen Ihrem Kind vielleicht zu Ausdauer und einem guten Selbstwertgefühl. Einige Mannschaftssportarten sind besser geeignet als andere; vielleicht ist der Fußball- oder Schwimmverein in Ihrer Nähe mehr auf Breitensport ausgelegt, so daß Neulinge dort einen besseren Stand haben. (Sieg oder Niederlage — diesen Leistungsstreß kann ein begabter Perfektionist wirklich nicht gebrauchen.)
Die unterschiedlichsten städtischen oder privaten Einrichtungen bieten Kurse an, in denen Kinder Gruppenerfahrungen sammeln, Teamwork und Eigeninitiative lernen können. Auszeichnungen und Urkunden wecken in Ihrem Kind vielleicht das Interesse an neuen Gebieten, in denen es Anerkennung finden kann, ohne sich einem zu harten Wettbewerb aussetzen zu müssen.
Aber vergessen Sie nie, für Ausgewogenheit zu sorgen. Verplanen Sie Ihr Kind nicht zu sehr. Beobachten Sie, was im Augenblick das Beste ist. Kein Kind sollte an allen Programmen teilnehmen, die wir vorgeschlagen haben.

In Wahrheit fängt alles schon zu Hause an

Denken Sie jetzt nicht, Sie brauchten nur in den Gelben Seiten nachzuschlagen, um dort ein geeignetes Förderprogramm für Ihr Kind zu finden. Wir haben immer wieder betont, daß die erste und beste Quelle für die Bereicherung Ihres Kindes ein phantasievolles und vielfältiges Zuhause im Kreis der Familie ist.

Erkundigen Sie sich in Fachgeschäften für Lehrmittel und in Kinderbuchhandlungen nach Materialien, mit denen nicht die Allgemeinbildung, sondern vor allem das Denkvermögen Ihres Kindes gefördert werden kann. Aktivitäten sollten so offen wie möglich gestaltet sein und nicht stur nach dem Übungsbuch durchgeführt werden; nur so wird das Denkvermögen angeregt. Aus manchen Übungsbüchern lernen die Kinder nicht viel mehr als das richtige Beantworten der Fragen aus Übungsbüchern.

Wichtig ist, daß Eltern ihre Kinder beim Lernen zu Hause unterstützen, daß sie ihnen ein hilfreiches und positives Feedback bieten und Bücher und andere Materialien immer griffbereit sind. Die Begeisterung seitens der Eltern über eine besondere Begabung ihres Kindes ist wichtig für die Entwicklung außergewöhnlicher Talente. Aber diese Begeisterung muß aufrichtig sein, um Früchte tragen zu können, und sie darf nicht gegen die Bedürfnisse und Interessen des Kindes gerichtet sein. Zwingt man ein Kind zu früh, zu lange Klavier zu üben, erreicht man bestenfalls, daß es bei der erstbesten Gelegenheit aufgibt.

Entscheiden Sie bei der Wahl eines Privat- oder sonstigen Lehrers für Ihr Kind nach der Begeisterung und Energie, mit der er bei der Sache ist, und nach seiner Fähigkeit, Ihrem Kind immer ein Stück voraus zu sein, um das Interesse nicht erlahmen

zu lassen. Bereitwilligkeit und die Fähigkeit zu harter Arbeit sind vielleicht die wichtigsten Entscheidungskriterien beim Erkennen eines außergewöhnlichen Privatlehrers, die die Entwicklung der Fähigkeiten Ihres Kindes fördern soll.
Die Anthropologin Margaret Mead erinnert sich an die Lehrer ihrer Kindheit:

> Bei jedem Wohnort dachte meine Mutter nicht nur an die dortigen Schulen, sondern auch an die Möglichkeiten, dort etwas zu lernen. Wie immer solche »Lehrstunden« auch aussahen — ob gezeichnet wurde, gemalt, geschnitzt, modelliert oder geflochten wurde —, immer sah sie darin eine Ergänzung der schulischen Erziehung im Rahmen der fortschrittlichsten Erziehungstheorien. In Hammonton bekam ich Musikunterricht, aber auch Unterricht im Schnitzen, denn die einzige Künstlerin, die die Stadt hervorgebracht hatte, war eine ausgezeichnete Holzschnitzerin. In Swarthmore wurden wir von einem Allroundlehrer unterrichtet, unter dessen Anleitung ich sogar einen kleinen Webstuhl baute. In Bucks County bekam ich Malunterricht von einem dortigen Maler und später von einem aus New Hope. Und in einem Jahr ließ meine Mutter Dick und mich von einem Zimmermann aus dem Ort in seinem Handwerk unterrichten. Die Auswahl dessen, was wir in diesen Unterrichtsstunden lernten, war vollkommen beliebig, wichtig war meiner Mutter nur, daß unsere Lehrer Meister ihres Faches waren.

Kommt die Motivation aus dem Kind selbst, kann es von ganz allein über das Spielen zu eigener Tüchtigkeit finden.

10. KAPITEL

Das Ende des Anfangs

In den vorangegangenen 9 Kapiteln haben wir versucht, die Grundlagen für ein Verständnis dessen zu liefern, was wir als Begabung bezeichnen. Wir behaupten nicht, auf alles eine Antwort zu haben, sondern hoffen vielmehr, Ihnen Mut gemacht zu haben, nach den Antworten zu suchen, sobald in den ersten Lebensjahren Ihres Kindes Fragen auftauchen.

Begabung und Geburtenfolge

Eines unserer Themen war die Entdeckung von Begabung bei sehr jungen Kindern. Ob Sie es glauben oder nicht, viele Jahre lang glaubte man, Begabung nur bei Erstgeborenen oder Einzelkindern finden zu können. Die meisten größeren Untersuchungen zeigten, daß über die Hälfte aller als begabt erkannter Kinder zu einer dieser Kategorien gehörte. Linda Silverman kommt in ihrer Untersuchung jedoch zu anderen Ergebnissen:

> Alle Untersuchungen aus dem Jahr 1981 bestätigten uns, daß Erstgeborene häufiger begabt waren als alle anderen Mitglieder einer Familie. Dann geschah etwas Interessan-

tes, das diesen Glauben erschütterte. Einige Eltern ließen ihre zweitgeborenen Kinder in der Überzeugung testen, sie seien nicht begabt. Es ging ihnen um Informationen über den Lernstil dieser Kinder, die sie bei der Bewertung ihrer älteren Kinder als hilfreich empfunden hatten. Zur allgemeinen Überraschung wichen die Ergebnisse der zweitgeborenen Kinder beim IQ-Test nur um wenige Punkte von denen ihrer älteren Geschwister ab.

Die Eltern waren überrascht, weil diese Kinder ansonsten kaum Anzeichen von besonderer Begabung angezeigt hatten, was aber nur hieß, daß sie sich nicht genauso wie die Erstgeborenen verhielten, deren Verhalten in jeder Hinsicht genau den Erwartungen entsprach.

In dieser Studie wurden 148 Familien untersucht, deren ältestes Kind als begabt erkannt worden war. 88 Prozent der jüngeren Geschwister erreichten jedoch ein IQ-Testergebnis, das maximal zwölf Punkte unter dem Ergebnis ihrer älteren Geschwister lag. Einige der größten Abweichungen bei den restlichen 12 Prozent ließen sich jedoch auf Hörschwierigkeiten zurückführen, die einerseits auf chronische Ohrenentzündungen und andererseits auf Altersunterschiede bei der Durchführung der Tests zurückgingen. Bei über einem Drittel der untersuchten Familien betrug die Abweichung der IQ-Testergebnisse nicht mehr als 5 Punkte, was bei einigen Tests dicht am Bereich der Fehlerabweichungen liegt. Im Grunde hatten diese Geschwister also den gleichen IQ, nur ihr Verhalten war anders. Die Eltern bezeichneten ihre Erstgeborenen oder Einzelkinder als »perfektionistisch, leistungsbereit, den Erwachsenen ähnlich, Führungspersönlichkeiten, wohlüberlegt, kritisch, die Erwartungen Erwachsener erfüllend und ernst«. Mit den gleichen Begriffen werden häufig Erfolgsmenschen beschrie-

ben, die eher als begabt erkannt werden als ihre ebenso begabten, aber etwas zurückhaltenderen Geschwister.
Als möglichen Grund führt Silverman an, daß ältere Kinder ihren jüngeren Geschwister auf schlichte und unmißverständliche Weise mitteilen: »Vergiß nicht, ich bin hier der Boß, also misch dich nicht in meine Angelegenheiten, sonst bekommst du Ärger.« Die jüngeren Kinder lernen die Spielregeln sehr schnell und versuchen, so wenig wie möglich eine Bedrohung für ihre älteren Geschwister darzustellen, während sie sich gleichzeitig bewußt um andere, nichtkonkurrierende Interessen bemühen.
Ebenso wie Herdentiere, die sich ihrem Leittier unterwerfen, akzeptieren jüngere Kinder unausgesprochene Interessensphären ihrer älteren Geschwister; wenn Nummer eins ein As in Musik und Mathe ist, wird Nummer zwei sich mit allem möglichen beschäftigen, nur nicht mit diesen zwei »geschützten« Gebieten.
Silverman ist der Ansicht, daß das Selbstbewußtsein der Jüngeren häufig im Vergleich mit dem ihrer älteren Geschwister leidet. Entweder halten andere sie für die Unbegabten in der Familie oder gar sie sich selbst. Wird ihre bestimmte Begabung innerhalb der Familie erkannt und gefördert, sorgt dies für Harmonie; außerdem ist es für die Entwicklung eines gesunden Selbstwertgefühls aller Kinder hilfreich.
Die Eltern sogenannter Erfolgstypen aus einer anderen Untersuchung stimmen darüber ein, daß jüngere Kinder bei Karriere und Persönlichkeitsentwicklung häufig gegenüber ihren älteren Geschwistern zurückstecken mußten, denn die Fahrten zu Übungsstunden und Auftritten waren oft ein Problem, die Trainingsstunden teuer; außerdem drehte sich ohnehin alles um das betreffende Kind.

Begabung und Geschlecht

Begabte Kinder entwickeln eine sehr feinfühlige Dynamik. Manchmal scheint es, als durchquerten sie eine Art magische Drehtür. Wenn sie auf der anderen Seite herauskommen, scheinen sie nicht mehr dieselben zu sein: Manchmal hat man sogar den Eindruck, sie seien nichts Außergewöhnliches mehr. Barbara Clark faßte es in der dritten Ausgabe von *Growing Up Gifted* zusammen:

> Während es bei Männern ein recht enges Verhältnis von IQ und Bildung gibt, trifft dies bei Frauen überhaupt nicht zu: Zwei Viertel aller Frauen mit einem IQ von 170 oder darüber sind nur Hausfrauen oder Büroangestellte ... In anspruchsvolleren Positionen oder technischen Berufen ist der Anteil begabter Frauen seit Anfang des Jahrhunderts sogar gesunken.

Die größte Hürde auf dem Weg zu den besser bezahlten Berufen ist der Mangel an berufsspezifischen mathematischen Kenntnissen. Nur wenige Frauen besitzen die nötigen mathematischen Voraussetzungen, um einen Großteil der angebotenen Fächer studieren zu können. Selbst bei ausdrücklichem Interesse und ebenso guten Leistungen wie die der Männer wird Mathematik nicht weiter verfolgt. Warum? Clark fährt fort:

> daß Mädchen von Anfang an lernen, sich passiv zu verhalten, duldsam und fürsorglich. Man erwartet von ihnen, daß sie ruhigere Spiele spielen und Risiken scheuen. Dies wird ihnen von allen Seiten und allen möglichen Menschen unserer Gesellschaft immer wieder eingetrichtert. ... Wie wir wissen, entwickeln sich begabte Kinder oft schneller als

normale Kinder, und Mädchen machen in den ersten Lebensjahren sogar häufig eine noch schnellere Entwicklung durch... Das kann bei sensiblen, hochbegabten Mädchen zu einer schlimmen Vereinsamung führen. Wollen diese Mädchen in jungen Jahren zeigen, was sie können, beschuldigt man sie, herrisch zu sein, unweiblich und angeberisch, daher ziehen sie sich oft schnell zurück.

Barbara Kerr hat sich in ihrem Buch *Smart Girls, Gifted Women* (Smarte Mädchen, begabte Frauen) mit den Problemen und ihren Lösungen befaßt, denen begabte Mädchen sich gegenübersehen. Auslöser für ihre Untersuchung war die Beobachtung, daß begabte Mädchen mit sehr guten Leistungen in den ersten Klassen später nachlassen und sich mit bescheideneren Berufswünschen zufriedengeben.
Kerr hält für Eltern begabter Mädchen für die Zeit der Vorschule bis in die Zeit nach dem Examen einige spezielle Vorschläge bereit. Da sich dieses Buch hauptsächlich mit den ersten Lebensjahren beschäftigt, fassen wir zusammen, was sie über diese Zeit zu sagen hat.

Vorschule

Heben Sie sich die Rüschenkleider in Pastellfarben und mit Bändern für besondere Gelegenheiten auf. Kleiden Sie Ihre Tochter für die Schule und zum Spielen in helle Farben und in haltbare, bequeme Freizeitkleidung — vorausgesetzt, es gefällt ihr.
Machen Sie bei der Auswahl der Spielsachen keine Unterschiede zwischen den Geschlechtern; also nicht Lastwagen für die Jungen und Puppen für die Mädchen. Natürlich sollten Sie

Ihre Tochter in ihren harmlosen Rollenspielen als Mutter unterstützen, aber versuchen Sie nicht, ihr lebhaftere Spiele auszureden.
Achten Sie bei der Kinderbetreuung darauf, daß dort nicht nach Geschlechtern unterschieden wird. Kinder sollten auch nicht zum Schlafen gezwungen werden; begabte Mädchen brauchen viel Zeit, in der sie ganz ruhig allein und für sich sein können, allerdings ohne schlafen zu müssen. Sorgen Sie für jede Menge Bücher und genug Zeit, in ihnen zu schmökern. Kinder sollten nicht in Geschlechterrollen gedrängt werden.
Zeigen Sie Ihrer begabten Tochter Ihren Arbeitsplatz, erklären Sie ihr, was Sie dort tun und wie sich dies in einen größeren Zusammenhang einfügt.
Lassen Sie sie privat testen, wenn Sie sie frühzeitig einschulen, für ein Begabtenförderungsprogramm anmelden oder eine Einschätzung ihrer Stärken oder einen Vergleich ihrer Fähigkeiten mit denen anderer Kinder wollen.
Nutzen Sie nach Möglichkeit die Vorschulprogramme, die geistige Anregungen bieten, aber zwingen Sie sie nicht dazu.
Verfolgen Sie die Fernsehsendungen und achten Sie auf geschlechtsspezifische Stereotypen. Erklären Sie ihr ausführlich, was Sie gesehen haben, und bringen Sie es in einen Zusammenhang mit dem Leben zu Hause.
Beantworten Sie jede Frage, planen Sie jeden Tag etwas Zeit ein, die Sie völlig ungestört mit Ihrem Kind verbringen können.

Grundschule

Viele begabte Mädchen können in der Vorschule bereits lesen; sorgen Sie dafür, daß überall Bücher zu finden sind und es genügend Zeit gibt, sie zu lesen. Besonders geeignet sind Bücher über Frauen in den unterschiedlichsten Rollen. Helfen Sie Ihrer Tochter beim Lesen, wenn sie Sie darum bittet.

Für eher mathematisch orientierte Mädchen sind Puzzles besonders geeignet. Zu Hause sollten Sie über einen Computer verfügen. Camping, Wandern und kleine Reisen tragen zur Erweiterung ihres Horizonts bei. Abenteuer und alles Neue sind immer willkommen.

Lassen Sie genug freie Zeit zum Tagträumen, zum Aus-dem-Fenster-Sehen, für die Phantasie. Drängen Sie sie nicht, Freundschaften zu schließen, die ergeben sich ganz von selbst, wenn Ihre Tochter es will.

Achten Sie auf Anzeichen für Streß in der Schule. Sie sind ein Zeichen dafür, daß es ihr entweder an Anregungen oder an Möglichkeiten fehlt; möglicherweise beklagt sie sich nicht so offen oder zeigt es nicht so deutlich wie ein Junge an ihrer Stelle.

Intensive Gefühle verlangen nach elterlicher Unterstützung, auch wenn es Ihnen schwerfällt. Zeigen Sie ihr, daß Sie voll und ganz hinter ihr stehen.

Helfen Sie ihr, sich wichtig, einzigartig, als etwas Besonderes zu fühlen. Seien Sie immer ehrlich. Verschweigen Sie ihr ihre Fähigkeiten nicht.

Eltern sein ist eine Kunst

Nachdem wir uns mit den einzelnen Stadien der Kinderentwicklung und verschiedenen Gesichtspunkten des Verhaltens und der Fähigkeiten von Kindern beschäftigt haben, wollen wir jetzt die einzelnen Teile zu einem Ganzen zusammenfügen und sie als fortlaufenden Prozeß betrachten, was sie natürlich im Grunde sind.

Für uns Eltern besteht die erste Aufgabe darin, die Voraussetzungen dafür zu schaffen, daß die Kinder ein gesundes Selbstbild und ein starkes Selbstwertgefühl bekommen. Unsere Kinder sollen Vertrauen in ihre Fähigkeit entwickeln, ihr Aufwachsen selbst steuern zu können, wobei sich die ursprünglich eingeschlagene Richtung im Lauf der Zeit ändert.

Wir sorgen für sinnvolle Anregungen und ein das Aufwachsen förderndes, wohlbehütetes Umfeld. Anschließend behalten wir laufend den Überblick, geben nicht etwa die gesamte Verantwortung an unser Schulsystem ab, sondern helfen, den Kurs beizubehalten, wenn berufsmäßige Pädagogen das Ruder übernommen haben.

Seltsamerweise gehört die Aufrechterhaltung unseres eigenen Selbstvertrauens zu den Dingen, die uns weder Eltern, Schule noch unsere Kultur so richtig beigebracht haben.

Loben kontra Bestärken

Ebenso wie wir ein Baby automatisch verzückt angurren, sind wir auch sofort zu überschwenglichem Lob bereit, wenn der oder die Kleine den ersten Schritt macht oder zum ersten Mal mit dem Löffel voller Möhrenbrei allein den Mund trifft. Allem Anschein nach ist dies jedoch vollkommen verkehrt,

ganz gleich, wie richtig es uns in dem Augenblick erscheinen mag.
Randy Hitz und Amy Driscoll, zwei amerikanische Spezialisten auf dem Gebiet der ersten Kinderjahre, fassen die Ergebnisse mehrerer Untersuchungen zu dem Thema Lob wie folgt zusammen:

- Lob verursacht Scheitern, indem es dem Kind zu verstehen gibt, nur dann akzeptiert zu werden, wenn es eine Aufgabe richtig und vollständig löst.
- Es mindert das Selbstvertrauen von Kindern, weil es sie dazu bringt, ständig nach Zeichen von Ablehnung oder Anerkennung Ausschau zu halten.
- Es verführt Kinder dazu, keine Risiken einzugehen, sich keine schwierigen Aufgaben vorzunehmen, denn dann könnte ihnen Lob versagt bleiben.
- Es hebt die Erfolgreichen auf Kosten der nicht Erfolgreichen hervor.
- Es lehrt Kinder, sich auf die Anerkennung von außen zu verlassen.
- Es wird in der Hand von Erwachsenen zu einem Werkzeug der Manipulation, wenn sie es einem unartigen Kind gegenüber nur sehr sparsam verwenden.

Was sollten Eltern oder Lehrer also tun?
Machen Sie Ihren Kindern Mut. Loben Sie nicht, ermutigen Sie sie. Bieten Sie ihnen fortwährend eine positive Bestärkung, um ihre Bemühungen in die richtige Bahnen zu lenken, nicht aber als Belohnung dafür, daß sie Ihnen am Ende einen Gefallen getan haben.
Lob wäre: »Das hast du gut gemacht. Du bist ein guter Junge. Wie gut du schon lesen kannst. Du bist Mami eine große Hilfe.

Ich finde dein Bild toll. Das ist ein tolles Zeugnis. Wie klug du bist. Ich bin froh, daß du dich mit dem Babysitter so gut verstehst.«
Bestärkung klingt etwa so: »Jetzt kannst du schon mehr Worte lesen. Du hast aber viele Vögel in dein Bild gemalt. Dein Turm ist aber wirklich hoch. Für deine Plastik hast du viele Zahnstocher verwendet. Du hast dich mächtig angestrengt, um deine Burg zu bauen. In diesem Jahr hast du aber in Mathe und Physik große Fortschritte gemacht. Die Babysitterin meinte, du hättest gestern abend alle deine Spielsachen weggeräumt und wärst pünktlich ins Bett gegangen.«
Lob verleiht Äußerlichkeiten einen von außen kommenden Wert. Bestärkung ist die Anerkennung einer Leistung, die dem Schaffenden die Bewertung seiner Arbeit nicht abnimmt. Lob hebt öffentlich hervor, Ermutigung ist eine Anerkennung im Privaten, die im wesentlichen auf Fortschritte und Verbesserungen abzielt. Lob dagegen wird dem Produkt lediglich hinzugefügt, bleibt immer allgemein. Bestärkung aber hat ein Ziel. Die Unterschiede sind oft nicht leicht auszumachen, trotzdem ist die Idee nicht neu. Schon seit den 50er Jahren weiß man, daß Lob als Motivation ungeeignet ist.
Zugegeben, man kann Lob nicht einfach durch Bestärkung ersetzen. Es gibt jedoch vielfältige Belege dafür, daß das Weglassen von Lob die Risikofreudigkeit, das Selbstwertgefühl und die Ausdauer erhöht — alles Schlüsselbegriffe für das produktive Verhalten bei begabten Kindern. Wir sind es unseren Kindern schuldig, wenn nötig unser Verhalten zu ändern, um ihnen die bestmögliche Entwicklung zu garantieren.
In einer Fallstudie beobachtete der bekannte Pädagoge T. Berry Brazelton die Ausgestaltung der Mutter-Kind-Beziehung in Westkenya. Vergleichen Sie sie mit dem, was wir oben über das Loben angemerkt haben.

Die Forscher baten kenyanische Mütter, ihren Babys eine bestimmte Aufgabe »beizubringen«. Zuerst machten sie es ihnen genau vor, dann ließen sie das Baby es versuchen, wobei sie ständig die Worte wiederholten: »Du kannst es... Du kannst es...« Hatte es den ersten Schritt vollbracht, verfielen sie in Schweigen, wodurch das Baby Gelegenheit bekam, zu erkennen, *daß* es den ersten Schritt vollbracht hatte. Das Baby wurde aufgeregt, und die Mutter drängte es, weiterzumachen. Nach dem nächsten Teilerfolg verfiel die Mutter dann wieder in Schweigen.

Kommt Ihnen dieser Stil fremd vor? Dann sollten Sie wissen, daß Babys in Kenya schon sehr früh greifen, mit vier Monaten allein sitzen und mit neun Monaten gut allein laufen können. Brazeltons Schlußfolgerung:

> Nach diesen Beobachtungen fingen wir an, positive Bestärkung in einem ganz anderen Licht zu sehen. Je nachdem, wie sie angewandt wird, kann sie sehr manipulativ sein und dem Kind sämtliche Entscheidungsmöglichkeiten und jedes Gefühl für die eigene Leistung nehmen. Zumindest in diesem Vergleich zielten amerikanische Mütter mit ihrer Bestärkung offenbar deutlicher auf eine Kontrolle ab, so daß das Baby nur wenig Gelegenheit hatte, seine eigene Leistung zu erkennen.

Sobald eine Mutter ihrem Baby beigebracht hat, seine inneren Zustände zu kontrollieren, und es seine Aufmerksamkeitsdauer gezielt verlängern kann, ist es an der Zeit, ihm die Kontrolle wieder zu überlassen, und zwar ebenso behutsam wie vollständig.

Das deutlichste Zeichen der Zuneigung ist die Fähigkeit, sich an den richtigen Punkten in der Entwicklung des Kindes auch von ihm lösen zu können. Nur so kann es eigenverantwortliches Handeln lernen und den Reiz der Selbständigkeit entdecken. Selbständig erbrachte Leistungen bilden die Grundlage des Glaubens an sich selbst — es ist der Stoff, aus dem das Ego besteht... Offenbar gibt es entscheidende Phasen für die Entwicklung der Unabhängigkeit.

Selbstverständnis: Ein empfindliches Gleichgewicht

Solange Ihr Kind die Grundschule durchläuft, wird sein Selbstverständnis beständig im Verhältnis zu den anderen Kindern in seiner Klasse geformt. Vielleicht genießt es Ihr Kind, das erste zu sein, das einen neuen Stoff begreift, wenn an Ihrer Schule die begabten Kinder mit den anderen zusammen unterrichtet werden. Schließlich kann Ihr Kind ohne allzu große Mühe optimale Ergebnisse erzielen, und es braucht sich für sein Vorankommen nicht besonders anzustrengen. Nach und nach erstickt eine solche Umgebung jedoch alle Bemühungen, es gibt nur wenige Herausforderungen, und der Stoff bietet zu wenig Anregung. Ein einzelnes begabtes Kind fühlt sich möglicherweise einsam und alleingelassen in einer Klasse, in der niemand mit ihm mithalten kann. Andererseits entwickeln zwei oder drei begabte Kinder in einer Klasse gegenüber ihren Klassenkameraden möglicherweise ein Gefühl der Überlegenheit, eine Haltung, in der man sie nicht bestärken sollte. Gelegentlich mißverstehen die anderen Kinder, was Begabung bedeutet, und betrachten diese Kinder als irgendwie nicht normal.

Dieses Bild ändert sich möglicherweise, wenn begabte Kinder in Gruppen zusammengefaßt werden. Ein Kind, das sich bislang immer als anders empfunden hat, befindet sich plötzlich unter Gleichen. Hier gilt das Außergewöhnliche als normal, und es kann ganz entspannt es selbst sein, ohne sich um der Anpassung willen vor den anderen verstellen zu müssen. Es findet die Atmosphäre vielleicht herausfordernd und anregend. Möglicherweise sieht es aber auch eine Bedrohung darin, von Ebenbürtigen umgeben und plötzlich auf seinen ganzen Witz angewiesen zu sein, um sich behaupten zu können. Auch das kann eine lohnende Erfahrung sein!

In einer solchen Umgebung meidet ein Kind möglicherweise alle Risiken, um sich sicher zu fühlen. In jedem Fall handelt es sich um ein empfindliches Gleichgewicht, und Eltern und Pädagogen sind aufgerufen, jede Veränderung des Verhaltens zu registrieren.

»Kinder, die ein äußerst positives Selbstverständnis und ein starkes Ego zeigen, und die zur Ungeduld gegenüber ihren weniger begabten Mitschülern neigen, sind in homogenen Gruppen begabter Schüler möglicherweise besser aufgehoben, denn dort werden sie einerseits mehr gefordert, andererseits lernen sie auch, sich zu bescheiden«, schreibt Margie Kitano in *Intellectual Giftness and Young Children: Recognition and Development* (Intellektuelle Begabung und junge Kinder: Erkennen und Fördern).

Wenn die Leistungen ausbleiben

Aus einer Reihe von Gründen, die durchaus verständlich, wenn auch nicht entschuldbar sind, lassen manche begabte Schüler nach oder schalten ab, anstatt die ihrem anerkannten »Fähigkeitsniveau« entsprechenden Leistungen zu zeigen. Lehrer und Eltern fühlen sich dann vielleicht versucht, sie dazu anzuhalten, »sich ihren Möglichkeiten entsprechend zu verhal-

ten«, was im weiteren Verlauf zu einer Motivation durch Schuldgefühle führen kann. Das funktioniert vielleicht, wenn Sie Ihren Cockerspaniel stubenrein bekommen wollen, bei begabten Kindern sind die Aussichten auf Erfolg jedoch gering. Eltern reißt der Geduldsfaden, Lehrer fühlen sich möglicherweise eher bedroht als herausgefordert, und mit den Kindern geht es immer weiter bergab. In den mittleren und oberen Klassen ist dieses Syndrom weitverbreitet, aber man findet es auch in den unteren Klassen.
Vorbeugemaßnahmen können den Schaden begrenzen und das Kind wieder auf den rechten Weg bringen, bevor die Situation außer Kontrolle gerät. In *Underachievement Syndrome: Causes and Curses* (Das Unter-den-Möglichkeiten-bleiben-Syndrom: Ursachen und Verhängnis) unterbreitet Sylvia Rimm einige spezifische Vorschläge, die Eltern helfen sollen, schlechte Leistungen noch vor ihrem Auftreten zu verhindern. Die beste Vorsorge trifft man, meint Rimm, wenn man den Kindern ein gutes Beispiel gibt.

> Sie sollten nicht nur selber erfolgreich sein, sondern auch Ihren Kindern ein realistisches und positives Bild von Leistungen vermitteln. Kinder müssen in der Lage sein, die einzelnen Bestandteile einer Leistung zu erkennen, vor allem das Verhältnis von Bemühen und Ergebnis. Sie müssen begreifen lernen, daß man gelegentlich scheitern kann, aber daß dieses Scheitern nicht das Ende bedeutet und danach wieder ein Erfolg kommt... Kinder sollten den inneren und äußeren Wert von Leistung kennenlernen.

Rimm warnt Eltern davor, sich über die Arbeit des jeweiligen Ehepartners negativ zu äußern. Typische Beispiele hierfür wären die Klagen der Ehefrau über die Überstunden des Mannes

oder die Auseinandersetzungen mit seinem Vorgesetzten sowie abwertende Bemerkungen des Ehemannes über die berufliche Karriere seiner Frau oder ihre Rolle als Hausfrau oder freiwillige Mitarbeiterin in der Gemeinde.
Als zweites führt Rimm an, daß Eltern sich nicht die Kontrolle aus der Hand nehmen lassen sollten und ihren Kindern beibringen müssen, bestimmte Grenzen zu akzeptieren.

> Überläßt man Kindern Entscheidungen, die eigentlich von Erwachsenen zu treffen wären, gibt man ihnen die Macht ohne das dazugehörige Wissen. Das führt zu beträchtlichen und anhaltenden Konflikten zwischen Kindern und Eltern im Wettstreit um eine Macht, die die Eltern zu früh abgegeben haben, und deren Verlust sie zu spät bereuen.

Eltern sollten ihren Kindern deutlich und auf positiv bestärkende Art zu verstehen geben, welche Leistungen sie von ihnen in der Schule und auch sonst erwarten. Dabei dürfen weder im Laufe der Zeit noch zwischen den Eltern Widersprüche auftreten. Kinder müssen lernen, mit einer Wettbewerbssituation umzugehen, insbesondere wie man sich von einer Niederlage erholt. Aber sie sollten auch mit Situationen konfrontiert werden, in denen es keine Konkurrenz gibt, und die um ihrer selbst willen lohnend sind. Abschließend empfiehlt Rimm den Eltern »ihren Kindern für die Pflichten zu Hause und in der Schule sinnvolle Organisationstechniken vorzuleben und beizubringen«.

Bei älteren Kindern jedoch, deren unbefriedigendes Leistungsverhalten Rimm als »dominierend und unangepaßt« beschreibt, empfiehlt sie die Hilfe von Psychologen oder pädagogischen Beratern.

Dr. Linda Silverman, (in dem Aufsatz *Reaching Underachievers*), führt ein anderes Beispiel für mangelnde Leistungen begabter Kinder in den ersten Schuljahren an. Sie schreibt:

> Leistungsstarke begabte Kinder können in der Regel gut folgerichtig lernen. Im Gegensatz dazu haben leistungsschwächere Begabte ein sehr gutes räumliches Auffassungsvermögen, ihre Fähigkeit zu folgerichtigem Denken ist jedoch unterentwickelt. Räumliches Auffassungsvermögen hilft ihnen zwar in den Bereichen Computerarbeit, Geometrie, Naturwissenschaften und verschafft ihnen ein gutes bildhaftes Gedächtnis, Schwierigkeiten treten jedoch auf, wenn sie dreischrittige Anweisungen behalten sollen, sowie in den Bereichen Lautlehre, Buchstabieren, Fremdsprachen und mathematische Fakten, vorausgesetzt, sie werden auf die übliche Art unterrichtet. Durch Früherkennung und einen Wechsel der Unterrichtsmethoden kann ein unbefriedigendes Leistungsverhalten bei diesen Kindern vermieden werden.

In solchen Fällen sollten wir weder dem Kind noch dem Lehrer die Schuld zuschieben, meint Joanne Rand Whitmore in ihrem Aufsatz in *Gifted Child Quaterly*, Frühjahr 1986. Statt dessen schlägt sie vor, mindestens die gleiche Bedeutung dem Umfeld zu Hause und in der Schule beizumessen, wenn nicht sogar eine noch größere. Sie merkt an:

1. Junge begabte Kinder besitzen ein stark ausgeprägtes Vermögen, ihr Verhalten umzustellen und Probleme zu lösen.
2. Individuelle Eigenschaften, die zu Problemen werden, sind ungeeignete Manifestationen von Merkmalen, die wir normalerweise als Stärke betrachten (zum Beispiel Perfektionismus).

3. Problematisches Verhalten ist oft ein Anzeichen für das Bemühen eines Kindes, sich mit einem Umfeld auseinanderzusetzen, das nicht seinen Bedürfnissen entspricht.
4. Unbefriedigendes Leistungsverhalten läßt sich umkehren, wenn Eltern rechtzeitig für ein angemessenes erzieherisches Umfeld sorgen.

Wie auch sonst besteht in dieser Situation die Rolle der Eltern darin, Selbstvertrauen zu erzeugen. Ein Kind, das eine schlechte Meinung von sich hat, wird im allgemeinen seine Talfahrt nicht allein aufhalten können. Mit der richtigen Bestärkung jedoch ist ein Kind aber möglicherweise dazu in der Lage, vorausgesetzt, es ist überzeugt, sein Verhalten seinen eigenen Maßstäben entsprechend verändern zu können. Wird es jedoch von anderen dazu angehalten, sich deren Maßstäben anzupassen, wird es sich vielleicht gar nicht erst bemühen.

Kontinuität

Wir haben in diesem Buch über Entwicklungsstadien gesprochen, die sich beschreiben und zeitlich begrenzen lassen. Ebenso haben wir uns mit den Verhaltensmerkmalen von Kreativität und Intelligenz beschäftigt. Tatsächlich ist es jedoch ein schwieriges und nicht ganz der Wirklichkeit entsprechendes Unterfangen, entweder den Inhalt oder den Augenblick eines Verhaltens aus dem Zusammenhang zu reißen, denn beides ist von Anfang an eng miteinander verknüpft und läßt sich innerhalb des Prozesses nicht voneinander trennen.

Sobald unsere Kinder geboren sind, verfolgen wir jeden Übergang von einer Entwicklungsstufe zur nächsten. Mit dem Er-

kennen ihrer Bedürfnisse und dem Entstehen ihrer Persönlichkeit verändern wir unser Verhalten. Bei jedem Schritt bauen wir auf die Erfahrungen und Einsichten, die wir bis dahin gewonnen haben. Das gilt ebenso für das Säuglingsalter, wenn wir alles sind, was unsere Kinder brauchen, wie auch für das Kleinkindalter, wenn sie beginnen, die Welt zu entdecken, und auch für die Vorschuljahre, in denen ihr Selbst sich weiter herausbildet, sowie für den Eintritt in die Schule.
Dieser Prozeß ist nicht mit dem ersten Schultag abgeschlossen ... nicht einmal mit dem letzten. In jeder Phase der schulischen Laufbahn müssen die Eltern den Überblick über die Erziehungsprogramme behalten. Der Lehrplan für die vierte Klasse sollte auf den in den unteren Klassen erlernten Fähigkeiten aufbauen und sie ausweiten. Für eine gleichmäßige Entwicklung ist Kontinuität erforderlich.
Überprüfen Sie die Bedürfnisse Ihres Kindes auf jeder Stufe seiner schulischen Ausbildung und seiner persönlichen Entwicklung — die Interessen und Lernstile verschieben sich. Ist die Schule noch auf dem richtigen Weg oder wird sie ihr Ziel verfehlen? Ist dies der Fall, sollten Sie sich erneut überlegen, wie Sie aktiv nach einer zusätzlichen Bereicherung suchen können. Welche Fächer liegen Ihrem Kind? Vielleicht könnte es neue gleichgesinnte Freunde kennenlernen, damit seine Entwicklung gefördert wird. Gibt es ein neues Thema, ein neues Gebiet, mit dem es sich beschäftigen möchte? Schreiten Sie sofort ein, wenn die Schule und der Lehrplan nicht mehr seinen Bedürfnissen entspricht. Kann man einer unerträglichen Situation nicht aus dem Weg gehen, bietet sich vielleicht als einziger Ausweg ein privater Unterricht zu Hause an. Zögern Sie nicht, sich für Ihr Kind einzusetzen. Damit legen Sie ein Fundament, das ein ganzes Leben lang halten wird.
Bruno Bettelheim schreibt hierzu:

Eltern müssen ihr Vorgehen beständig und flexibel den Reaktionen ihrer Kinder anpassen und die ständig sich verändernde Gesamtsituation in ihrer Entwicklung neu bewerten...
Kinder aufzuziehen ist eine kreative Aufgabe, und daher eher eine Kunst als eine Wissenschaft.

Die Zinsen für Ihre Zeit und Ihre Bemühungen werden beträchtlich sein, aber auch während der ganzen Zeit schon werden Sie reich belohnt werden: durch neue Erkenntnisse, die Sie durch Ihre Kinder gewinnen, die Freude an der Schöpfung, die Sie mit Ihnen teilen, und durch die Begeisterung über den Erfolg, der sowohl Ihnen als auch Ihren Kindern gehört.

ANHANG

1. Fortgeschrittenes Verhalten im Vergleich

Die folgende Tabelle von Eleanor G. Hall und Nancy Skinner (aus: *Somewhere to Turn: Strategies for Parents of the Gifted and Talented*) zeigt lediglich einen Standardwert von 30 Prozent an, um den sich typisches Verhalten früher zeigt. Für sich betrachtet geben diese Zahlen noch keinerlei Auskunft darüber, wie sich ein Kind weiterentwickeln wird. Durch einen kurzen Vergleich soll lediglich ein frühes Erkennen von Begabung erleichtert werden. Viele, wenn auch nicht alle begabten Kinder zeigen in diesen Bereichen eine vorzeitige Entwicklung.

Richtlinien zur Erkennung begabter Kinder im Vorschulalter

Motorik	normales Alter in Monaten	30% früher
Hebt auf dem Bauch liegend das Kinn	1	0,7
Hält Kopf und Oberkörper aufrecht	2	1,4
Rollt auf Bauch/Rücken	3	2,1
Sitzt mit Hilfestellung	4	2,8
Sitzt allein	7	4,9
Steht mit Hilfestellung	8	5,6

Motorik	normales Alter in Monaten	30% früher
Steht, wenn es sich festhält	9	6,3
Krabbelt	11	7,7
Steht gut allein	11	7,7
Läuft allein	12,5	8,75
Läuft, anstatt zu krabbeln	15	10,5
Krabbelt Treppen hinauf	15	10,5
Läuft Treppen hinauf	18	12,6
Sitzt allein auf Stuhl	18	12,6
Blättert Seiten in einem Buch um	18	12,6
Läuft Treppen hinauf, hält sich am Geländer fest	21	14,7
Rennt, ohne zu fallen	24	16,8
Läuft allein Treppen hinauf/hinunter	24	16,8
Geht auf Zehenspitzen	30	21,0
Springt mit beiden Beinen	30	21,0
Wechselt beim Treppensteigen das Bein	36	25,2
Springt von der untersten Stufe	36	25,2
Benutzt beim Dreiradfahren die Pedale	36	25,2
Hopst auf einem Bein	48	33,6
Wirft den Ball	48	33,6
Hopst abwechselnd auf beiden Beinen	60	42,0

Feinmotorik

Greift nach Löffel, läßt aber schnell wieder los	1	0,7
Vertikale Augenkoordination	1	0,7
Spielt mit Rassel	3	2,1

Motorik	normales Alter in Monaten	30% früher
Greift nach Ball, interessiert sich für Details	6	4,2
Zieht sachgemäß am Faden	7	4,9
Bevorzugt eine Hand	8	5,6
Hält Gegenstände zwischen Finger und Daumen	9	6,3
Hält Stift sachgemäß	11	7,7
Schiebt Kinderwagen allein	11	7,7
Kritzelt spontan	13	9,1
Zeichnet Linie nach	15	10,5
Faltet Papier einmal nach	21	14,7
Zeichnet Vs und Kreise	24	16,8
Zeichnet Vs und Kreise nach	30	21,0
Baut Brücken aus Bauklötzen	36	25,2
Zeichnet Menschen aus zwei Teilen	48	33,6
Zeichnet erkennbare Personen mit Körper	60	42,0
Zeichnet Dreieck nach	60	42,0
Zeichnet Menschen mit Hals, Händen, Kleidern	72	50,4

Erkennen/Sprechen

Erwidert Lächeln	1,5	1,05
Wiederholt einen Laut mindestens viermal	1,6	1,12
Erkennt Mutter visuell	2	1,4
Folgt Geräusch mit den Augen	2,2	1,54
Gibt zwei verschiedene Laute von sich	2,3	1,61
Gibt vier verschiedene Silben von sich	7	4,9

Sagt »da-da« oder ähnliches	7,9	5,53
Reagiert auf seinen Namen	9	6,3
Betrachtet Bilder in einem Buch	10	7,0
Erzählt plappernd	12	8,4
Macht Worte nach	12,5	8,75
Besitzt ein Vokabular von 3 Worten (außer ma-ma, da-da)	14	9,8
Vokabular von 4 bis 6 Worten, inkl. Namen	15	10,5
Zeigt auf genannten Körperteil	17	11,9
Nennt Gegenstand (was ist das?)	17,8	12,46
Folgt Aufforderung, etwas auf Stuhl zu legen	17,8	12,46
Vokabular von 10 Worten	18	12,6
Vokabular von 20 Worten	21	14,7
Verbindet spontan zwei oder drei Worte	21	14,7
3-Wort-Sätze anstelle von Babysprache	24	16,8
Verwendet ich, mir/mich, du	24	16,8
Benennt 3 oder mehr Gegenstände in einem Bild	24	16,8
Erkennt mehr als 5 Gegenstände wieder	24	16,8
Sagt seinen vollen Namen	30	21,0
Erkennt 5 Gegenstände in einem Bild	30	21,0
Erkennt 7 Gegenstände wieder	30	21,0
Erklärt, wozu verschiedene Gegenstände benutzt werden	30	21,0
Zählt bis zu 3 Gegenstände (auf)	36	25,2
Unterscheidet Geschlechter	36	25,2

2. Kontrollisten zur Überprüfung von Fähigkeiten

Die Kontrollisten auf den folgenden Seiten sind nach Entwicklungsbereichen und Schwierigkeit geordnet. Der Vergleich der sich entwickelnden Fähigkeiten ihres Kindes mit diesen Listen soll es den Eltern erleichtern, die Stärken und Schwächen des Kindes herauszufinden, Bereiche auszumachen, in denen eine besondere Unterstützung lohnend wäre, und sie sollen ihnen dabei helfen, das geeignete Erziehungsprogramm für ihre Kinder zu finden. Die angegebenen Zeitspannen beziehen sich auf das durchschnittliche Alter, in dem solche Verhaltensweisen beobachtet werden können; sie dienen nicht als Hinweis auf fortgeschrittene oder verzögerte Entwicklung oder zum Erkennen besonderer Begabungen.

Kontrolliste Geburt bis 12. Monat
* = Grundfähigkeiten

Erkennen/Sprechen
Geburt bis 3. Woche
  Schneller Stimmungswechsel
  Gibt beliebig Laute von sich (außer Weinen)*
  Blickt andere vorübergehend an

3. Woche bis 3. Monat
  Lächelt oder gurrt, wenn es Stimmen von Erwachsenen hört
  Schreit, um Unwohlsein (Hunger, Kälte, nasse Windeln etc.) auszudrücken

Reagiert mit Körperbewegung auf Geräusche
Lächelt, wenn es eine vertraute Stimme hört*
Gibt einzelne Laute von sich
Folgt Geräusch mit Augen (nur seitlich)
Erwartet Flasche oder Brust*
Richtet Blick abwechselnd auf zwei verschiedene Ziele
Folgt mit den Augen bis zu dem Punkt, wo ein sich langsam bewegender Gegenstand verschwunden ist
Beginnt zu plappern*

3. bis 6. Monat
Drückt Ärger oder Vergnügen stimmlich aus*
Versucht Lautfolge zu wiederholen*
Richtet Geräusche und Gesten an Gegenstände
Lokalisiert Geräusche in Ohrhöhe
Verweigert Nahrung, wenn satt

6. bis 12. Monat
Hebt Arm, wenn es hochgehoben werden will*
Winke-winke zum Abschied*
»Kuckuck«-Spiel
Begreift, daß entschlossene Stimme »nein« meint
Reagiert immer auf eigenen Namen*
Unterscheidet zwischen Familie und Fremden
Holt sich gewünschtes Spielzeug wieder
Klatscht auf sprachliche Aufforderung in die Hände
Lokalisiert Geräusche in Ohrhöhe neben sich
Leert Behälter, um an Gegenstände im Inneren zu kommen
Versteht Kommandos/Aufforderungen
Sucht nach teilweise verstecktem Gegenstand*

Motorik allgemein
Geburt bis 3. Woche
Starke Schreckreaktion
Strampelt abwechselnd mit beiden Beinen
Wedelt mit beiden Armen gleichzeitig
Dreht auf dem Bauch liegend Kopf nach beiden Seiten*
Hebt Kopf und Oberkörper in einem Winkel von 45 Grad*
Wackelt mit Kopf, wenn es aufrecht gehalten wird
Versucht, von der Seite auf den Bauch zu rollen
Hebt den Kopf, wenn es waagerecht gehalten wird

3. bis 6. Monat
Greift Füße mit den Händen, wenn es auf dem Bauch liegt
Richtet Oberkörper, auf dem Bauch liegend, mit Hilfe der Hände auf*
Rollt vom Bauch auf den Rücken
Hält Kopf beim Sitzen aufrecht
Hilft, wenn es in sitzende Position gezogen wird
Schaukelt auf dem Bauch liegend
Rollt die Zehen ein
Fängt ein Teil des eigenen Gewichts mit den Beinen ab, wenn es gestützt wird*

6. bis 9. Monat
Hilft, wenn es in Sitzposition gezogen wird, ohne daß der Kopf nach hinten fällt*
Fängt den größten Teil des Eigengewichts mit den Beinen ab (Einknicken der Knie)
Stützt sich auf Hände und Knie und schaukelt
Zieht sich beim Krabbeln mit beiden Armen gleichzeitig vor
Zieht sich beim Krabbeln mit beiden Armen abwechselnd vor

Benutzt beim Krabbeln abwechselnd jeweils die gegenüberliegenden Arme und Beine
Rollt vom Rücken auf den Bauch*
Sitzt 60 Sekunden ohne Hilfe
Streckt Arme nach vorne oder zur Seite, wenn es aus Sitzposition gekippt wird
Beginnt, sich in Sitzposition zu rollen
Hebt Gegenstände auf, wenn es unbeaufsichtigt sitzt

9. bis 12 Monat
Neigt sich beim Sitzen vornüber
Fängt das volle Gewicht mit den Beinen ab*
Zieht sich an einem Halt zu stehender Position hoch*
Hält beim Stehen die Füße gerade
Benutzt beim Krabbeln beide Körperseiten abwechselnd (mit aufgerichtetem Oberkörper)
Benutzt beim Krabbeln abwechselnd jeweils die gegenüberliegenden Arme und Beine (mit aufgerichtetem Oberkörper)
Setzt sich allein aus dem Stand*
Läuft, wenn an der Hand gehalten (weniger als 5 Schritte)
Hebt beim Stehen einen Fuß vom Boden

Feinmotorik
Geburt bis 3. Woche
Starker Greifreflex*
Folgt sich bewegenden Gegenständen (90 Grad) mit dem Blick

3. Woche bis 3. Monat
Folgt sich bewegenden Gegenständen (180 Grad) mit dem Blick über die Mittellinie hinaus*
Betrachtet eigene Hände

Schlägt willkürlich nach über ihm baumelnden Gegenstand*
Greift Gegenstände, die in beide Hände gelegt werden
Leistet spielerischem Zug Widerstand
Ballt im Wachzustand Hände zu Fäusten

3. bis 6. Monat

Starrt Gegenstand über längere Zeit an*
Dreht den Kopf, um Gegenstände mit dem Blick zu folgen
Handflächengriff
Greift bewußt nach Gegenständen außerhalb der Reichweite
Steckt sich mit der Hand Gegenstände in den Mund (Nahrung)*
Klopft mit Gegenständen gegen Hochstuhl
Ballt im Wachzustand die Hände lose zu Fäusten

6. bis 9. Monat

Rollt oder wirft Spielzeug ungeschickt
Benutzt schöpfende Handbewegung, um Gegenstände zu greifen (Vorstufe zum Zangengriff)
Greift mit einer Hand nach Spielzeug*
Hebt heruntergefallene Spielsachen auf
Steckt Spielsachen in den Mund
Nimmt Gegenstände von einer Hand in die andere*

9. bis 12. Monat

Steckt Ringe auf Spindel
Hebt kleine Gegenstände mit Daumen und Zeigefinger auf (feiner Zangengriff)*
Stößt mit vorgestrecktem Zeigefinger
Manipuliert zwei Gegenstände gleichzeitig durch Drehen des Handgelenks

Selbstversorgung
Geburt bis 3. Monat
    Saugreflex*
    Suchreflex*

3. bis 6. Monat
    Erkennt die Flasche und greift nach ihr*
    Zerreibt Nahrung am Gaumen und schluckt sie
    Beißt nicht automatisch zu

6. bis 9. Monat
    Schiebt sich mit dem Finger kleine Essensportionen in den Mund*
    Hält einen Keks in der Hand
    Beißt Keks ab
    Kaut Keks

9. bis 12. Monat
    Hält Flasche von allein
    Hält Tasse beim Trinken (Hilfe nötig)*
    Fängt an, Löffel zu halten
    Leckt Löffel ab
    Bleibt 1 bis 2 Stunden hintereinander trocken
    Bleibt beim An- und Ausziehen passiv
    Hört auf zu sabbern

Kontrolliste für das erste Jahr

Erkennen/Sprechen
12. bis 18. Monat
    Erkennt sich selbst im Spiegel*
    Spricht Worte nach*

Gebraucht Babysprache*
Sagt ma-ma und da-da im richtigen Augenblick
Reagiert auf »Nein-nein« (wenn auch nicht immer)
Wendet sich namentlich genannten Familienmitgliedern oder Haustieren zu
Lokalisiert Geräusche über Ohrhöhe
Zeigt nach Aufforderung auf bestimmte Gegenstände*
Nennt nach Aufforderung 2 vertraute Gegenstände
Reagiert auf den eigenen Namen
Gibt Wünsche zu erkennen*
Verwendet ein Vokabular von 4 oder 5 Worten
Macht Erwachsene nach

18. bis 24. Monat
Macht nach Aufforderung einfache Geräusche oder Worte nach*
Verwendet einfache 2-Wort-Sätze
Zeigt nach Aufforderung auf 3 Körperteile
Sortiert 2 verschiedene Arten von Gegenständen
Erkennt die Namen vertrauter Gegenstände, Personen, Haustiere wieder
Zeigt auf Bilder vertrauter Gegenstände
Verwendet 6 bis 20 Worte, versteht erheblich mehr*
Nennt sich selbst bei seinem Namen
Steckt 3 Ringe der Größe nach auf eine Spindel*
Zeigt auf 6 vertraute Gegenstände*

Motorik
12. bis 18. Monat
Steht allein auf*
Schiebt sich auf fahrbarem Spielzeug aus eigener Kraft vorwärts*

Hebt Gegenstände vom Boden auf, ohne das Gleichgewicht zu verlieren*
Klettert auf Stuhl
Läuft ohne Schwierigkeiten, auch beim Starten oder Anhalten*
Steigt Treppe hoch, wenn an der Hand gehalten*
Läuft rückwärts*

18. bis 24. Monat
Wirft Bälle überhand*
Steigt Treppen hinab, wenn gehalten*
Rennt recht gut*
Zieht Spielzeug mit Rädern hinter sich her
Zieht und schiebt große Spielsachen

Feinmotorik
12. bis 18 Monat
Steckt eine Form in die Formöffnung*
Nimmt zwei Gegenstände in eine Hand*
Baut Türme (aus 2 bis 4 Klötzen)*
Schüttelt kleine Gegenstände aus Flasche
Blättert Seiten in einem Kinderbuch aus starkem Karton um

18. bis 24. Monat
Zieht Linien mit Buntstift nach*
Stapelt 5 Ringe auf Spindel
Baut Türme (6 Klötze)*
Schüttelt spontan Gegenstände aus einer Flasche*
Blättert Seiten in einem Bilderbuch um
Zeichnet senkrechte Linie nach (Abweichung von 30%)*
Schraubt Deckel auf

Selbstversorgung
12. bis 18. Monat
Fängt an, mit Löffel zu essen
Trinkt aus Tasse, die es mit beiden Händen hält
Kaut gut
Streckt beim Anziehen Arme und Beine zur Hilfe aus

18. bis 24. Monat
Ißt ganze Mahlzeit allein mit dem Löffel (kleckert)
Trinkt selbständig aus Tasse, gebraucht beide Hände
Packt Nahrung vor dem Essen aus
Bittet um Essen (durch Worte oder Geste)
Kann Kleidung (ohne Knöpfe etc.) selbst ausziehen
Ahmt Tätigkeiten der Selbstversorgung nach, ohne sie tatsächlich durchzuführen

Kontrolliste für Zweijährige

Erkennen
Nennt sich selbst bei seinem Namen
Weiß, was man mit vertrauten Gegenständen macht*
Legt zwei Farbproben zusammen*
Zeigt auf kleine und große Gegenstände*
Entwickelt die Fähigkeit, die Folgen einer Handlung vorherzusehen (»Feuer brennt«)*
Zeigt auf sechs genannte Körperteile*
Nennt die Namen von dargestellten Gegenständen*
Ahmt Handlungen Erwachsener nach
Kann zwischen Junge und Mädchen unterscheiden
Weiß sein eigenes Geschlecht
Legt Gegenstände in/auf/unter etwas

Nennt eine Farbe
Versteht die Begriffe »eins« und »zwei«
Wiederholt zwei Zahlen
Zeigt sein Alter mittels Finger an
Interessiert sich aktiv für Fernsehen und Bücher
Tut so als ob*

Sprache

Folgt einer einschrittigen Anweisung (z. B.: »Leg den Bauklotz auf den Tisch«)*
Ergänzt ablehnendes »nein« durch ein weiteres Wort (z. B.: Kein Wasser)
Verbalisiert Wünsche (z. B.: »will Wasser«)
Verwendet Plural
Verwendet die Laute p/b/m
Setzt 2 oder mehr Wörter zu einfachen Sätzen zusammen*
Beschreibt was passiert ist, mit 2 oder 3 Worten*
Kann Fragen formulieren (z. B.: Wo ist Vati?)
Verwendet Pronomen ich/du/mir-mich
Kann Kinderlied aufsagen oder singen

Selbsthilfe

Hilft, Dinge wegzuräumen
Hebt Tasse allein vom Tisch, trinkt daraus und stellt sie zurück
Läßt sich, ohne zu kleckern, mit dem Löffel füttern*
Zieht Jacke oder Kleid allein aus
Öffnet Reißverschluß
Kann sich Strümpfe anziehen
Trocknet sich selbst die Hände ab
Zieht Jacke allein an

Scheidet aus, wenn man es auf den Topf setzt*
Verbalisiert dieses Bedürfnis mit einiger Verläßlichkeit
Bleibt über Nacht trocken

Soziales Verhalten
Zeigt sowohl Abhängigkeit als auch Unabhängigkeit von Erwachsenen*
Beobachtet andere Kinder beim Spielen
Zeigt Neugier und Interesse für seine Umgebung
Ist stolz auf seine Erfolge
Wendet sich an Erwachsene, wenn es Hilfe braucht
Nimmt anderen Kindern Spielsachen weg
Fängt selbständig an zu spielen
Erste Interaktionen beim Parallelspiel mit anderen Kindern

Motorik
Wirft kleine Gegenstände einen halben Meter weit
Springt mit beiden Beinen gleichzeitig
Rollt Ball vorwärts
Läuft zwei Schritte auf Zehenspitzen
Fängt rollenden Ball
Rennt bis zu zehn Schritte vorwärts*
Benutzt beim Treppensteigen immer denselben Fuß für den nächsten Schritt
Steigt Treppen selbständig hoch (mit beiden Füßen auf einer Stufe
Steigt Treppen selbständig hinunter (mit beiden Füßen auf einer Stufe)
Springt weit
Benutzt beim Dreiradfahren Pedale

Feinmotorik
Greift Bauklotz mit der Hand
Benutzt Löffel zum Umrühren
Kann 5 größere Perlen auf Schnur aufziehen
Spielt mit Ton (rollen, klatschen, formen)
Zieht waagerechte Linie (max. 30 Grad Abweichung von Vorgabe)
Malt Kreis nach
Malt senkrechte Linie
Backt Sandkuchen
Blättert einzelne Seiten um
Bewältigt fünf-/sechsteilige Puzzle
Öffnet Türen mit Türklinke
Dreht Griff am Schaumschläger
Baut Turm aus 12 Bauklötze

Kontrolliste für Dreijährige
Sprache
Verstehen

1. Versteht den Gebrauch konkreter Gegenstände
2. Ahmt pantomimisch den Gebrauch von Gegenständen nach (»Zeig mir, was man mit einer Zahnbürste macht«)
3. Versteht Gegensatzpaare: ● oben/unten ● stehenbleiben/weitergehen ● heiß/kalt ● auf/zu ● froh/traurig ● langsam/schnell
4. Versteht Präpositionen ● hinein ● über ● an ● zuoberst ● vor ● hinaus ● unter ● aus ● zuunterst ● hinter
5. Hört kurzen Geschichten zu
6. Befolgt zwei aufeinanderfolgende Anweisungen*
7. Ordnet Gegenstände und Bilder zu Paaren

8. Klassifiziert Bilder durch zeigen (»zeig auf alle Tiere«)
9. Ordnet Bilder in der Reihenfolge einer vertrauten Geschichte*
10. Zeigt die Fähigkeit zu induktivem Denken*
11. Zeigt verschiedene Verhaltensmöglichkeiten in einer bestimmten Situation

Ausdruck
12. Benennt Bilder vertrauter Gegenstände
13. Nennt Körperteile: ● Kopf ● Arme ● Beine ● Füße ● Hände ● Knie ● Kinn ● Teile des Gesichts
14. Nennt die Funktion der wichtigsten Körperteile: ● Augen ● Nase ● Hände ● Ohren ● Mund ● Füße
15. Stellt einfache Fragen unter Verwendung von »wer«, »was«, »wo« und »warum«
16. Beantwortet »Wer«-, »Was«- und »Wo«-Fragen
17. Spricht in Sätzen mit 6 bis 8 Worten
18. Verwendet Vergangenheit
19. Verwendet Pronomina richtig (»ich«, »du«, »er«, »sie«)*
20. Erzählt Handlungen in Bildern
21. Nennt die Verwendung von abgebildeten Gegenständen
22. Erkennt Gegenstände durch Berühren und beschreibt sie
23. Erkennt, was in einem Bild fehlt
24. Merkt sich Fingerspiel oder Lied und kann es wiederholen*
25. Beantwortet Fragen nach seinen körperlichen Bedürfnissen
26. Weiß eigenes Geschlecht, Alter und vollständigen Namen
27. Benennt fehlenden Gegenstand aus einer Gruppe von dreien

28. Behält drei Gegenstände, die man ihm gezeigt hat
29. Wiederholt einfache Sätze von bis zu 6 Worten (»Ich bin ein großer, starker Junge«)
30. Wiederholt Folge von drei Zahlen
31. Ordnet drei Bilder in Folge an, um damit eine Geschichte zu erzählen
32. Antwortet korrekt auf Fragen nach dem Muster »Wenn..., was... dann?«
33. Zeigt durch entsprechende Reaktion, daß es Sätze und Fragen verstanden hat

Mathematik
Erkennen von Farben und Formen
1. Ordnet Formen zu* ● Kreis ● Quadrat ● Dreieck ● Rechteck
2. Zeigt nach Aufforderung auf die richtige Form*
3. Benennt Formen ● Kreis ● Quadrat ● Dreieck ● Rechteck
4. Erkennt gerade und gebogene Linien
5. Ordnet Farben richtig zu* ● Rot ● Gelb ● Blau ● Braun ● Orange ● Grün ● Schwarz*
6. Zeigt nach Aufforderung auf richtige Farbe* ● Blau ● Gelb ● Grün ● Rot ● Orange ● Braun ● Schwarz ● Violett
7. Nennt drei Grundfarben

Zählen
8. Sagt Zahlen von 1 bis 5 auf*
9. Zählt bis zu 5 Gegenstände ab*
10. Versteht Zahlenbegriffe ● 1 ● 2 ● 3 ● andere?

Größenunterschiede: Quantitative Begriffe
11. Ordnet 3 Gegenstände der Größe nach
12. Versteht die Begriffe voll, leer
13. Zeigt, welcher von zwei Stöcken länger ist
14. Versteht ● klein ● groß*
15. Unterscheidet zwischen den Begriffen »einige« und »alle«

Zuordnen
16. Ordnet Gegenstände nach zwei vorgegebenen Kategorien (Größe, Form, Farbe etc.)*
17. Baut Konstruktionen aus bis zu 5 Bauklötzen nach*

Muster
18. Reproduziert eine Anordnung von drei Gegenständen nach erkennbarem Muster*

Motorik
1. Läßt Ball einmal fallen und fängt ihn wieder
2. Fängt großen Ball (aus 1 1/2 bis 2 Meter Entfernung)*:
   ● mit Armen und angelegten Ellenbogen
   ● mit leicht vom Körper abgewinkelten Armen
3. Wirft Ball überhand
4. Wirft Sitzsack

Körperkoordination und Ballance
5. Steigt Treppen hinab, wechselt dabei die Füße; eine Stufe pro Schritt; mindestens vier Stufen
6. Geht auf 2 Meter langer Linie vorwärts und rückwärts
7. Springt mit beiden Beinen
8. Springt mit beiden Beinen über ca. 15 Zentimeter hohes Hindernis

9. Steht auf einem Bein, ohne die Balance zu verlieren*
10. Hüpft zwei- oder mehrmals auf einem Bein
11. Tritt mit einem Fuß gegen Ball
12. Geht auf Zehenspitzen
13. Ahmt Handlungen nach*

Feinmotorik
1. Schließt Faust und dreht Daumen
2. Spielt mit Plastilin*
3. Bearbeitet Plastilin mit Zeigefinger
4. Baut Turm*
5. Baut Brücke aus Bauklötzen nach*
6. Kann mindestens 4 bis 5 Zentimeter große Perlen auf Schnur ziehen
7. Löst Muttern und zieht sie fest, löst Bolzen, öffnet Deckel
8. Hämmert
9. Legt Puzzle von 3 bis 7 Teilen zusammen*
10. Schüttet Reis oder Sand aus
11. Hält Buntstift zwischen Fingern, nicht mehr in der Faust
12. Malt mit großem Pinsel auf großem Blatt Papier (40 x 60 cm)
13. Fängt an, Menschen zu malen (gewöhnlich Kopf und Beine)*
14 Zeichnet nach: ● Waagerechte ● Kreis ● Diagonale ● Senkrechte ● Kreuz
15. Malt zwischen zwei geraden Linien
10. Kann mit Greifzange umgehen
17. Kann mit Schere umgehen, ohne aber unbedingt den vorgegebenen Linien zu folgen
18. Malt Buchstaben nach

Kontrolliste für Vierjährige
*** = *Erweiterte Fähigkeiten*

Sprache
Verstehen
1. Hört sich Anweisungen für Spiele und Aktivitäten an*
2. Befolgt Anweisungen in der richtigen Reihenfolge (2 und 3 Schritte)
3. Hört Geschichten zu
4. Versteht Begriffe räumlicher Orientierung: ● zuoberst ● zuunterst ● drüber ● drunter ● um... herum ● hindurch ● zuerst** ● zuletzt ● drinnen ● draußen ● vor** ● hinter** ● zwischen ● neben ● mitten** ● vor ● nach ● neben
5. Ahmt mittels Pantomime den Gebrauch von Gegenständen nach (Zahnbürste, Tasse, Löffel)
6. Spielt eine vertraute Geschichte oder den Text eines Kinderliedes beim Aufsagen
7. Erkennt in einer Gruppe von vier Gegenständen denjenigen, der nicht dazu gehört
8. Bringt Bilder in die richtige Handlungsabfolge für eine Geschichte/die Zubereitung einer Mahlzeit ● 3 ● 4 ● 5 Bilder
9. Ordnet Begriffe von Gegenständen zu Paaren, die sich reimen
10. Erkennt, wenn Wörter mit dem gleichen Klang beginnen (Buch — Bild)**
11. Bringt einen Buchstaben mit dem Klang innerhalb eines Wortes in Verbindung **
12. Zeigt auf einer Fläche (Blatt Papier), daß es die Begriffe der Orientierung versteht**
13. Entdeckt weitere Möglichkeiten** ● einen Gegenstand

zu benutzen ● Kunsterfahrung ● für Bewegungsspiele
● für das Ende einer Geschichte

Ausdruck
14. Spricht in Sätzen mit 8, 10 oder mehr Wörtern*
15. Berührt und nennt Körperteile: ● Kopf ● Augen
    ● Hände ● Arme ● Füße ● Beine ● Nase ● Mund
    ● Ohren ● Hals ● Oberkörper ● Knöchel ● Knie**
    ● Schulter** ● Handgelenk** ● Ellenbogen** ● Ferse**
16. Nennt die Funktionen von Körperteilen: ● Kopf ● Augen ● Hände ● Arme ● Füße ● Beine ● Nase
    ● Mund ● Ohren ● Hals ● Oberkörper ● Knöchel
    ● Knie** ● Schulter** ● Handgelenk** ● Ellenbogen** ● Ferse**
17. Verbalisiert Kinderlieder oder Fingerspiele*
18. Äußert sich themengerecht in kleinen Gruppendiskussionen*
19. Ersetzt fehlendes Wort in gegensätzlichen Analogiepaaren
20. Gibt Definitionen vertrauter Gegenstände
21. Erkennt und gebraucht Wörter mit gegensätzlicher Bedeutung durch Ansehen oder Ertasten (oben/unten, heiß/kalt)
22. Benutzt bei Gegenstandsbeschreibungen folgende Attribute: ● Farbe ● Form ● Größe ● Verwendung ● Zusammensetzung
23. Benutzt zur Beschreibung eines einzelnen Gegenstandes mehr als ein Attribut
24. Beschreibt ein Bild mit drei Angaben*
25. Verbalisiert: den vollständigen Namen, Alter**, Adresse**, Geburtsdatum**, Telefonnummer**

26. Beschreibt Gegenstände nach Berühren als: ● rauh/glatt ● dick/dünn ● hart/weich
27. Erzählt aus 5 Sätzen bestehende Geschichte in eigenen Worten nach
28. Versteht neue Wörter und Begriffe
29. Erkennt und nennt die Buchstaben seines Vornamens
30. Erkennt und nennt die Buchstaben seines Nachnamens
31. Erkennt viele Buchstaben des Alphabets ● groß geschrieben ● klein geschrieben
32. Bringt Buchstaben des ● Vornamens ● Nachnamens in die richtige Reihenfolge
33. Diktiert selbsterlebte Geschichten
34. Beschreibt Beobachtungen über die Veränderung von Lebensmitteln beim Kochen (z.B. Farbe, Konsistenz, Form)
35. Stellt einfache Vergleiche an (Unterschiede/ Übereinstimmungen)*
36. Sagt voraus, was als nächstes in einer Situation/Geschichte geschehen könnte
37. Macht realistische Vorhersagen über den Fortgang von Ereignissen
38. Antwortet auf Fragen wie »Was wäre, wenn...? Wie viele Möglichkeiten gibt es...?«
39. Beantwortet Wie-Fragen richtig (Wie nimmt man ein Bad?)
40. Nennt aus einer Gruppe von drei Wörtern die beiden, die sich reimen*
41. Findet Wörter, die sich auf ein vorgegebenes Wort reimen*
42. Erkennt den Grundgedanken ● einer Geschichte ● eines Bildes**
43. Zieht Schlußfolgerungen aus einer Geschichte**

44. Unterscheidet zwischen Wirklichkeit und Phantasie**
45. Verbindet Ursache mit Wirkung (Was passiert, wenn man aufhört zu essen?)**

Mathematik

Farben und Formen
1. Zeigt auf Farben: ● Gelb ● Violett ● Schwarz ● Orange ● Grün ● Weiß ● Rot ● Blau ● Braun
2. Nennt Farben*: ● Gelb ● Violett ● Schwarz ● Orange ● Grün ● Weiß ● Rot ● Blau ● Braun
3. Zeigt auf Formen: ● Dreieck ● Kreis ● Quadrat ● Rechteck ● Vieleck**
4. Nennt Formen*: ● Dreieck ● Kreis ● Quadrat ● Rechteck ● Vieleck**

Zählen
5. Zählt von 1 bis ?*
6. Versteht Ordnungszahlen**: ● erster ● zweiter ● letzter ● mittlerer Größe
7. Erkennt Größenunterschiede: ● lang—kurz ● groß—klein ● dick**—dünn**
8. Versteht Begriffe wie: ● kleiner als ● größer als
9. Ordnet nach Größenunterschieden:
    ● groß, größer, am größten ● klein, kleiner, am kleinsten ● kurz, kürzer, am kürzesten ● lang, länger, am längsten
10. Ordnet (7) Gegenstände ihrer Länge nach in die richtige Reihenfolge*

    Mengenbegriffe
11. Vergleicht Gegenstände nach ihrem Gewicht (»Was ist schwerer? leichter?«)

12. Versteht die Begriffe:
    ● voll ● halbvoll ● leer
13. Versteht die Begriffe:
    ● mehr als ● die meisten**
    ● weniger als ● die wenigsten**
14. Mißt und vergleicht: ● Länge ● Gewicht ● Volumen eines Gegenstandes
15. Versteht Brüche: ● 1/2 ● 1/4** ● das Ganze

Einordnen
16. Ordnet Gegenstände ein durch Verwendung folgender Merkmale:*
    ● Farbe ● Größe ● Form ● Konsistenz
17. Ordnet Gegenstände ein unter Verwendung von:
    ● 2 Merkmalen (»Leg die kleinen Quadrate hierhin«)
    ● 3 Merkmalen (»Leg die großen, roten Kreise hierhin«)
18. Legt fest, welche Gegenstände nach
    ● Farbe (»Ich lege alle blauen hierhin«)
    ● Größe (»Ich lege alle großen hierhin«) oder
    ● Form (»Ich lege alle Kreise hierhin«) geordnet werden**

Vorbilder
19. Kopiert Muster nach Farbe, Form oder Größe*
21. Ergänzt Muster nach Farbe, Form oder Größe
22. Entwickelt eigenes Muster

Mengen und Zahlen
23. Erkennt Menge als Sammlung von Gegenständen mit einer Gemeinsamkeit (z. B. Größe, Farbe, Form, Funktion, etc.)
24. Ordnet jedem Gegenstand jeweils einen anderen zu*;
    ● 3 Gegenstände ● 5 Gegenstände ● mehr Gegenstände

25. Bildet ähnliche Menge wie die vorgegebene
26. Unterscheidet durch Vergleichen zwischen gleichwertigen und nicht gleichwertigen Mengen
27. Versteht Zahlenbegriffe: ● 3 ● 4 ● 5
28. Erkennt und bildet Mengen aus:
    ● 0 bis 5 ● 6 bis 10 Gegenständen
29. Erkennt, daß in einer leeren Menge keine Gegenstände enthalten sind
30. Erkennt »0« als Zeichen für die leere Menge
31. Bildet Menge mit (einem Bestandteil) mehr als Vergleichsmenge
32. Versteht, daß jede Zahl eins mehr ist, als die vorherige (»Was ist mehr als 22«?)
33. Bildet aus zwei Mengen eine neue
34. Versteht Untermengen einer Zahl

Zahlen

35. erkennt Kardinalzahlen
36. Verbindet Kardinalzahlen mit dazugehörigen Mengen*
37. Ordnet Kardinalzahlen nach ihrer Reihenfolge
38. Löst einfache Textaufgaben, in denen Zahlen vorkommen** (»Wenn du zwei Bonbons hast, und ich gebe dir noch eins dazu, wie viele hast du dann!«)
39. Erkennt die Geldstücke**

Wissenschaft

40. Sagt Ausgang eines Experiments mit konkreten Gegenständen voraus (Was schwimmt oben? Was geht unter?)
41. Beobachtet die Veränderungen der 4 Jahreszeiten
42. Bemerkt, wie Dinge sich verändern

Motorik

Arm-Augen-Koordination

1. Fängt Ball (nicht direkt am Körper) allein mit den Händen*
2. Läßt Ball 4 Mal hintereinander aufspringen und fängt immer mit beiden Händen
3. Wirft Ball gezielt*
4. Wirft Ball in die Luft und fängt ihn selbst wieder
5. Fängt Sitzkissen mit ganzer Körperdrehung auf
6. Trifft ein auf dem Boden liegendes Ziel (35 bis 50 cm) aus einer Entfernung von 2 Metern mit einem Ball (bei 4 von 5 Versuchen)

Balance

7. Läuft auf zwei Meter langer Linie
8. Läuft über zwei Meter langem Balken*
9. Bleibt auf Balken stehen und fängt Kissen
10. Steigt auf Balken über einen Gegenstand
11. Läuft rückwärts über 2 Meter langem Balken, ohne abzusteigen
12. Läuft vorwärts mit auf ein Ziel gerichteten Augen (runtersehen verboten)
13. Kann folgende Bewegungen:
    ● hüpft bis zu 4 mal auf ● rechtem Bein ● linkem Bein; ● balanciert auf rechtem Bein ● 5 Sekunden ● 10 Sekunden; ● balanciert auf linkem Bein ● 5 Sekunden ● 10 Sekunden
14. Springt über 15 cm hohes Hindernis und landet auf beiden Beinen
15. Tritt Ball (30 cm Durchmesser) mit dem Fuß gegen ein großes Ziel in 3 Metern Entfernung
16. Hält auf Zeichen in der Bewegung inne

Allgemeine Bewegung
  17. Klatscht oder marschiert im Takt der Musik
  18. Reagiert mit entsprechenden Körperbewegungen auf Rhythmus
  19. Kann allein die Treppe hinuntersteigen
  20. Kann folgende Bewegungen nachmachen:
      ● rückwärts laufen ● galoppieren ● rennen ● auf Zehenspitzen laufen ● marschieren ● Hopserlauf

Feinmotorik
Hand-Augen-Koordination
  1. Folgt beim Schnüren einer Lochreihe
  2. Bewältigt Puzzle aus 8 oder mehr Teilen*
  3. Bringt mit Bunt- oder Bleistift eigene Vorstellungen aufs Papier
  4. Folgt Punktvorlagen mit dem Stift, um Gegenstand nachzuzeichnen (Zahlen von 1 bis 10)
  5. Benutzt Bleistift zum Nachzeichnen eines Weges durch einen Irrgarten
  6. Zeichnet Menschen mit Gliedmaßen und Gesichtszügen
  7. Zeichnet Formen nach*: ● mit Vorlage ● ohne Vorlage ● Kreis ● Quadrat ● Kreis ● Quadrat ● Dreieck ● Rechteck ● Dreieck ● Rechteck
  9. Schreibt Namen in Druckbuchstaben: ● mit Vorlage ● ohne Vorlage
  10. Malt Zahlen nach: ● mit Vorlage ● ohne Vorlage
  11 Kann mit Pinsel und Farbe umgehen
  12. Kann mit Schere umgehen: ● gerader Schnitt ● krummer Schnitt

Fingerkraft und Geschicklichkeit
  13. Formt Ton zu Gestalten und Gegenständen

14. Arbeitet dabei mit einem Finger
15. Berührt mit Daumen alle anderen Finger derselben Hand
16. Faltet und falzt Papier
17. Hat sich auf rechte/linke Hand festgelegt

Augenbewegung
18. Arbeitet unter Anleitung von oben nach unten
19. Folgt in den meisten Fällen beim Schreiben/Lesen/Zeichnen mit den Augen der Bewegung von links nach rechts*

Soziales Verhalten
1. Drückt Gefühle in Worten aus
2. Arbeitet und spielt mit anderen Kindern kooperativ zusammen
3. Tut sich in größeren Gruppen mit anderen zusammen
4. Teilt und wechselt sich ab
5. Zeigt Verständnis für andere und deren Eigentum
6. Ergreift beim Lernen die Initiative
7. Ist aufmerksam und konzentriert sich auf eine Aufgabe
8. Bringt Aufgabe zu Ende
9. Arbeitet kooperativ mit Erwachsenen zusammen
10. Hat sich selbst gegenüber ein gutes Gefühl
11. Ist freundlich zu anderen
12. Löst Konflikte unter Gleichaltrigen mit sprachlichen oder sozialen Mitteln
13. Löst sich von Eltern, um bei etwas mitzumachen
14. Hat keine Schwierigkeiten, wieder zu den Eltern zurückzukehren

Kontrollliste Vorschule

Sprache

Verstehen
1. Klatscht Rhythmus nach
2. Wiederholt Folge von ● 4 ● 6 Zahlen, Wörtern oder Geräuschen
3. Wiederholt Satz mit mindestens ● 5 Wörtern ● 8 Wörtern ● 10 Wörtern
4. Hört einer Geschichte ● 15 Minuten ● 30 Minuten zu
5. Befolgt Anweisungen mit ● 2 ● 3 ● 4 Teilschritten
6. Hört einer Geschichte mit Kopfhörer zu: ● 5 Minuten ● 10 Minuten ● 15 Minuten

Sprechen
1. Benennt Gegenstände
2. Äußert persönliche Bedürfnisse
3. Spricht in Sätzen mit ● 8 ● 10 oder ● mehr Wörtern
4. Beteiligt sich an Gruppendiskussionen
5. Drückt seine Gefühle in Worten aus
6. Wiederholt Gedicht oder Fingerspiel von ● 8 Zeilen ● 16 Zeilen
7. Erzählt, was auf Bildern geschieht
8. Zeigt, daß es relative Zeitbegriffe versteht
9. Versteht Begriffe der räumlichen Zuordnung
10. Macht Angaben zur Person: ● Geburtstag ● Telefonnummer ● Adresse ● Stadt ● Land ● Postleitzahl ● Familienname
11. Kennt die Wochentage und Monate: ● Wochentage in der Reihenfolge durcheinander ● Monate
12. Erzählt, was in einer Bildfolge als nächstes geschehen wird

13. Erzählt Geschichte nach: ● die man ihm erzählt hat
    ● die es selbst gelesen hat
14. Diktiert eigene Geschichte
15. Verwendet komplexe zusammengesetzte Sätze
16. Beschreibt Gegenstände oder Figuren aus einer Geschichte
17. Beschreibt Ereignisse aus der Vergangenheit oder zukünftige Erlebnisse

Denkvermögen
1. Löst einfache Problemsituationen
2. Ordnet Gegenstände zu
3. Ordnet Gegenstände ihrer Funktion entsprechend zu
4. Vervollständigt einander zugeordnete Aussagen (»Gras ist grün, Zucker ist...«)
5. Zieht Vergleiche anhand von Übereinstimmungen/fehlender Übereinstimmung
6. Ordnet Gegenstände anhand von drei Merkmalen zu
7. Bringt Bilder für eine Geschichte in die richtige Reihenfolge
8. Faßt Hauptgedanken des Gehörten zusammen
9. Zieht einfache Schlüsse aus Informationen
10. Versteht das Verhältnis von Ursache und Wirkung
11. Leitet Details aus einer Geschichte oder Situation ab
12. Unterscheidet zwischen Wirklichkeit und Phantasie
13. Antwortet auf Fragen wie: »Was wäre wenn...?« oder »Wie viele Möglichkeiten gibt es, um... zu tun?«

Lesen
1. Bringt Buchstaben und Klänge miteinander in Verbindung
2. Bringt gedruckte Worte mit Gegenständen in Verbindung

3. Liest selbständig Geschichten
4. Verwendet Bilder als zusätzliche Informationen beim Lesen
5. Liest und versteht: ● unter ABC-Fibel-Niveau ● ABC-Fibel-Niveau ● erstes Lesebuch ● zweites Lesebuch

Phonetische Analyse
1. Sagt, ob zwei Wörter sich reimen oder nicht
2. Nennt Wörter, die sich reimen
3. Nennt Wörter, die sich auf vorgegebenes Wort reimen
4. Unterscheidet Wörter, die mit dem gleichen Laut beginnen
5. Erkennt Buchstaben, der den Anfangslaut bezeichnet
6. Erkennt Endlaute von Wörtern
7. Erkennt Buchstaben, der den Endlaut bezeichnet
8. Erkennt Wörter, die mit der gleichen Konsonantenkombination beginnen, sowie die Buchstaben, die diese Laute bezeichnen
9. Erkennt die lautlichen Unterschiede zwischen b und p, d und t
10. Erkennt einfache Verbindungen zweier Konsonanten: ch, sp, st
11. Erkennt Mittellaut
12. Erkennt Buchstaben der Vokale

Strukturanalyse
1. Nennt großgeschriebene Buchstaben
2. Nennt kleingeschriebene Buchstaben
3. Wählt Reim aufgrund seiner Lautstruktur aus
4. Erkennt zusammengesetzte Wörter und trennt sie nach Elementen
5. Versteht, was ein Wortstamm ist

6. Erkennt und versteht den Gebrauch von vergleichenden Ausdrücken
7. Weiß, wann Singular oder Plural verwendet werden muß
8. Verwendet die richtige Pluralform unregelmäßiger Verben
9. Erkennt Possessivpronomina aus Kontext
10. Hat verstanden, wie Wortstämme durch Vor- und Nachsilben verändert werden
11. Hat die Bedeutung und die Anwendung von Wortbeugungen verstanden
12. Versteht Abkürzungen und Symbole
14. Versteht den Unterschied zwischen Verben und Substantiven

Lesen und Verstehen
1. Spürt vom Autor beabsichtigte Stimmung
2. Bringt Bilder mit Sätzen in Verbindung
3. Folgt einfachen gedruckten Anleitungen
4. Erinnert sich an Anfang, Mitte und Ende einer Geschichte
5. Sagt Ausgang einer Entscheidung voraus
6. Erkennt Wörter mit gegensätzlicher Bedeutung
7. Erkennt Wörter mit ähnlicher Bedeutung
8. Vervollständigt Satz korrekt
9. Deutet Verhältnis von Ursache und Wirkung
10. Findet richtige Satzteile, um Erinnerungsfragen zu beantworten
11. Benutzt Kontext, um Bedeutung eines Wortes zu erschließen
12. Spürt die beabsichtigten Gefühle aus/oder Reaktionen von Figuren einer Geschichte
13. Erkennt die Hauptgründe einer Entscheidung
14. Erinnert sich an Tatsachen
16. Verwendet Wörter gleicher Bedeutung richtig im Zusammenhang

Kreativer Ausdruck in Wort und Schrift
(A) 1. Spielt bekannte Geschichte oder Kindervers beim Vorlesen nach
2. Liest mit Betonung vor
3. Nimmt an gemeinsamem Vorlesen/Rollenlesen teil

(B) 1. Schreibt Vor- und Nachnamen
2. Schreibt einfachen Satz
3. Erweitert Sätze
4. Verwendet in Sätzen Großbuchstaben
5. Verwendet am Satzende richtige Interpunktion
6. Kann einfachen Satz auf Fehler untersuchen
7. Schreibt einfachen Satz nach Diktat
8. Denkt sich Geschichte nach einem Bild/einer beschriebenen Situation aus
9. Kann einfachen Brief aufsetzen
10. Verfaßt einfache Inhaltsangabe einer gelesenen Geschichte

Verhalten in der Bücherei
1. Erkennt Titel und Autor eines Buches
2. Benutzt Inhaltsverzeichnis
3. Ordnet nach Alphabet unter Verwendung des 1., 2., 3. Buchstabens
4. Findet Wörter im Lexikon
5. Unterscheidet zwischen Erzähl- und Sachtexten

Feinmotorik
1. Folgt Text von oben nach unten
2. Folgt Text von links nach rechts
3. Faltet Papier in ● Hälften ● Viertel ● Diagonale
4. Benutzt Blei- oder Buntstift kontrolliert in umgrenztem Feld

5. Kann mit Pinsel und Farbe umgehen
6. Kann mit Schere umgehen: Schnitte entlang ● gerader Linie ● gebogener Linie
7. Verbindet Punkte zu einer Form
8. Modelliert mit einem Finger
9. Hält Stift korrekt
10. Legt unbekanntes Puzzle aus 10 oder mehr Teilen zusammen
11. Fügt beim Zeichnen eines Menschen die wichtigsten Körperteile und Gesichtszüge hinzu
12. Verfolgt Gegenstände mit den Augen
13. Kopiert Muster von der Tafel auf Papier
14. Grundübungen im Schreiben
15. Unterscheidet beim Schreiben hohe und niedrige Buchstaben richtig
16. Schreibt Zahlen
17. Verwendet liniertes Papier korrekt

Mathematik
Rechnen
1. Erkennt Größenunterschiede: ● groß ● klein ● lang ● kurz ● breit ● schmal ● dick ● dünn
2. Ordnet nach Größenunterschieden: ● groß, größer, am größten ● klein, kleiner, am kleinsten ● kurz, kürzer, am kürzesten ● lang, länger, am längsten
3. Unterscheidet zwischen »einige« und »alle«
4. Sagt voraus, welcher Gegenstand leichter oder schwerer ist
5. Schätzt und vergleicht Längenmaße (gleich, kürzer, am kürzesten, länger, am längsten)
6. Benutzt Balkengrafik für den Vergleich von Ergebnissen
7. Benutzt Thermometer zum Messen von Hitze oder Kälte
8. Mißt Liter ab

9. Kann Münzen unterscheiden: ● 1 ● 2 ● 5 ● 10 ● 50 Pfennige — ● 1 ● 2 ● 5 Mark
10. Zählt Summe von Pfennigstücken zusammen (insgesamt weniger als 1 Mark)
11. Legt Betrag von 99 Pfennigen aus vorhandenen Münzen zusammen
12. Mißt Länge nach Zentimetern

Zeit
1. Bringt Ereignisse in Verbindung mit: ● Tag ● Nacht ● Vormittag ● Nachmittag ● Abend
2. Beobachtet Veränderungen von Jahreszeiten und Wetter
3. Weiß Wochentag und Datum
4. Führt einen Monat lang einen Kalender
5. Ist vertraut mit den Begriffen ● morgen ● gestern ● heute
6. Sagt die Uhrzeit in ● Stunden ● halbe Stunde ● Minuten nach vollen Stunde
7. Nennt alle Monate

Wertigkeit und Zählen
1. Betrachtet Menge als Ansammlung von Gegenständen mit einer gemeinsamen Eigenschaft (Größe, Farbe, Gestalt, Funktion, etc.)
2. Erkennt und bildet Mengen aus 0 bis 5 Gegenständen
3. Versteht isomorphe Entsprechung
4. Bildet Menge nach Beispielmenge
5. Zählt Mengen mit 11 bis 19 Gegenständen
6. Erkennt vorgegebene Mengen in verschiedenen Anordnungen
7. Bildet Mengen, die um eins größer ist als Beispielmenge
8. Nennt Reihenfolge von Gegenständen und benutzt dabei: erstes, letztes, nächstes, mittleres

9. Versteht folgende Ausdrücke: ● mehr als ● weniger als ● größer als ● kleiner als ● die meisten ● die wenigsten
10. Kann von 1 bis ● 100 ● 1000 zählen
11. Versteht die Bedeutung: ● erster ● zweiter ● dritter ● vierter ● fünfter
12. Kann angeben, welche Zahl (bis 10) größer oder kleiner ist. Benutzt bei Zahlenreihen die mathematischen Symbole < für »kleiner als« und > »größer als«
13. Versteht den Ausdruck: »eins mehr«
14. Versteht, daß jede Zahl eins weniger ist als die folgende
15. Erkennt die Zahlen 1 bis 10
16. Bringt Kardinalzahlen von 1 bis 10 in die richtige Reihenfolge
17. Schreibt Zahlen von 1 bis ● 10 ● 50 ● 100
18. Erkennt Zahlen von 1 bis 100
19. Zählt in ● Zehner- ● Fünfer- ● Zweiergruppen
20. Weiß, welche von zwei Zahlen zwischen 10 und 100 größer ist
21. Nennt Zehner und Einer, benutzt sie beim Zählen
22. Ordnet Zahlen nach Zehnern und Einern
23. Ordnet Zahlen nach dem Mehrfachen von 10 oder 100

Additionen und Mengen
1. Verbindet mit der Zahl »0« leere Menge
2. Verbindet Kardinalzahlen mit den entsprechenden Mengen ● 0 bis 5 ● 6 bis 10
3. Teilt Gegenstände in zwei Teilmengen auf
4. Bildet neue Menge durch Zusammenfügen zweier Mengen
5. Verbindet Mengen bis zu einer Summe von 5
6. Verbindet Mengen bis zu einer Summe von 6 bis 10
7. Bildet senkrechte und waagerechte Zahlenreihen

8. Weiß aus dem Gedächtnis die Ergebnisse der Addition:
 ● 0 bis 5 ● 6 bis 10
9. Addiert Zahlen zwischen 11 und 19
10. Addiert 3 Zahlen
11. Addiert zweistellige Zahlen, wenn keine Umgruppierung erforderlich ist
12. Addiert zweistellige Zahlen, wenn Umgruppierung erforderlich ist
13. Ergänzt Zahlenreihen, in denen ein Glied fehlt
14. Zählt dreistellige Zahlen zusammen, wenn keine Umgruppierung erforderlich ist
15. Verwendet bei Addition und Subtraktion die 0

Subtraktion
1. Subtrahiert durch Entfernen einer Teilmenge
2. Bildet senkrechte und waagerechte Zahlenfolgen
3. Weiß aus dem Gedächtnis die Ergebnisse der Subtraktion:
 ● 0 bis 5 ● 6 bis 10
4. Kann subtrahieren, wenn die größere Zahl zwischen 11 und 19 liegt und kein Umgruppieren erforderlich ist
5. Subtrahiert zweistellige Zahlen, wenn kein Umgruppieren erforderlich ist
6. Subtrahiert zweistellige Zahlen, wenn Umgruppieren erforderlich ist
7. Entfernt Teilmenge aus Menge, um Restmenge zu finden

Bruchrechnen
1. Versteht die Bedeutung von: ● 1/2 ● 1/4 ● 1/3 ● 1/1
2. Teilt Ganzes richtig in Brüche

Geometrie
1. Erkennt: ● Dreieck ● Kreis ● Quadrat ● Rechteck
 ● Vieleck

2. Benennt: ● Dreieck ● Kreis ● Quadrat ● Rechteck ● Vieleck ● Oval
3. Zeichnet folgende Figuren nach:
   mit Vorlage: ● Kreis ● Quadrat ● Dreieck ● Rechteck ● Vieleck ● Oval
   ohne Vorlage: ● Kreis ● Quadrat ● Dreieck ● Rechteck ● Vieleck ● Oval
4. Ergänzt Muster durch Wechseln von Farbe, Form und/oder Größe
5. Reproduziert aus dem Gedächtnis einfaches Muster aus ● 3 Formen ● 4 Formen ● 5 Formen
6. Erkennt Gestalt fester Körper: Kegel, Pyramide, Zylinder, Kugel, Würfel, dreiseitige Pyramide

Lösen von Problemen
1. Ordnet Gegenstände nach: ● Farbe ● Größe ● Form ● Beschaffenheit
2. Weiß, wie Gegenstände geordnet werden nach: ● Farbe ● Größe ● Form
3. Löst Textaufgaben unter Verwendung konkreter Gegenstände
4. Löst Probleme durch Logik; Verwendung von Hinweisen; kann Eigenschaft ableiten oder auserwählten Gegenstand bestimmen
5. Löst Textaufgaben durch Addition oder Subtraktion zweistelliger Zahlen, wenn kein Umgruppieren erforderlich ist
6. Löst Aufgaben, bei denen es um die Addition von Geldbeträgen geht
7. Löst Aufgaben, bei denen es um Subtraktion von Geldbeträgen geht
8. Multipliziert zwei Mengen (derselben Größe)

LITERATUR

Beck, Joan: *Intelligenz für Ihr Kind*, Hyperion 1970

Bettelheim, Bruno: *Ein Leben für Kinder. Erziehung in unserer Zeit*, DVA 9. Auflage 1990, dtv 1990

Dreikurs, Rudolf/Vicki Soltz: *Kinder fordern uns heraus. Wie erziehen wir zeitgemäß?* Klett-Cotta, 21. Auflage 1990

Dyer, Wayne W.: *Glück der positiven Erziehung. So werden Kinder frei, kreativ und selbständig*, MVG Moderne Verlagsgesellschaft 1985

Fraimberg, Helma H.: *Die magischen Jahre in der Persönlichkeitsentwicklung des Vorschulkindes. Psychoanalytische Erziehungsberatung*, Rowohlt 1972

Gardner, Howard: *Dem Denken auf der Spur*, Klett-Cotta 1989

Montague, Ashley: *Körperkontakt. Die Bedeutung der Haut für die Entwicklung des Menschen*, Klett-Cotta 1988

Verny, Thomas/John Kelly: *Das Seelenleben des Ungeborenen*, Ullstein 1983

Webb, James T. u. a.: *Hochbegabte Kinder – ihre Eltern, ihre Lehrer. Ein Ratgeber für Eltern, Lehrer und Erzieher*, Hans Huber 1985